兰州大学史学理论及史学史研究所
屈直敏　赵梅春　主编

四库研究丛书

四库全书馆发微

刘凤强　著

图书在版编目（CIP）数据

四库全书馆发微 / 刘凤强著. -- 兰州 : 兰州大学出版社, 2015.1
（四库研究丛书）
ISBN 978-7-311-04388-9

Ⅰ. ①四… Ⅱ. ①刘… Ⅲ. ①《四库全书》—研究 Ⅳ. ①Z121.5

中国版本图书馆CIP数据核字(2015)第013519号

策划编辑　王永强
责任编辑　马继萌
封面设计　郇　海

书　　名　四库全书馆发微
作　　者　刘凤强　著
出版发行　兰州大学出版社　（地址:兰州市天水南路222号　730000）
电　　话　0931-8912613(总编办公室)　0931-8617156(营销中心)
　　　　　0931-8914298(读者服务部)
网　　址　http://www.onbook.com.cn
电子信箱　press@lzu.edu.cn
印　　刷　兰州大众彩印包装有限公司
开　　本　710 mm×1020 mm　1/16
印　　张　14.25
字　　数　243千
版　　次　2015年6月第1版
印　　次　2015年6月第1次印刷
书　　号　ISBN 978-7-311-04388-9
定　　价　42.00元

前　言

《四库全书》是清代乾隆年间编纂的一部丛书，汇集了清代乾隆以前的主要文化典籍，堪称“千古巨制，文化渊薮”，在我国学术文化史上具有很重要的地位。该丛书共收录书籍3 461种，79 309卷；存目书籍6 793种，93 551卷。[①]《四库全书》编纂完成后，为了利于长期保存，供皇帝和士子们阅读，共抄写七部，分别庋藏于北京故宫文渊阁、北京圆明园文源阁、承德文津阁、沈阳文溯阁、镇江文宗阁、扬州文汇阁、杭州文澜阁。后因战乱，遭到毁损，其中文源阁本毁于1860年英法联军入侵北京，文宗阁、文汇阁本在太平天国战争中被毁，文澜阁本于1861年太平军第二次攻占杭州时散损。历经劫难的《四库全书》，现仅存文渊阁本、文津阁本、文溯阁本以及半部文澜阁本，文津阁本现藏于国家图书馆，文渊阁本现藏台北故宫博物院，文溯阁本现藏甘肃省图书馆九州台文溯阁《四库全书》藏书馆。在纂修《四库全书》的过程中，还产生了《四库全书荟要》《四库全书总目》《四库全书考证》《禁毁书目》等相关典籍，并派生出了《武英殿聚珍版丛书》《摛藻堂四库全书》《四库存目》《四库未收》《四库禁毁》《续修四库全书》等多种丛书，在我国学术文化史上也有极其重要的地位和价值。

《四库全书》自问世以来，便以它独有的魅力，备受学界关注。近200年来的《四库全书》的研究，取得了较为丰硕的成果，大致可分为乾嘉至光宣年间、民国年间、1949年至今三个阶段[②]，研究领域主要包括纂修与流传、档案辑录与整理、《总目》研究、版本目录研究、文化价值及意义的研究、续修与影印及电子版

①《四库全书总目》出版说明，中华书局1965年。

②周积明：《“四库学”：历史与思考》，载《清史研究》2000年第3期，第50－62页。

开发等诸多方面。[①] 特别是20世纪90年代以来，先后成立了一系列关于《四库全书》研究的学术机构，如1993年成立的“海南大学《四库全书》研究中心”，1999年天津图书馆成立的“四库文献中心”，2003年首都师范大学成立的“《四库全书》学术研究中心”，2005年成立的“甘肃省四库全书研究会”和武汉大学“四库学研究所”等[②]，为《四库全书》研究提供了新的发展契机。随着《四库全书》研究的兴盛，《四库全书》研究上升到了建立学科的高度，“四库学”“四库总目学”“四库全书学”“四库区域文化学”逐渐被提出。

近200年来，虽然《四库全书》研究的成就显著，但仍有诸多领域，学者们鲜有涉及，如四库学的文化研究仍然是四库学中最薄弱的部分，因而如何站在世界文化发展的高度，去审视《四库全书》在中国乃至世界文化中的作用和地位，是学界应进一步深入研究的内容。四库学的研究范围、纂修者的个体和群体、四库收录之区域文献等也有诸多问题值得进一步深入探讨，因此在继续深入实证和文献研究的同时，转换学术观念，加强理论建设，扩大视野，对《四库全书》及其相关和派生的多种丛书、论著等进行整体和全面研究，借此展开四库学的研究新局面，无疑是当前四库学研究者们值得思索的课题。

兰州大学史学史专业是全国首批硕士学位授权点之一，20世纪70年代末，随着高考制度的恢复，1978年全国部分高校开始招收史学史专业的硕士、博士研究生，张孟伦先生被批准为硕士研究生导师，从此开始了兰州大学史学史的研究事业。2005年经学校批准，建立史学理论及史学史研究所，汪受宽先生任所长。2008年汪受宽先生荣退之后，赵梅春教授继任所长。兰州大学史学理论及史学史研究所素以师资雄厚、学风严谨著称，主要研究方向有中国史学史、中国少数民族史学、四库学等。经过三代学者的不懈努力，兰州大学史学理论及史学史研究所不仅在学科建设和史学研究方面取得了一定成绩，而且培养了大批学术成就卓著的史学研究者。

近十年来，兰州大学史学理论及史学史研究所以《文溯阁四库全书》为中心，确立了以四库学的研究为主要方向，积累了丰富深厚的成果，建立起了一支高水平的研究队伍。此次出版的《四库研究丛书》是兰州大学史学理论及史学

①汪受宽、刘凤强：《〈四库全书〉研究的回顾与思考》，载《史学史研究》2005年第1期，第62－66页。

②高远、汪受宽：《近三十年来〈四库全书〉研究现状与思考》，载《图书与情报》2008年第3期，第119－125页。

史研究所四库学研究成果的阶段性汇集，共收录了汪受宽和安学勇《文溯阁〈四库全书〉四种校释研究》、刘凤强《四库全书馆发微》、郭合芹《〈四库全书总目〉史部研究》、徐亮《〈四库全书〉西北文献研究》四部专著，在《四库全书》的编纂、《文溯阁四库全书》的版本价值、《四库全书总目》，以及清修《四库全书》与西北地方文献等方面进行了开创性的研究。本套丛书的出版，必将使学界更加深入了解《四库全书》，尤其是《文溯阁四库全书》的学术价值和文献版本价值，从而促进四库学的研究，推动《文溯阁四库全书》的整理研究热潮，促进甘肃省的四库学研究。在当前文化大发展的形式下，对甘肃省的文化建设也具有一定的现实意义。更重要的是，《四库全书》同长城、京杭大运河一样，是我们中华民族的骄傲，深入《四库全书》的研究和利用，可以推动中华民族的文化复兴。

屈直敏

2014 年 12 月 4 日于兰州大学二分部陋室

目　录

导 论

《四库全书》是清代乾隆年间官修的我国古代最大的一部丛书，收录书籍3461种、79309卷，存目书籍6793种、93551卷①，汇集了我国清代乾隆以前的主要文化典籍，历来被誉为传统文化的巨典、古代典籍的渊薮。为了利于长期保存，供皇帝和士子们阅读，《四库全书》共抄写制作七份，分别贮藏在北京故宫文渊阁（今在台湾），北京圆明园文源阁（毁），承德文津阁（今在国家图书馆），沈阳文溯阁（今在兰州），镇江文宗阁（毁），扬州文汇阁（毁），杭州文澜阁（曾毁散，后补抄齐全。今在杭州），底本则贮藏于翰林院（已散失）。为纂修这部宏伟巨典，清廷专门设置了纂修机构即四库全书馆（清档案中有时称四库全书处，以下简称四库馆）。这是我国古代史上规模最大的书籍编纂机构，历时约十四年，前后参与馆中事务者总计达四五千人，这在中外历史上都是罕见的。四库馆作为一部巨型丛书的编纂机构，馆内的诸多问题，如人员的遴选、管理制度的实施和馆臣的学术特征等，无不影响到《四库全书》编纂的质量。本书试图以四库馆为研究对象，去透析《四库全书》编纂过程中的诸多问题，以进一步加深对《四库全书》的认识。

设馆修书制度，在我国历史上源远流长。西汉时期，刘向、刘歆父子率当时诸位学者对国家藏书加以整理并编成《别录》《七略》，可视作政府设馆修书的发端。魏晋南北朝时，社会动荡，但各朝均设秘书监（或秘书省）修书，设馆修书定为常制。隋唐时期，修书机构进一步完善，隋代著作省、唐代集贤院都是专门的修书机构，特别是唐代史馆制度的确立，为官方修书开辟了广阔的前景。宋代图书事业十分发达，政府不仅设有常规性的编书机构，如昭文馆、史馆等，还有为专编一书而开设的临时书局，如五代史书局，历时19个月；太平御览书局

①《四库全书总目·出版说明》，中华书局1965年。

历时 6 年 9 个月；文苑英华书局历时 4 年 3 个月；册府元龟书局历时 8 年。[①] 明清两代翰林院承办了大部分官修书籍，但一些大部头的书也都设专馆办理，如明代设专馆修《永乐大典》，前后历时约 4 年。清代书局很多，有常设的修书机构，如国史馆，有清一代定为常制，也有为纂修某一部规模较大的书籍而临时设置的纂修机构，如为修“续三通”“清三通”而设的三通馆；为编修《大清会典》而设的会典馆，为纂修方略而设的方略馆等，这些都是因书而设，书成馆散。四库馆正是在继承中国古代官方设书局修书传统的基础上，为编纂我国古代史上最大的丛书——《四库全书》而专门设置的一个临时性修书机构。四库馆虽然不是常设性机构，但其规模之大，动用人员之多，史无前例，因此，在古代修书史上又具有特殊意义。四库馆继承和发展了我国古代集体编纂书籍的经验，是对书籍编纂文化的一次实践性总结。深入对四库馆的研究，有助于我们进一步了解我国古代集体修书的状况，以便于给我们今天大型的图书编纂工作提供一些有意义的借鉴。

自《四库全书》问世以来的两百年间，不断有学者对这部巨著进行研究，并取得了丰硕的成果。

20 世纪之前，学者对《四库全书》的研究大都集中在四库提要上，偶有提及四库馆也是简单描述，而非专门研究。特别是因清廷档案秘不示人，学者对其纂修过程多是据当事者文集，做零散的笔记，且多传闻、猜测之语，各种不实之词也充斥其间。如李慈铭提出，《四库提要》之纂修，经部归戴震，史部归邵晋涵，子部归周永年，完全是凭一己之见的猜测，经过学者考证，这种相传已久的说法，已经被完全否定。但也有些不妥当的说法，仍为当今学者遵信，如前人多将《四库全书总目》视为纪昀一人之作，至目前为止，这种观点仍在学术界广为流传，对此，我们还需要进一步考证分析。

20 世纪前半期，研究《四库全书》的学者很多，有关《四库全书》纂修研究的论著大都涉及四库馆的内容，如陈垣的《编纂四库全书始末》《书于文襄公手札后》[②]；郭伯恭的《四库全书纂修考》第三章为《四库全书馆之组织》；杨家骆的《四库全书学典》第三章第十一节为《四库全书馆的搜集工作》、第十二节为《四库全书馆的组织》、第十三节为《四库全书馆中的学者》；任松如的《四库全书答问》问 7 至 24 均是关于四库馆的一些问题。

---

①曹之：《中国古籍编撰史》，武汉大学出版社 1999 年，第 179 – 180 页。

②陈垣的这两篇文章载于《陈垣学术论文集》（二）（中华书局 1982 年），前一篇是以时间为线记述《四库全书》编纂过程，其中涉及四库馆的一些情况；后一篇是为《于文襄公手札》所做的后记，其中论及总裁的作用，有创见性的见解。

这一时期对四库馆研究的成果,主要有以下几个方面:

一是分析了开四库馆的背景和过程。这一时期学者多将《四库全书》编纂原因归结为以下几个点:(1)乾隆皇帝寓禁于征的政策;(2)考证学的发达;(3)"儒藏说"的推动。后来学者研究《四库全书》纂修背景多沿袭此种说法。

二是论述了四库馆的组织与分工,对总裁、总纂官、总校官、纂修官都作了较为详细的介绍。尤其是,陈垣先生对于敏中手札的整理,为后来研究者提供了宝贵的史料,陈垣先生又据手札提出,总裁并非"画诺而已",改变了以往人们轻视总裁在四库馆中作用的态度,对我们重新认识总裁的作用极为有益。

三是对四库馆书籍的来源作了详细的分析和说明,如郭伯恭先生利用《办理四库全书档案》对四库馆的征书及禁毁书均有详细的论述。

四是初步探讨了四库馆内学术纷争问题,这一时期,对四库馆内汉宋之争多有讨论。梁启超提出四库馆是"汉学家的大本营",《四库全书总目》是汉学思想的结晶体,代表了当时大多数学者对四库馆学术的看法。四库馆汉学压倒宋学,基本上为学术界认可。

20世纪后半期至今,对四库馆研究的论著主要有:刘汉屏的《〈四库全书〉史话》;黄爱平的《四库全书纂修研究》;吴哲夫(台湾)的《四库全书纂修之研究》;司马朝军的《〈四库全书总目〉研究》①和《〈四库全书总目〉编纂考》;张升的《四库全书馆研究》等。这些研究都充分利用新的资料,对四库馆作了更深入的探讨,视角新颖,研究全面、系统、细致,将四库馆的研究提升到一个新的台阶。

第一,在四库馆人员遴选和管理制度上大大突破了前人,把四库馆的研究推向了更深层次。如黄爱平先生的《四库全书纂修研究》首次利用中国第一历史档案馆的资料作为文献依据,内容丰富、资料翔实、考证精细、论断准确有据,将《四库全书》的研究大大向前推动了一步,迄今为止,该书仍是研究《四库全书》纂修过程的权威著作。书中对四库馆的诸多问题均有论述,特别是对四库馆的书籍管理、奖惩制度、禁毁书、馆臣分工等的研究也是发前人所未发,有新的突破性见解,为本书的研究提供了极为宝贵的线索。此外,黄先生首次考证出若干职名表中的遗漏人员,对总的人数有初步估计,对本书的写作也极有启发。

第二,对四库馆总裁、总纂官作用以及纂修官的分工,作了较为深入的研

①司马朝军的《〈四库全书总目〉研究》第一章为《〈四库全书总目〉编纂考略》,其中对四库馆总裁的作用、纂修官的分工等都有精辟的论述,司马朝军另一部著作《〈四库全书总目〉编纂考》对以上问题又作了更加详细的分析。

究，对以前谬误的观点作了进一步修正。关于总裁的裁正作用，虽经陈垣先生提出，但并不具体，对总裁作用详细论述者是司马朝军先生，他对总裁在纂修《四库全书总目》过程中的裁正作用作了细致的考证，并给予充分肯定。司马先生又对总纂官纪昀、陆锡熊的作用作了重新评价，认为应当纪、陆并重，而不能将《四库全书总目》视为纪昀的一人之作。同时，司马先生还对《四库全书总目》的作者作了讨论，对四库馆臣的分工也作了进一步的探讨，论说都有理有据，极有参考价值。张升先生的《四库全书馆研究》对每一类职官均作了全面分析，又利用总裁官王际华的日记，以极为确凿的史料论证了总裁的作用，并分析了他们在馆的实际工作情形，较前人又有突破。

第三，进一步分析了四库馆在推动清代学术发展中所起的作用。如司马朝军先生的两部专著《〈四库全书总目〉研究》与《〈四库全书总目〉编纂考》都涉及《四库全书总目》在学术史上的地位。前者对《四库全书总目》文献学价值作了全面的分析，从而明确揭示出四库馆在推动考据学发展中的作用，后者对馆臣的分工作了详尽的考证，书中对纂修官的提要稿与《四库全书总目》详加对比，从中发现馆臣与《四库全书总目》学术的异同，论述较为深刻。此外，书中首次提到四库馆派的命题，也是前人所未曾提及的，尽管笔者对司马先生的提法不能完全同意，但此命题的提出，无疑是对四库馆臣学术共性研究作了一次有意义的尝试。

第四，从 20 世纪 80 年代以来，学术界关于乾嘉学术的研究，对四库馆臣学术特点的研究极有帮助。随着清代学术研究的不断深入，学界不再简单地以汉学压倒宋学概括清中期学术，开始注重清中期理学的作用。如龚书铎先生主编的《清代理学史》，清中期理学史虽占分量不大，但已经打破了前人成见，能更加全面地清理清中期学术，也对本书的研究极有裨益。近些年来，清代实学和经世致用之学的研究也较以前有了很大的进展，如葛晋龙主编的《中国实学思想史》（首都师范大学出版社 1994 年）、高王凌的《18 世纪经世学派》（《史林》2007 年第 1 期），这些研究对本书的撰写极有启发。其他如陈祖武、朱彤窗的《乾嘉学派研究》，黄爱平的《18 世纪的中国与世界（思想文化卷）》《朴学与清代社会》，王俊义、黄爱平的《清代学术与文化》，汪学群的《清代思想史研究》，周积明的《文化视野下的〈四库全书总目〉》等一些专著，都是本书撰写过程中的重要参考书。

此外，R. Kent Guy（盖博坚）的 *The Emperor's Four Treasuries: Scholars and the State in the Late Ch'ien-lung Era*（《乾隆的〈四库全书〉：乾隆晚期学者和国家》）（Cambridge: Harvard University Press, *Council on East Asian Studies*, 1987）

对四库馆臣心态的探讨对研究四库馆臣颇有启发。还有许多有关《四库全书》研究的论文,都涉及四库馆的不同方面,对本书的写作也都极具参考价值。①

第五,在这一时期开始出现专门研究四库馆的著作。笔者早在2006年曾以四库馆为题作硕士学位论文,对四库馆总裁的作用、人数问题、馆臣的学术共性等作了初步探讨,但限于当时学识与时间,论文论述深度、广度均有欠缺。2010年张升先生亦以四库馆为题撰写博士学位论文,文章史料丰富、论据充分,对四库馆中的问题作了严密考证,是一篇非常优秀的学位论文②。文章将四库馆分为翰林院系统和武英殿系统,认为翰林院系统负责纂修,而武英殿系统专司缮写、校对与装印,并对两种系统的运作情况作了详细的考察,较以前研究有很大的创新。文章对助校现象、私家录副现象作了深入研究,发前人所未发,不仅是四库馆研究的一个重大突破,而且对《四库全书》纂修研究也极为有益。

总的来看,随着《四库全书》的影印出版以及电子版的出现,利用《四库全书》者越来越多,四库学随之兴起,《四库全书》纂修的研究成果也日益丰富。特别是,《纂修四库全书档案》公开出版发行后,丰富的史料,更引起学者对《四库全书》编纂及相关问题的关注。因此,四库馆研究也不断取得新的进展。但这并不等于说四库馆再没有研究的余地,从《纂修四库全书档案》以及馆臣的文集来看,其实很多问题仍值得我们进一步讨论,以便深化我们对《四库全书》编纂过程的认识。这主要表现在以下几个方面:

第一,关于《四库全书》失误的原因,值得进一步讨论。《四库全书》在保存文献方面取得巨大成绩的同时,也存在不少缺失,如《四库提要》的种种谬误,《四库全书》抄写时出现的讹误等,这些都成为后人批评《四库全书》及《四库提

---

①20世纪前半期,论文主要有黄云眉的《从学者作用上估计〈四库全书〉之价值》(《国立北平图书馆馆刊》第7卷第5号);商鸿逵的《纪昀与道学》(《艺文杂志》1944年第2卷第3期);王国维的《聚珍本戴校〈水经注〉跋》(载于《王国维学术经典集》,江西人民出版社1997年)等。20世纪后半期至今,主要有刘汉屏的《略论〈四库提要〉与四库分纂稿的异同和清代汉宋学之争》(《历史教学》1979年第7期);潘继安的《翁方纲四库提要稿述略》(《中华文史论丛》1983年第1辑);李春光的《〈四库全书〉校勘刍议》(《辽宁大学学报》1989年第5期);徐有富的《办理〈四库全书〉组织管理工作述要》(《南京大学学报》1995年第2期);魏芳华的《〈四库全书〉专职校对队伍分析》(《中国出版》1998年第10期);刘辰的《〈四库全书〉的校对》(《编辑之友》2000年5月);张升的《四库馆签〈永乐大典〉辑佚书考》(《文献》2004年第1期);司马朝军的《纪昀与〈四库全书总目〉》(《图书馆杂志》2005年第12期);黄爱平的《翁方纲与〈四库全书〉》(载于甘肃省图书馆编《四库全书研究文集》,敦煌文艺出版社2006年);陈清慧、董馥荣的《编修〈四库全书〉奖惩办法管窥》(《文献》2006年第4期)等。台湾学者吴哲夫的《四库全书修书处工作人员之遴选与管理》、《四库全书的人事管理》、《四库全书修纂动机的探讨》;罗炳绵的《纪昀的学术思想与四库提要的立场》等(台湾著作题目参考了周积明的《"四库学":历史与思考》,载《清史研究》2000年第3期,可惜未能见到原文)。

②笔者所见论文为张先生答辩稿,承蒙黄爱平师借阅,在此致谢。

要》的焦点。四库馆作为《四库全书》的纂修机构，其运作情况以及馆臣的编纂态度等均会影响到《四库全书》的编纂质量，因此，从四库馆入手是探析《四库全书》失误原因的重要途径。以往研究中，多将《四库全书》失误的原因归结于乾隆皇帝急于成书，馆臣并未能尽心竭力等，虽然这种解释有一定的合理性，但仍难令人完全信服。众所周知，《四库全书》是由三百多位学者花费近十年时间修成的一部丛书[①]，人员可谓不少，时间也不能说不长，很难说仅仅是急于成书造成的失误，而馆臣也并非全是不学无术之辈，很多学者如周永年、戴震、邵晋涵、翁方纲等主要纂修者大都兢兢业业，不可谓不尽力。那么还有其他什么原因造成《四库全书》诸多失误呢？笔者通过对四库馆的研究，特别是对四库馆内实际人数与总人数差距、馆内人员设置比例的考察，发现实际在馆人数少、人员设置比例不协调等，是造成《四库全书》诸多缺陷的重要原因。另外，管理制度的不健全也是造成失误的原因之一。

第二，研究四库馆，除了纪昀与陆锡熊外，还有两个人物值得关注，就是乾隆皇帝与朱筠。

乾隆皇帝自始至终对《四库全书》的编纂极为关注，四库馆中事无巨细，无不由乾隆指示裁定，在政事余暇，乾隆不时审阅四库馆所进书籍，督促馆臣编纂，故《四库全书总目·凡例》称："是书卷帙浩博，为亘古所无。然每进一编，必经亲览，宏纲巨目，悉禀天裁，定千载之是非，决百家之疑似，权衡独运，衮钺斯昭，睿鉴高深，迥非诸臣管蠡之所及。"[②]而馆臣为了讨得皇帝的欢心，也时时处处揣摩乾隆皇帝的心理，迎合乾隆的喜好，馆臣的这种心理，在禁毁、挖改书籍中体现得尤为明显。可以说，《四库全书总目》基本上贯穿了乾隆皇帝的意见，因此从乾隆皇帝着手研究四库馆是一条有效的途径。

朱筠虽然只是四库馆的纂修官，而且还是中途入馆，但他在当时学者中有很高的威望，又热衷于提携后进，故有"学宗"之誉，四库馆中有许多重要馆臣如邵晋涵、程晋芳等都是其门生幕僚，受其影响较大，他在四库馆中学术影响不可轻视。故笔者有意将乾隆皇帝与朱筠对《四库全书》纂修的影响置于一章，以分别显示两人在政治和学术上的影响。

第三，纪昀在四库馆中的作用，已众口一词，无需多论，而陆锡熊在馆中的作用，以往人们多有轻视，虽然近来也有学者论及陆锡熊的作用，但尚没有在学术界形成定论，特别是，造成扬纪抑陆的原因，至今尚未有人讨论。笔者从纪昀的形象变化入手，考察纪昀、陆锡熊在四库馆中的作用，认为人们重纪轻陆的现

①按第一份《四库全书》成书时算，也用了九年的时间。

②《四库全书总目·凡例》(整理本)，卷首，中华书局 1997 年，后文均用此版本。

象是层累地造成的历史现象。清代档案中尚有公论,但后来纪、陆后人、门生争功,在各种传记以及文集序的笔战过程中,最终纪胜陆败,以至于形成重纪轻陆的现象,这种现象的形成是一个逐渐演化的过程,顾颉刚先生所提出的"层累地造成的中国古史"的理论在纪昀身上已经得到了体现,还原历史真实面貌,除掉人为的历史,是研究四库馆不可推卸的责任。

第四,汉学与宋学之争一直是研究四库馆臣的热门话题,对于四库馆中汉学压倒宋学的现象,学术界公认这是由当时学术风气造成的,却没有人从编纂《四库全书》的工作性质考虑,这也需要进一步探讨。《四库全书》的编纂需要的是考证人才,这在很大程度上决定了馆臣大都是擅长考证的学者,宋学的思辨优势在馆中难以发挥其作用,这恐怕是造成四库馆中汉学人数较多的重要原因。此外,对于四库馆臣学术特点的研究,仅以汉学压倒宋学,恐怕过于简单化了。众多馆臣在十年间,集体协作,创造出文化史上一座丰碑,若没有共同的学术旨趣,是无法实现的,若以汉学概括馆臣的学术特点,那么翁方纲、程晋芳等重要的纂修官在馆中的作用就难以解释。因此,我们需要摆脱以往学者仅拘泥于汉宋之争的看法,以寻求馆臣学术上的共性。尤其是,应当看到《四库全书》是钦定的官方著作,内容多蕴含着乾隆皇帝教化人心、寻求治国良方的意图,而馆臣也多能领会"圣意",《四库全书总目》的尊汉抑宋、持平汉宋看起来似乎矛盾,但又能同时溶入一书之中,《四库全书总目》既反对臣子对朝政的"妄评",又注重实学对治世的作用,所有的矛盾纠合在一起,这就是帝王掌上的"四库馆派"。"四库馆派"并非单纯指四库馆臣这一群体,而是指在乾隆皇帝影响下,学者群体间形成的在治学方法及经世致用方面的共同趋向。"四库馆派"同馆外民间学者,在治学方法上多有相同之处,不同之处在于其学术和政治现实联系更加紧密,这正是"四库馆派"的核心之处。"四库馆派"是乾隆引领学风发展的御用学术群体,《四库全书总目》即是其思想的结晶,"四库馆派"的学术对后世产生了重要影响,其后,晚清学者持平汉宋、重经世致用等都与"四库馆派"的学术有密切关系。

四库馆是"四库学"研究的重要组成部分,加深对馆内人员情况、管理制度以及学术概况的研究,是我们进一步了解《四库全书》纂修过程的重要途径。限于作者学识,对四库馆内许多问题并未能分析透彻,尤其是,乾嘉学术是清代学术研究的热点,前人积累已深,成果丰富,笔者将"四库馆派"定为持平汉宋、重实学、"六经尊服郑,百行法程朱",这还是一个浅显的尝试,是否妥当,唯高明卓裁。

第一章　图书整理的传统与四库馆的开设

第一节　图书整理的传统[①]

我国古代对图书的整理，有着悠久的历史，对推动学术文化的发展具有重要意义。从殷墟甲骨的埋藏情况来看，有的集一朝甲骨文献于一穴，有的储多朝甲骨文献为一窖，"集中了一个朝代的，说明是对历代王室的甲骨进行整理了的；集中了几个朝代的，更说明是历代流传，不断加以收集和整理了的"。[②] 周秦时，政府都设有主管和领导图书事业的机构和职官，进行图书整理。西汉建立后，连续发动了三次大规模的搜集图书活动，国家藏书日益增多。汉成帝在求书的同时，先后命著名学者刘向、刘歆父子，主持国家藏书整理工作，《汉书·艺文志》云："至成帝时，以书颇散亡，使谒者陈农求遗书于天下。诏光禄大夫刘向校经传诸子诗赋，步兵校尉任宏校兵书，太史令尹咸校数术，侍医李柱国校方技。每一书已，向辄条其篇目，撮其旨意，录而奏之。会向卒，哀帝复使向子侍中奉车都尉歆卒父业。"[③]此次整理对三代至秦汉所有遗留下来的图书进行校勘、分类、编目等，著成了我国最早的两部综合性的群书目录——《别录》和《七略》，这在我国文化史上是一项惊人的创举，开创了政府整理图书的先河，对以后历代书籍的整理产生了深远的影响。东汉国家藏书机构有很大发展，管理藏书的官员逐渐增加，且有专门化趋势，国家藏书较前更加丰富，在前代藏书基础

①我国古代对图书的整理，从整理内容来看，包括两方面：一是分类、编目等整理，二是内容的整理，涉及辨伪、校勘、补遗、注疏等；从整理者来看，既有政府组织，也有以私人力量进行整理的；从整理的对象划分，既有群籍的整理，也有单籍的整理。本书根据需要，仅介绍历代政府对群籍的搜集和整理。

②谢灼华：《中国图书和图书馆史》，武汉大学出版社1987年，第8页。

③《汉书》卷30，《艺文志》，中华书局1962年，第1701页。

上，前后共设置了七所典藏书籍机构：辟雍、宣明殿、兰台、石室、鸿都、仁寿阁、东观。明、章二帝时，由班固、贾逵、傅毅三人负责对国家藏书进行了一次大规模的整理，前后共用了十几年的时间。安帝时，邓太后又诏令学者刘珍等五十余人“校定东观《五经》、诸子传记、百家艺术，整齐脱误，是正文字”①。元初四年（117 年），汉安帝因“经传之文多不正定”，又令刘珍等在东观“雠校家法”②，对图书进行校勘整理。

魏晋南北朝时期，虽然社会混乱、政局不稳，但各朝都积极进行搜书、整理图书的工作。曹魏时期，郑默对国家藏书进行分类、编目、校勘等，编成《中经》，第一次打破六分法体例，开创了目录学的四分法。东晋时，李充对国家藏书加以整理，他“删除烦重，以类相从，分作四部，甚有条贯”③，并编成《晋元帝四部目录》，首创经史子集顺序，一直为后世所沿用。南朝刘宋时期，王俭在整理图书过程中主持撰成《宋元徽元年四部书目》，收书 15084 卷，并编成《七志》一书。梁朝对图书的整理很有成就，梁武帝在搜求、典藏的同时，派任昉主持整理工作，他广收异本，校勘整理，大大改变了原来篇卷纷杂的藏书状况。

隋开皇三年（583 年），隋文帝采纳牛弘的建议，在全国各地搜访遗书异本，诏令捐书一卷，赏绢一匹，“于是民间异书，往往间出”④。炀帝时，对西京嘉则殿所藏书籍挑选整理，精选出 37000 余卷，名之为“正御书”，并编纂成正御书目录——《隋大业正御书目录》，此次整理“事实上是中国古代综合性丛书的第一次编选”⑤，在历史上具有重要地位。随后，炀帝又下令将正御书缮写 50 份，分别藏于西京和东都的各宫、省、官府。唐朝政府也大力购求、整理书籍。太宗时，魏征等对国家藏书抄写、校勘，作了一次大规模的整理。玄宗时，由马怀素、褚无量、元行冲总领校书、编目工作，编成《群书四部录》200 卷。此后，玄宗又命秘书监李成裕等将秘书省和集贤院所藏书籍互相比较，补充排序，对国家藏书又进行了一次整理。

北宋历朝皇帝，无不诏令访求天下书籍，整理图书的规模和成就也远远超过前代。宋代不仅建成了一个事实上的官方图书整理中心，有一支庞大的校勘队伍，而且还制定了严密的制度，校勘整理方法也比较全面、先进。宋仁宗景祐元年（1034 年），在国家藏书基础上，仿《开元四部录》，由王尧臣等花费七年时

①《后汉书》卷 80 上，《刘珍传》，中华书局 1965 年，第 2617 页。

②《后汉书》卷 78，《蔡伦传》，第 2513 页。

③《晋书》卷 92，《李充传》，中华书局 1974 年，第 2391 页。

④《隋书》卷 32，《经籍志》，中华书局 1973 年，第 908 页。

⑤汪受宽：《隋代的古籍整理》，载《文献》1987 年第 2 期。

间，完成了历史上著名的《崇文总目》，《崇文总目》66卷，叙录1卷，每类有序，每书有提要，分经史子集四部，这是自刘向、刘歆以来又一部重要的国家藏书目录，对宋代以后的公私藏书目产生了很大的影响，具有示范作用。咸平二年（999年），宋真宗见秘阁典籍经久不治，书籍散失颇多，诏朱昂等整理、查对秘阁典籍，于次年编成《咸平馆阁书目》。徽宗时，“诏购求士民藏书，其有所秘未见之书足备观采者，仍命以官”，又以三馆书多有散遗，“命建局以补全校正为名，设官总理，募工缮写。一置宣和殿，一置太清楼，一置秘阁。自熙宁以来，搜访补辑，至是为盛矣”①。此外，又在《崇文总目》基础上增补书籍，更《崇文总目》为《秘书总目》，北宋的官方藏书基本都著录于这两部目录中。南宋虽国势衰败，但校书未曾停止，还编有《中兴馆阁书目》《中兴馆阁续书目》这样的国家藏书总目录。元代对藏书的整理也很重视，在整理国家图书过程中编有《秘书监志》。

明朝建立以后，政府藏书有了新的发展，明成祖时，下诏求天下书籍，史载：“永乐四年，帝御便殿阅书史，问文渊阁藏书，解缙对以尚多阙略。帝曰：士庶家稍有余资，尚欲积书，况朝廷乎？遂命礼部尚书郑赐遣使访购，惟其所欲与之，勿较值。”②正统六年（1441年），杨士奇等对从南京移入北京文渊阁的书籍进行逐一清点、整序，并将书籍按千字文进行排序，编成《文渊阁书目》，收书7000多种。万历三十三年（1605年），张萱等对内阁藏书进行整理，编成了《新定内阁藏书目录》。清代继承了中国历代搜书、整理图书、编书的传统，在这一方面花了很大的精力，顺治十四年（1657年）、康熙二十五年（1686年）都曾下诏搜求遗书，并组织大批学者编纂、注释古代典籍，编纂了不少大部头的巨著，如《全唐诗》《朱子全书》《古今图书集成》等。

正是继承了历代整理图书的优良传统，乾隆皇帝开始了我国古代史上最大规模的图书整理。

第二节　四库馆的开设

四库馆的开设，除了受历史上整理图书的传统影响外，还与清代政治、经济、文化的发展以及乾隆皇帝个人的性格有着密切的关系。

乾隆年间，清朝统治进入全盛阶段，经过顺治、康熙、雍正三朝上百年的苦

①《宋史》卷202，《艺文志一》，中华书局1977年，第5032－5033页。

②《明史》卷96，《艺文志》，中华书局1974年，第2344页。

心经营，社会政治、经济、文化发展到前所未有的水平。政治上，由少数民族建立的政权已经稳固，清初遗老早已去世，随着时间的流逝，出生在新政权下的一代，反清思想已荡然全无，成为清统治者的合作者。在清朝皇权内部，乾隆皇帝以自己高超的行政能力，排除了皇族内部各种小集团势力，采取一系列措施，有效地防止了各种干预皇权势力的崛起，保证了皇权高度集中，维护了清政权内部的稳定。康、雍、乾三代努力致力于巩固边疆，乾隆在位期间，国力强盛，进一步整治疆域，先后平定镇压了大小金川土司的反叛，在当地实行改土归流，粉碎了西藏珠尔默特那木札勒的叛乱，平定了新疆天山南路大小和卓的叛乱，击退了廓尔喀军队对西藏的两次入侵。镇压叛乱、反对民族分裂和外国入侵的行动，保卫了国家的统一安定和领土完整。政治稳定，国家统一，也促进了经济的进一步发展，乾隆在位时期，耕地面积增多，人口迅速增长，达到两亿之多，农业生产量也达到历史的高峰。安定富庶的社会环境，为图书事业的进一步发展提供了良好的条件。

文化上，在清初思想家的影响下，考据学越来越受到学者的重视。明朝的灭亡，异族入主中原，给清初学者很大的打击，学者们纷纷反思明朝灭亡的原因，他们大都把明末空谈心性的学风视为亡国的重要原因，于是，学术界普遍厌恶宋明理学的门户之争，对明人讲学空发议论给予严厉抨击，如清初大儒顾炎武曾说："昔之清谈谈老庄，今之清谈谈孔孟，未得其精而已遗其粗，未究其本而先辞其末。不习六艺之文，不考百王之典，不综当代之务，举夫子论学论政之大端一切不问，而曰一贯，曰无言，以明心见性之空言，代修己治人之实学，股肱惰而万事荒，爪牙亡而四国乱，神州荡覆，宗社丘墟。"①他打起"经学即理学"大旗，致力于经世之学。与此同时，黄宗羲、颜元、李颙等人也都大力扭转明末以来的空疏学风，而以经世之学代之。此后，惠栋首先打出了"汉学"的旗帜，他们完全撇开魏晋以后的经说，极力主张恢复汉儒的训诂，以真正理解经书的本义，使得对文字、音韵、训诂、校勘、辑佚的研究成为一时风气。其后，戴震等进一步主张"由声音文字以求训诂，由训诂以寻义理，实事求是，不偏主一家"②，有力地矫正了吴派学者"凡古必真，凡汉皆好"的墨守陈弊，变信古为考证，变佞汉为求是，把清代的考据学推向了高峰。

在学风转变过程中，清朝统治者为自身利益考虑，也自觉不自觉地顺应并促成了学术潮流的转向。顺治、康熙、雍正都十分注重文治，在他们统治期间，

①顾炎武著，黄汝成集释：《日知录集释》卷7，《夫子之言性与天道》，上海古籍出版社2007年，第402页。

②钱大昕：《潜研堂文集》卷39，《戴先生传》，《四部丛刊》本。

都不断搜求征集图书,并以官修的方式对诸多儒家经典重加疏解。乾隆更以"稽古右文"为名,大规模地组织学者校勘众多经史书籍,并明确肯定了考据学"发挥传注,考核典章,旁暨九流百家之言","有裨实用"。[①] 统治者政策向导,对学术界研究、整理古代典籍风气的形成,起到了推波助澜的作用,使清代学术逐渐走上一条注重考证、求实的道路,中国文化的发展进入一个全面总结整理的阶段,这为《四库全书》的开馆提供了必要的学术条件和广阔的文化背景。

从明末以来,学者大力倡导"儒藏说"也促成了《四库全书》的开馆。中国古代典籍丰富,从先秦时期就有良好的聚书、藏书的传统,但由于种种原因,古代典籍散佚也十分严重,尤其是明清之际,战乱连绵,公私藏书均遭厄运。典籍忽聚忽散的状况使许多学者和藏书家都痛心疾首,如何保存书籍,使之流传久远,成为众多学者共同关心的话题。明代末年,学者曹学佺"尝谓'二氏有藏,吾儒何独无',欲修儒藏与鼎立"[②],首次提出"儒藏"的设想。周永年继曹学佺之后再倡"儒藏说",作《儒藏说》详细阐明了"儒藏"的必要性、内容和意义。在文中,周永年首先指出了"儒藏"的必要性,称这是"艺林中第一要事"[③],认为"自汉以来,购书藏书,其说綦详,官私之藏,著录亦不为不多,然未有久而不散者。则以藏之一地,不能藏于天下;藏之一时,不能藏于万世"[④]。同时他还批驳了四种错误的观点:(1)批驳凡书不能流传于世者,是没有流传价值的观点。周永年以《尚书》《周官》为例,认为这些书籍"皆古圣人传心经世之要典",却"残于秦火,淹中古礼,竟亡于隋唐之际"。[⑤] 这绝不是不足以流传的原因,只是藏书之法不得当罢了。(2)批驳古今典籍浩如烟海,若欲全部收藏,只是愚公移山的幻想的观点。周永年则认为不是不能收藏,而是我们立志不够坚定。他以佛经为例,天竺之书,远隔中国两万里,尚能求来尽藏,以便流通,"况中国之书,固不必远求乎"。(3)纠正了"儒藏"之说是沿袭了释道藏书的观点。周永年考察中国藏书史,以老子为周人藏书之官,证明是释道窃用儒家之名,而不是相反。(4)批驳人一生一卷书足够了,书多无用的观点。周永年则搬出孔孟二哲,指出读书"博"与"约"的关系,"不博而约,非约也",认为读书要二者兼顾,不可偏废。从以上四个方面,周永年详尽地阐明了"儒藏"对于学术发展的重要作用。

周永年在文章中还拟定了"儒藏条约三则",分别规定了如何收集书籍、传

---

①《四库全书总目》卷首,乾隆三十七年正月初四日奉上谕。

②《明史》卷288,《曹学佺传》,第7402页。

③李希泌、张椒华:《中国古代藏书与近代图书馆史料·儒藏说》,中华书局1996年,第51页。

④李希泌、张椒华:《中国古代藏书与近代图书馆史料·儒藏说》,第47页。

⑤李希泌、张椒华:《中国古代藏书与近代图书馆史料·儒藏说》,第48页。

抄流传；如何选择藏书地点；管理费用的来源；如何利用这些书籍。为了避免重蹈书籍被毁的命运，他认为必须多置副本，“惟分藏于天下学宫、书院、名山、古刹，又设为经久之法，即偶有残缺，而彼此可以互备，斯为上策”①。他主张依照佛家、道家贮藏经典的办法，把天下书籍征集到一起，分别藏于各地学宫、书院和名山古寺等地，既可供学者研读，又可免遭意外毁损。周永年再倡“儒藏说”得到了当时学者广泛响应，成为修纂《四库全书》的舆论先声。

随着“儒藏说”的再次提出，抄书、刻书也逐渐兴盛起来。中国古代典籍除多遭厄运、难以保存、不能长久流传外，普及不广也是极为突出的问题。书籍大多藏在皇宫官府，一般人则无法阅读，藏书家又大都秘藏不传，这样就严重阻碍了书籍的流通和使用。明末清初，随着学风的转变，学者注重读书、考证，考证古籍要求学者能广征博引，于是一些学者和藏书家开始倡导传抄、刊刻珍典秘籍，以促进古代典籍的传播。特别是作为汇集诸书而成一书的丛书，具有保存书籍、便利流通、方便使用的独特功用，所以尤受重视。自清初始，丛书的刊刻进入兴盛时期，出现了曹溶的《学海类编》、张伯行的《正谊堂全书》、纳兰性德的《通志堂经解》、张潮的《昭代丛书》等一批丛书。但是，以私人力量抄书、刻书还远远达不到建立“儒藏”、整理流传古籍的要求。学术的发展、社会的需要，都迫切要求动用国家力量，来担负起这一历史重任。至乾隆中期，随着社会政治经济文化的发展，各方面条件日益成熟，由政府出面组织众多的学者编纂一部大型丛书，全面系统地整理中国历代典籍的重任便被提出来了。这样，最终促成了《四库全书》的开馆。

此外，《四库全书》的编纂与清代辑佚学的发展又有密切联系。辑佚学在我国学术文化史上有着悠久的历史，辑佚最早开始于何时，目前尚有争论，但最迟至南宋时，王应麟辑《诗考》被公认为较为成熟的辑佚之作。至清代，因汉学家考证的需要，辑佚成为学者们所热衷的学术活动。清初汉学家惠栋从唐李鼎祚《周易集解》中择取汉人旧注，编成《易汉学》，又采辑《尚书》《毛诗》《周礼》《仪礼》《礼记》《公羊传》《谷梁传》《论语》诸经古注，辑成《九经古义》。惠栋弟子余萧客广泛撷采唐以前群经训诂，辑成《古经解钩沉》，对后世影响很大。随着辑佚的兴盛，所有保存有古代史料的书籍均受到学者们的重视，而明代所修《永乐大典》，因其保存了大量史料，是极好的辑佚来源，更是备受当时学者重视。《永乐大典》是明代永乐元年（1403 年）敕撰的一部规模宏大的类书，全书计 22877 卷，目录 60 卷，装成 11095 册，凡天文、地理、人伦、道德、政治、制度、名物

①李希泌、张椒华：《中国古代藏书与近代图书馆史料·儒藏说》，第 47 页。

以至奇闻异见无所不备，所采图书达七八千种，其中不少是元代以前的珍本秘籍。嘉靖年间，为防不测，曾录有副本。但正本约于明代末年亡佚，副本在康熙年间已佚失不少。面对此种情形，在清朝统治稳定下来之后，便有不少学者开始提议辑佚《永乐大典》，康熙年间徐乾学提出："皇史宬所藏《永乐大典》，鼎革时亦有佚失，往者尝语詹事，值皇上重道右文，千古罕遘，当请命儒臣重加讨论，以其秘本刊录颁布，用表扬前哲之遗坠于万一。"①清代学者李绂也曾提议辑佚《永乐大典》，他说："宋、元以前解经之书，自科举俗学既行，其书置之无用，渐就销亡，如荆公《周礼义》，徐健庵先生悬千金购之而不可得，现在尚存什之二三者，惟《永乐大典》一书。此书现存翰林院，尽可采用。礼局初开，誊录生监与供事、书吏一无所事，若令纂修等官，于《永乐大典》中检出关系三礼之书，逐一钞写，各以类从，重加编次，两月即可钞完，一月即可编定，不过三阅月，而宋、元以前三礼逸书，复见于天下，其功之大当与编纂三礼等。在总裁诸公不过一开口派令办理，无奏请之烦，无心力之费，固无所可惮而不为者也。《永乐大典》二万八千八百余卷，余所阅者，尚未及千。然宋、元三礼义疏，如唐成伯瑜《礼记外传》、宋王荆公《周礼义》、易祓《周礼总义》、王昭禹《周礼详解》、毛应龙《周礼集传》、项安世《周礼家说》、郑宗颜《周礼新讲义》，今世所逸之书咸在，而郑锷、欧阳谦之等诸名家之说，附见者尤多。择其精义，集为成书，岂不胜于购求世俗讲章之一无可采者哉！其事简，其功大，敢以此为礼局献焉。"②李绂的建议可视为辑佚《永乐大典》的有力呼声。全祖望因李绂关系，也得以借阅翰林院所藏《永乐大典》，他趁此机会，从《永乐大典》中辑出 14 种宋元佚书，全祖望本还有再进一步辑佚的愿望，但因事离京，而未能遂愿。但全祖望的辑佚活动对后世产生了很大影响，有学者认为："全氏所辑今皆不传，数量也不多，但首先利用《永乐大典》发辑宋元佚籍之业，从而引起学者对《永乐大典》之重视，四库馆臣辑抄《大典》实受此影响。"③正是因为历代学者对《永乐大典》的重视，因此，朱筠上奏提议辑佚《永乐大典》时，很快得到乾隆皇帝及当时学者的认同，《四库全书》纂修因此而始。

《四库全书》能顺利编纂，与乾隆皇帝本人的性格和喜好也有密切的联系。乾隆皇帝自幼受到名师蔡世远、朱轼等理学名臣的教育，于经史子集无所不通，尤偏爱儒学，又通晓书法、音律等，他学识渊博，又好大喜功，欲在"文治"上超过历代帝王，同时，还企图借着"文治"的名义，对全国书籍作一次全面、彻底的审

①徐乾学：《补刻编珠序》，《憺园文集》卷 19，《续修四库全书》第 1412 册，第 563 页。
②李绂：《答方阁学书问三礼书目》，《穆堂初稿》卷 43，《续修四库全书》第 1422 册，第 87 页。
③曹书杰：《中国古籍辑佚学论稿》，东北师范大学出版社 1998 年，第 138 页。

查、评论和总结，达到在思想文化上巩固皇朝统治的目的。乾隆六年（1741年）、乾隆三十七年，乾隆皇帝先后两次下令采访遗书，以博得“稽古右文”的美名。乾隆三十七年正月，谕曰：“今内府藏书，插架不为不富，然古今来著作之手，无虑数千百家，或逸在名山，未登柱史，正宜及时采集，汇送京师，以彰稽古右文之盛。其令直省督抚会同学政等，通饬所属，加意购访。除坊肆所售举业时文，及民间无用之族谱、尺牍、屏幛、寿言等类，又其人本无实学，不过嫁名驰骛，编刻酬倡诗文，琐碎无当者，均毋庸采取外，其历代流传旧书，有阐明性学治法，关系世道人心者，自当首先购觅。至若发挥传注，考核典章，旁暨九流百家之言，有裨实用者，亦应备为甄择。又如历代名人，洎本朝士林宿望，向有诗文专集，及近时沈潜经史，原本风雅，如顾栋高、陈祖范、任启运、沈德潜辈，亦各有成编，并非勦说、卮言可比，均应概行查明。”①在此，乾隆明确规定了搜求图书的重点及目的，但各地督抚出于种种顾虑，尤其是清代大兴文字狱，不仅严厉打击著书者，而且还会连累到当地官员，各地官员对此并不上心，对于征书活动多敷衍了事，在经历十个月毫无进展的征书后，乾隆皇帝又下谕旨督催各地官吏速行购访遗书，谕称：“为大吏者果能及时率属加意搜罗，自当有求必应，何至阅时既久，裒集无闻？或各督抚等因前后适遇调任，受代因循，未及悉心董率，又或疑陈编故册，非如民生国计为刻不容缓之图，因以奉行具文，徒致往返迟滞。此在远僻省分，一时或难于荟萃，至如近畿之北五省及书肆最多之江浙地方，又复从何藉口，甚非所以体朕念典勤求之至意也。各督抚等其即恪遵前旨，饬催所属，速行设法访求，无论刊本、钞本，一一汇收备采。”②在乾隆皇帝的督责之下，各地督抚也开始行动起来，山东、直隶、山西、河南、浙江等地相继上奏搜集遗书情形，并呈览所搜书籍清单。就在此时，安徽学政朱筠上奏《谨陈管见开馆校书折子》，提出搜访辑校书籍的四条建议。一是收藏汉唐以前的稀有图书；二是搜集金石图画；三是从《永乐大典》中辑佚遗书；四是仿汉代刘向、刘歆前例，对每一部书均撰写提要，置于卷首。这道奏折不仅适应了乾隆皇帝原计划在全国范围内大规模搜访书籍的要求，也迎合了他标榜“稽古右文”的虚荣心，故而受到了乾隆皇帝的高度重视，令群臣对这道奏折详加讨论。当时军机大臣刘统勋因奏折内容不关民生国计，反对大张旗鼓地从事编纂活动，但大学士于敏中对此颇感兴趣，在乾隆皇帝面前力争，以促成奏折内容付诸实践。据姚鼐记载说：“上下诏求遗书，先生（指朱筠）奏言翰林院贮有《永乐大典》，内多有古书世未见者，请开局使寻阅，且言搜辑之道甚备，时文正在军机处，顾不喜，谓非政之

①《纂修四库全书档案》，上海古籍出版社 1997 年，第 1－2 页。

②《纂修四库全书档案》，第 5－6 页。

要，而徒为烦，欲议寝之。而金坛于文襄公独善先生奏，与文正固争执，卒用先生说上之，四库全书馆自是启矣。”①乾隆皇帝本有意做大规模的文化工程，又欲利用编纂活动，寓禁于征，对历代书籍，尤其是对明末以来的图书作一次总的清理，以控制文化，掌握对历史文化的解释权，便接受了朱筠、于敏中的建议，命军机大臣详议辑校《永乐大典》章程。乾隆三十八年二月二十一日，大学士刘统勋上奏校核《永乐大典》条例，为辑校《永乐大典》安排了地点、人员，并拟定了13条章程，为《四库全书》的纂修揭开了序幕，四库馆初步建立起来。然此时清廷并不认为这是专门设馆，刘统勋在上奏校核《永乐大典》奏折中称：“臣等谨遵旨于翰林等官内，择其堪预分校之任者，酌选三十员，专司查办，仍即令办事翰林院。并酌派军机司员一二员作为提调，典簿厅等官作为收掌，常川在署，经理催趱，毋致稍有作辍。但现在并非另行开馆，其派出之翰林官等，俱毋庸请支桌饭银两。至此书卷册繁重，出入搬运，需人执役，翰林院原设供事人等，额数有定，不敷派拨，应请酌设供事十名，皂役四名，纸匠二名，以供差遣，俱照例给与公费，俾资口食。”②此时，清廷只是于翰林院内选派些人员辑佚《永乐大典》，无论从规模上还是从管理体制上讲，辑佚《永乐大典》并不是一个专门的修书机构。乾隆对刘统勋批示说：“依议，将来办理成编时，著名《四库全书》。”③此时，乾隆所称《四库全书》并不包含各省送到之书，也不含内府所藏书籍，仅指《永乐大典》所辑之书，乾隆三十八年三月二十三日谕称：“此次考列二等之陆蓉等十四名内，有愿在办理四库全书处效力者，准其在謄录上行走。”④此时尚未校办各省送到之书，所选誊录只是为抄写所辑《永乐大典》散片，因此，此处虽称“四库全书处”，并非正式四库开馆。真正意义上的四库馆应是指乾隆明确指出将辑佚《永乐大典》散片与各省送到遗书以及内府藏书汇集一起，命名为《四库全书》，并因此而建起的一套完整的机构。

乾隆皇帝在着手辑佚《永乐大典》的同时，加大了搜书力度，并产生了将各省送到遗书与辑佚《永乐大典》汇为一编的想法，乾隆三十八年三月二十八日，谕称：

> 前经降旨，令各该督抚访求遗书，汇登册府。近允廷臣所议，以翰林院旧藏《永乐大典》，详加别择校勘，其世不经见之书，多至三四百种，将择其

---

①姚鼐：《朱竹君先生传》，《惜抱轩文集》卷10，《续修四库全书》第1453册，第72页。

②《纂修四库全书档案》，第59页。

③《纂修四库全书档案》，第60页。

④《纂修四库全书档案》，第67页。

醇备者付梓流传，余亦录存汇辑，与各省所采及武英殿所有官刻诸书，统按经史子集编定目录，命为《四库全书》。俾古今图籍，荟萃无遗，永昭艺林盛轨。①

从这道谕旨可以看出，辑佚《永乐大典》的丰硕成果，促使乾隆皇帝改变了以前为充府册而征书的想法，同时，对先前所命名的《四库全书》编纂内容也发生了很大变化，所编内容不再局限于从《永乐大典》所辑佚书，而是扩展到各省所搜集图书以及宫中藏书，这样，编纂《四库全书》的设想随着辑佚《永乐大典》的顺利开展也最终确定下来。为了保证此次编纂书籍，不失"全书"之意，乾隆皇帝进一步加大了从民间搜集书籍的力度，严令各地督抚限半年之内购觅书籍，在谕旨中又说道：

各省奏到书单寥寥无几，且不过近人解经、论学、诗文私集数种，聊以塞白。其实系唐宋以来名家著作，或旧版仅存，或副稿略具，旧然可传者，竟不概见，当此文治光昭之日，名山藏弆，何可使之隐而弗彰！此必督抚等视为具文，地方官亦第奉行故事，所谓上以实求，而下以名应，殊未体朕殷殷咨访之意。且此事并非难办，尚尔率略若此，其他尚可问乎？况初次降旨时，惟恐有司办理不善，籍端扰累，曾谕令凡民间所有藏书，无论刻本、写本，皆官为借抄，仍将原本给还。揆之事理人情，并无阻碍，何观望不前，一至于此！必系督抚等因遗编著述，非出一人，疑其中或有违背忌讳字面，恐涉手干碍，预存宁略毋滥之见，藏书家因而窥其意指，一切秘而不宣。甚无谓也！文人著书立说，各抒所长，或传闻异辞，或纪载失实，固所不免。果其略有可观，原不妨兼收并蓄。即或字义触碍，如南北史之互相诋毁，此乃前人偏见，与近时无涉，又何必过于畏首畏尾耶！朕办事光明正大，可以共信于天下，岂有下诏访求遗籍，顾于书中寻摘瑕疵，罪及收藏之人乎？若此番明切宣谕后，仍似从前疑畏，不肯将所藏书名开报，听地方官购借，将来或别有破露违碍之书，则是其人有意隐匿收存，其取戾转不下矣！且江浙诸大省，著名藏书之家，指不胜屈，即或其家散佚，仍不过转落人手，闻之苏湖间书贾书船，皆能知其底里，更无难于物色。督抚等果实力访觅，何虑终淹？惟当严饬地方官，勿假手吏胥，藉名滋扰，众人自无不踊跃乐从。即有收藏吝惜之人，泥于借书一痴俗说，此在朋友则然，今明旨征求，借后仍还

①《纂修四库全书档案》，第67页。

故物，于彼毫无所损，又岂可独抱秘文，不欲公之同好乎？再，各省聚书最富者，原不尽皆本地人之撰著，祇论其书有可采，更不必计及非其地产，则搜辑之途更宽，方不致多有遗逸。著再传谕各督抚等，予以半年之限，即遵朕旨，实力速为妥办。①

为了消除各地督抚及藏书家的疑虑，达到征书的目的，乾隆皇帝只得许诺即便有违碍书籍也不罪及藏书人，并保证原书归还，又对督抚限以时令。乾隆皇帝的严厉督促极大地促进了征书活动，从谕旨中可以看出，征书并不仅为了补充内府插架，虚应故事，而是一项重要的政治活动，于是全国范围的征书活动便大规模地开展起来，这就保证了四库馆的底本来源，使得世上罕见之本及稀有之书全部汇集至四库馆中。这样，由当初辑校《永乐大典》便进而转成编纂汇集历代典籍的大型丛书。

在乾隆皇帝的诱导与威胁下，各地督抚的献书大大增多，各省遗书迅速集至京师，至乾隆三十八年闰三月十一日，由于办书规模的扩大，乾隆正式任命了编纂《四库全书》的正副总裁官，并开始由办理四库全书处名义向上奏事，标志着编纂《四库全书》机构的正式诞生。在讨论四库开馆时间时，应看到四库开馆经历了逐渐发展的过程，最初是乾隆三十八年二月派翰林纂修官辑《永乐大典》，当时档案中便称为四库全书馆，但此时所称《四库全书》仅是指从《永乐大典》所辑佚书，四库馆只是初步设立的集体辑佚场所。因为辑佚活动虽然重要，但相对来说并不算是一项太大的文化工程，只是从翰林院借调一些文人在此做一项专门工作，故刘统勋在当时曾明确指出辑佚《永乐大典》并非另行开馆。后来，随着辑佚活动的进展，乾隆逐渐产生了编纂大型丛书的设想，至乾隆三十八年三月二十八日，乾隆已经有了成熟的编纂《四库全书》的想法，即将辑佚书、各省送到遗书以及内府藏书汇为一起编成一部大型丛书，这才是真正意义上的《四库全书》之编纂。由于乾隆有了明确的修书方案，又加大了征集图书的力度，故各省搜集的图书很快汇集京师，纂修《四库全书》机构规模也随之扩大，这才是《四库全书》的正式开馆，这已经是乾隆三十八年闰三月的事情了。

关于纂修《四库全书》的地点，共有以下几处：

一是翰林院。据刘统勋等奏议定校核《永乐大典》条例并请拨房添员等事折称："查翰林院衙门内，现有迤西房屋一区，从前修辑《皇清文颖》及《功臣传》各书，皆在此纂办。今奉旨核校《永乐大典》，应请即将此项房屋作为办事之所，

①《纂修四库全书档案》，第67－69页。

于检查较为近便。”[①]所谓迤西房屋一区应是指西斋房和原心亭，《日下旧闻考》载：“自柯亭而西，为先师祠，祠南为西斋房，又南为原心亭。臣等谨按：西斋房旧为皇清文颖馆，后又为功臣馆，乾隆三十八年于院署置钦定四库全书馆，原心、宝善二亭及西斋房皆为校雠之所，遂移功臣馆于状元厅。”[②]据此可知，“迤西房屋一区”是指西斋房与原心亭，因此，后来馆臣多称于原心亭辑佚《永乐大典》。又据四库馆奏称：“翰林院衙门现办《永乐大典》，所有房屋俱已充满，将来各省送到书籍，俱应汇归书局，收存检办，更无余地可容。查署内有敬一亭，其房间颇为宽敞，向系武英殿将各种书版交到收贮。今拟将此项书板查明，暂行移贮詹事府，交该衙门检点稽查，即将空出之敬一亭为收办各项书籍之用。”[③]据此，敬一亭应是存放各省送到之书的藏书之所。此外，清秘堂亦为校办《四库全书》之所，翁方纲云：“时与程鱼门、姚姬川校雠清秘堂。”[④]另据《梧门先生年谱》载：“乾隆四十六年，散馆，授职检讨，旋派帮办翰林院清秘堂事，充四库提调。”[⑤]又《词林典故》记载：“清秘堂先名东斋房，学士等旧尝宿斋其中，后以赐额易今名。词臣岁时瞻仰以为宠光，余则扃钥无敢辄启者。”[⑥]《日下旧闻考》云：“自刘井而东为清秘堂，堂前为瀛洲亭，亭下方池为凤凰池，池南为宝善亭，堂后为成乐轩。”[⑦]由此可知，清秘堂与宝善亭相邻，位于翰林院东侧，亦用校书。

据上所述，翰林院纂修《四库全书》共有四处，分别为西斋房、原心亭、宝善亭、清秘堂，其中，西斋房、原心亭在西面，宝善亭、清秘堂在东面，另外敬一亭为藏书之处，应有提调在此负责书籍的收发、提取，也可视为四库馆一部分。大致上说，西斋房、原心亭为辑佚《永乐大典》处，宝善亭、清秘堂为校各省送到书籍处。但这种分法并不绝对，如翁方纲主要校办各省送到书籍，《苏斋题跋》云：“乾隆戊戌秋七月三日，于原心亭校金石史归而篝灯书此。”[⑧]

除翰林院外，武英殿也是纂修《四库全书》的场所，据《纂修四库全书档案》称：“遵旨将官刻各种书籍及旧有诸书，先行陆续缮写……至应写全书，现贮武

---

①《纂修四库全书档案》，第 59 页。

②《日下旧闻考》卷 64，文渊阁《四库全书》影印本第 498 册，第 24 页。

③《纂修四库全书档案》，第 77 页。

④翁方纲：《诗龛竹石图（注）》，《复初斋诗集》卷 52，《续修四库全书》第 1455 册，第 154 页。

⑤转引自张升：《四库全书馆研究》，北京师范大学博士学位论文，2010 年。张先生据此认为清秘堂为提调处，恐不妥。提调负责书籍的收发、提取，其办事之处应在藏书之所，不会另有专门办理之处，清秘堂为校办书籍之处，有翁方纲诗注为证。

⑥鄂尔泰：《词林典故》卷 6 下，文渊阁《四库全书》影印本第 599 册，第 605 页。

⑦《日下旧闻考》卷 64，文渊阁《四库全书》影印本第 498 册，第 24 页。

⑧翁方纲：《苏斋摹华阴东郭王朱本》，《苏斋题跋》，《续修四库全书》第 1068 册，第 576 页。

英殿者居多，所有分写、收发各事宜，应即就武英殿办理。”①张升先生认为：“四库馆分为翰林院与武英殿两大系统：翰林院四库馆，即是办理四库全书处，而武英殿四库馆，主要是指缮写四库全书处。翰林院系统，是负责纂办《四库全书》的，以纂修官为代表。武英殿系统，是负责缮写、分校、刊印、装潢《四库全书》的，以分校官为代表。两大系统泾渭分明，互相配合，又统辖于正总裁与副总裁。”②所论颇有创见，大体上说是符合事实的。但应该指出的是，翰林院并非仅纂办《四库全书》，也有校对的工作。韦谦恒《宝善亭校书呈同馆诸公》云：

熙朝右文古未有，四库卷轴连云霞。
迩年遗书搜海内，更如河海无津涯。
荟萃全书写善本，文渊高阁新檐牙。
设官分职巨典备，文学侍从头衔加。（时建文渊阁贮四库全书钞本设领阁直阁校理等官为儒臣兼衔）
蓬莱小别四五载，顾瞻玉堂频嗟呀。
何意重来校中秘，却将菅蒯侪丝麻。
感恩唯有揩两眼，别风淮雨勤搜爬。
净扫仍恐木叶落，细披敢惮恒河沙。
从来读书期识字，肎以讹舛留疵瑕。
所叹胸中塞尘块，便便腹笥休虚夸。
偏傍点画漫涂窜，毫厘得毋千里差。
……③

韦谦恒曾担任过武英殿提调官、四库馆分校官。宝善亭应是办理各省送到书籍之所，诗中称“迩年遗书搜海内，更如河海无津涯”，与之吻合。但诗中所描绘的宝善亭校书官，从事的工作并非纂修之事，所谓“净扫仍恐木叶落”完全是校对抄写时的情境，由此可看出，翰林院内仍有分校官、总校官的工作。四库馆的工作应是较为灵活的，很多书籍的办理多是就近取便，而不是完全将纂修、校对绝对分开。

乾隆四十七年八月，开始续缮南三阁《四库全书》，因前四份书尚未抄写完毕，武英殿内无空闲房屋可供抄写，经总裁奏准，又在东华门外云神庙、风神庙

---

①《纂修四库全书档案》，第75页。

②张升：《四库全书馆研究》，北京师范大学博士学位论文，2010年。

③韦谦恒：《传经堂诗钞》卷8，《续修四库全书》第1444册，第487页。

和地安门内帘子库、官房分设经、史、子、集四局，分头抄写。①

从乾隆三十八年二月初步建馆，至续缮三份《四库全书》于乾隆五十二年四月同时完成，四库馆共存在约十四年，前后参与馆中事务者约五千人，作为一部丛书的编纂机构，其规模之大，历时之长在中外历史上都是罕见的。②

---

①"伏查原奏按经、史、子、集，设局四处分办，今臣等查勘得东华门外云神庙、风神庙二处及地安门内帘子库、官房二处，堪以分设四局。"(《纂修四库全书档案》，第1703页)

②关于续缮南三阁《四库全书》是否属于四库馆活动，甚存争议。笔者认为，续缮三份《四库全书》的提出是乾隆四十七年七月初八日，当时，第一份《四库全书》已经完成，第二、三、四份正在紧张地缮校当中，乾隆谕曰："所有应办各事宜及添派提调，校对等官，著交四库全书馆总裁悉心妥议具奏。"又据四库馆总裁奏称："第二、三、四分四库全书，俱在武英殿办理，因卷帙浩繁，所有殿内房屋不敷存贮，前经奏明将写成正本，于文华殿两配殿分贮。今添写全书三分，不但武英殿并无空闲房间收贮，即紫禁城内亦别无可以设局处所。且此次办书，仰蒙发帑雇募钞胥，与现在分给誊录缮写者不同，自应另立一局，专办其事，庶彼此不致牵混。臣等公同商酌，于入官房屋内择有二十馀间者拨出四所，按经、史、子、集设局办理。"(《纂修四库全书》，第1614页)在第二份《四库全书》缮校完毕后，总裁又上奏称："查武英殿所办四分全书处，原设有分校九十员，现在头分、二分均已校竣，其三分、四分正在校勘。今续添三分全书，甫经办理，其分校毋庸过多，现送到之三十六员内，臣等拣选得可充分校者共有二十四员，先行尽数派充校阅。俟武英殿所办之三分、四分陆续校毕，臣等即将前设分校随时拨添校阅续办三分，更觉妥便。"又称："提调、督催、收掌等官，俱照四库全书馆之例，毋庸给与公费银两，但每日在馆办事，似应查照武英殿纂修饭食之例，每月每员折给银四两八钱，令其在馆自备"，"伏查原奏供事、皂役人等，应酌给饭食银两。查此项人役，各馆之例每月每人给银三两，自应照例办理"。第四份《四库全书》缮校完竣后，总裁又称："又效力供事三十八名，除业经拨入续办三分处二十四名外，其在殿行走之十四名，亦应于此次一并拨入续办三分处。"(《纂修四库全书档案》，第1704、1705、1854页)馆臣续缮三份《四库全书》与以前缮校的待遇，管理办法是一样的，分校官、供事等随着前四份书的完竣，也随之拨到续缮三份全书处，唯有誊录来源不同，因此，管理方式也随之发生变化。因此，后三份的缮校工作与第二、三、四份完全一样，不涉及纂修之事。续缮三份时另选地址，是由于当时武英殿无法再找到闲置房间，又因为抄手来源不同，为计算抄写字数方便计，故另择地点，而不是有意要撤四库馆。事实上，四库馆也并没有撤销，四库馆总裁、总阅、提调、分校、供事等一如既往地从事缮校之事，总裁、总阅仍按以前规定抽阅书籍。相比之下，只是规模已经很小了。《纂修四库全书档案》中也将续缮三份《四库全书》视为四库馆的活动，如刘墉奏称："……一面行文续办三分全书馆，将续缮三分书籍、字数若干查明声复。"(《纂修四库全书档案》，第1928页)至乾隆五十一年十月十四日，前四份《四库全书》已缮校完毕两年，乾隆谕曰："十一阿哥现在校阅各馆应进清汉书籍甚多，不必兼办四库全书馆总裁事务"(《纂修四库全书档案》，第1949页)，仍将续缮之处称为四库全书馆，显然，续办三份仍是四库馆活动的继续。本书的四库馆是指乾隆皇帝明确谕令将辑佚《永乐大典》、各省送到遗书、内府藏书汇为一编始，至续缮三份《四库全书》结束为止。至于后来各阁又经历的两次重校，原来空函陆续补入等活动则不视为四库馆的活动。而四库馆的活动可以分为两阶段，第一阶段是从开馆至第一份《四库全书》缮成、《四库全书总目》编纂完竣，四库馆主要从事纂修，及第一份《四库全书》的缮校工作；第二阶段是第一份完成后至续三份《四库全书》同时完竣，这一阶段主要从事缮校及修补、装潢等工作。

第三节　四库馆的组织机构与工作流程

一、四库馆的组织机构

四库馆作为中国历史上一个大规模的修书机构，不仅召集了许多学有专长、名重一时的优秀学者及众多的誊录和办事人员，而且馆内还有严密的组织与分工。据乾隆四十七年（1782 年）七月四库馆开列的任事诸臣衔名，馆内各项职务及人员名单如下：①

正总裁十六人

永瑢　永璇　永瑆　刘统勋　刘纶　舒赫德　阿桂　于敏中　英廉　程景伊　嵇璜　福隆安　和珅　蔡新　裘曰修　王际华

副总裁十人

梁国治　曹秀先　刘墉　王杰　彭元瑞　钱汝诚　金简　董诰　曹文埴　沈初

总阅官十五人

德保　周煌　庄存与　汪廷玙　谢墉　达椿　胡高望　汪永锡　金士松　尹壮图　李绶　窦光鼐　倪承宽　李汪度　朱珪

总纂官三人

纪昀　陆锡熊　孙士毅

总校官一人

陆费墀

翰林院提调官二十二人

梦吉　祝德麟　刘锡嘏　王仲愚　百龄　张岩　宋铣　萧际韶　德昌　黄瀛元　曹城　瑞保　陈崇本　五泰　运昌　章宝传　冯应榴　孙永清　史梦琦　刘谨之　蒋谢庭　戴衢亨

武英殿提调官九人

陆费墀　彭绍观　查莹　刘种之　韦谦恒　彭元琉　吴裕德　关槐　周兴岱

总目协勘官七人

刘权之　汪如藻　程晋芳　李潢　梁上国　任大椿　张羲年

①《四库全书总目》卷首。

校勘《永乐大典》纂修兼分校官三十九人

刘校之　刘跃云　陈昌图　励守谦　蓝应元　邹玉藻　王嘉曾　庄承钱　吴寿昌　刘湄　吴典　黄轩　王增　王尔烈　闵思诚　陈昌齐　孙辰东　俞大猷　平恕　李尧栋　邹炳泰　庄通敏　黄寿龄　余集　邵晋涵　周永年　戴震　杨昌霖　莫瞻箓　王坦修　范衷　许兆椿　于鼎　王春煦　吴鼎雯　吴省兰　汪如洋　陈万青　祝堃

校办各省送到遗书纂修官六人

邹奕孝　郑际唐　左周　姚鼐　翁方纲　朱筠

黄签考证纂修官两人

王太岳　曹锡宝

天文算学纂修分校官三人

郭长发　陈际新　倪廷梅

缮书处总校官四人

王燕绪　朱钤　何思钧　仓圣脉

缮书处分校官一百七十九人

张书勋　季学锦　钱棨　金榜　张秉愚　项家达　杨寿楠　裴谦　张能照　汪学金　严福　孙希旦　罗修源　朱攸　邱庭漋　钱樾　周琼　吴锡麒　蔡廷衡　翟槐　施培应　吴舒帷　何循　颜崇沩　张九镡　王天禄　冯敏昌　朱绂　闵惇大　刘汝暮　高棫生　范来宗　马启泰　戴联奎　方炜　徐如澍　戴心亨　戴均元　孙玉庭　许烺　沈孙琏　卢应　钱栻　胡荣　程昌期　何西泰　王嘉曾　卢遂　沈清藻　洪其绅　李奕畴　温常绶　王福清　德生　李鼎元　张位　萧广运　萧九成　王允中　龚大万　罗国俊　钱世锡　饶庆捷　汪昶　郭寅　王汝嘉　王钟健　冯培　李廷敬　吴蔚光　徐文干　曾廷枟　祖之望　范鏊　胡必达　陈墉　陈文枢　王受　王朝梧　蔡共武　潘绍观　蒋予蒲　冯集梧　曾燠　吴绍浣　钟文韫　俞廷榆　侍朝　张慎和　牛稔文　吕云栋　胡敏　王庆长　龚敬身　张培　李楘　汪日章　吴俊　方维甸　王璸　吴绍昱　毛上炱　盛惇崇　杜兆基　雷纯　宋镕　裘行简　李斯咏　方大川　金光悌　刘图南　李荃　胡绍基　董联毂　程炎　王学海　杨世纶　闵思毅　邱桂山　马犹龙　甄松年　沈琨　鲍之钟　王照　王中地　费振勋　沈叔埏　顾宗泰　杨揆　洪梧　江琏　孙球　徐秉敬　秦瀛　黄秉元　张敦培　潘奕隽　张曾效　石鸿翥　赵秉渊　刘英　沈凤辉　温汝适　贾铗　章煦　叶菼　郭晋　毛凤仪　窦汝翼　张埙　汪师曾

言朝标　赵怀玉　徐步云　宋枋远　吴翼成　李元春　刘源溥　陈木　周鋐　卜维吉　金学诗　黄旦禔　汪锡魁　袁文邵　汪日赞　金兆燕　张曾炳　沈培　蔡镇　吴垣　常循　李岩　张志枫　张光第　刘景岳　郭祚炽　柴模　吴树萱

篆隶分校官两人

王念孙　谢登隽

绘图分校官一人

门应兆

督催官三人

祥庆　董椿　楚维宁

翰林院收掌官二十人

安盛额　文英　富廉　舒明阿　白瑛　英玺德　荣安　明福　博良　恒敬　那善　长亮　经德　庆明　盛文　张纯贤　福智　承露　熊志契　马蓁

缮书处收掌官三人

田起莘　吴应霞　史国华

武英殿收掌官十四人

阿克敦　敷注礼　德光　广传　陆达塞　海宁　准提保　伊昌阿　海福　德明　福庆　永清　惠保　八十

监造官三人

刘淳　绍言　伊灵阿

以上所列职名表并不是所有参与人员，其中有不少遗漏，但大致反映了从开馆到第一份《四库全书》书成之时，馆内的职官设置及任事人员情况。从总人数来看，表中共列出362人，其中陆费墀和王嘉曾系兼职，名有重复，实共360人，这在古代修书机构中可算是规模很庞大了。

二、四库馆的工作流程

四库馆的工作流程很有系统性，编纂过程大致如下：

第一步是搜集底本。四库馆内众多的底本来源有四：一是从《永乐大典》中辑佚已经失传的珍贵典籍，在四库提要中所谓“永乐大典本”即属此类；二是皇宫藏书，四库提要称为“内府藏本”；三是地方采进书，如提要中所标示的“两江总督采进本”“两淮盐政采进本”等；四是藏书家献书，这一类书在提要中有的指出了藏书家的姓名，如“兵部侍郎纪昀家藏本”“浙江鲍士恭家藏本”等。通过以上四种途径，四库馆内聚集了大量的珍贵典籍和同书异本，为大规模地整理图书创造了条件。

第二步是甄别。对于《永乐大典》的辑佚，乾隆皇帝一开始就规定了采辑的标准，"除本系现在通行，及虽属古书而词义无关典要者，不必再行采录外，其有实在流传已少，其书足资启牖后学，广益多闻者，即将出[书]名摘出，撮取著书大指，叙列目录进呈，候朕裁定，汇付剞劂。其中有书无可采而其名未可尽没者，祗须注出简明略节，以佐流传考订之用，不必将全部付梓，[以]副朕裨补阙遗、嘉惠士林至意"①。根据这条谕旨，在辑佚过程中，各纂修官要按乾隆皇帝的旨意确定是否应采辑。办理各省送到遗书者则要清理那些"颠倒是非""违碍悖逆"的书籍，根据书籍内容"违碍"程度，分出应毁、应抄、应刊几个等次来，并上呈总纂官及总裁裁夺。

第三步是校阅，这是编纂《四库全书》过程中很重要的一个环节。就辑佚《永乐大典》来说，纂修官要把分散在各韵、字下的内容编排在一起，就须对各条的内容反复考核辩证，并参照它书拾遗补阙，才能荟萃成书。② 对于各省所进遗书，纂修官则要鉴定版本、考证辨伪等。

第四步是撰写提要。各纂修官根据自己校阅的情况，为所校阅书籍写出提要。每一部书提要不仅要简明扼要地介绍作者及书籍的内容，还要对其内容加以评论，再交总纂官审阅，由总纂官斟酌取舍、修改、润色，并撰写类序。总纂官在修改提要方面，有很大的自主权，从现今所存各纂修官的提要初稿看，很多经过了大的变动和修改，其中有些是出于统一书法体例而改，有些是学术观点上不一致，作了修改，也有些是出于政治因素考虑，总的来看，总纂官对纂修官所撰提要稿作了较大改动。③ 总纂官将提要修改后，由正副总裁审阅，总裁在审阅过程中，如有不同意见，会同总纂官进一步商订修改，最后并呈乾隆皇帝审阅。

第五步是抄写。前文已述，《四库全书》的抄写主要在武英殿进行。但编纂过程中，因《永乐大典》纂办较一般书籍特殊，其缮写并不在武英殿进行，如刘墉清查《四库全书》缮写字数时称："内除《永乐大典》系翰林院缮写……"④，据此，《永乐大典》的办理始终都是在翰林院内进行。

第六步是校对。校对至少要经过两遍，首先是分校官的校对，然后是复校

①《纂修四库全书档案》，第57－58页。

②关于四库馆臣辑佚《永乐大典》，详可参考司马朝军的《〈四库全书总目〉研究》和张升的《四库全书馆研究》。

③详可参考黄爱平的《四库全书纂修研究》、司马朝军的《〈四库全书总目〉编纂考》。

④《纂修四库全书档案》，第1929页。

官校对，最后还要经过总阅官或总裁的抽查。由于《四库全书》编纂过程中，校对人员较缺乏，在不同时期校对程序也略有差异。编纂初始，先由分校官校对，然后交复校官复校，但由于校对人员的紧张，后将复校撤去，改设成总校官复校，至续缮三份《四库全书》时，总校官也被撤去。不过从总的来看，《四库全书》校对基本上都经过分校、复校、抽阅的过程。总裁验收后，上呈皇帝御览。在全书编纂过程中，乾隆皇帝也指出了不少错误，最后皇帝御览这道关口并非虚设，对提高《四库全书》的质量起了不小的作用。

值得提出的是，在《四库全书》编纂过程中，不少纂修官也参与了校对工作，他们所负责的书籍，一般是其所纂修之书，因纂修官对书籍内容较为熟悉，故校对效果更佳，如《公是集》为周永年从《永乐大典》辑佚书籍，他也就相应负责该书的校对，《纂修四库全书档案》记载校对《永乐大典》记过名单有："《公是集》卷三内重写一'兮'字，分校周永年记过一次，卷七内'摧'字描改不合，分校周永年记过五次，卷二十内'霖'讹'霜'，分校周永年记过一次……"[①]这种校对安排较为合理，提高了校对的效率和质量。

第七步是装潢、刊刻。校对完毕后，《四库全书》的装潢在武英殿进行，装潢完竣，即分发各阁贮藏。在《四库全书》编纂过程中，除抄写七份外，还编纂了《武英殿聚珍版丛书》，这套丛书是刊刻而成的，主要由金简负责。

四库馆工作流程充分继承了中国古代书籍编纂的经验，工作安排周密合理，在最大限度上保证了书籍编纂的质量与效率，是对古代大型书籍编纂的一次实践性总结，值得后世借鉴。

首先，从征集图书来看，各地督抚在乾隆皇帝的严厉督责下，不敢轻视征书之事，将征书作为一项重要的行政工作对待，在地方设置征书局，安排专人负责，有些督抚还张贴告示，使征书活动家喻户晓。在江南地区，各地官员集中精力搜集著名藏书家的藏书，各地藏书家也在乾隆皇帝的奖励与威胁下，打破传统的"书不外借"藏书规则，慷慨献书，使数辈珍藏秘典，悉数送至四库馆。故此次征书范围广、渠道多，其规模之大、所征集图书数量之多，是历代征书所无法相比的，这就为纂修《四库全书》的成功奠定了基础。

其次，筛选、校阅图书有明确的标准，使众多馆臣工作有的放矢。从辑佚《永乐大典》始，便明确规定了辑佚的标准，办理各省送到遗书时，总裁在乾隆的授意下，制定出一套严格的标准，以区分何书刊刻、何书抄写、何书存目、何书抽毁、何书改写、何书全毁，这些规定虽针对禁毁书而定，是四库馆消极的一面，但

①《纂修四库全书档案》，第1452页。

对四库馆臣来说，纂修书籍可以按章行事，避免了古代官府修书毫无章程、效率低下的弊端，有利于四库馆纂修活动的开展。

再次，在纂修过程中，总纂官拥有较大权力，如撰写提要是一项学术性很强的工作，四库提要的撰写是由纂修官撰写提要初稿，总纂官统稿、润色，总裁审阅而成。总纂官在修改提要稿方面有很大的自主权，除了要考虑乾隆的意图，以及与总裁协商外，总纂官可以完全根据自己的观点修改提要稿，现今我们看到各纂修官的提要初稿与后来《四库提要》有很大区别，就是这种原因造成的。四库馆的纂修方法，避免了这样一部大型丛书成于众人之手，而无统一的书法义例，提高了纂修效率。

最后，四库馆非常重视校勘。受清代考据学风的影响，四库馆对缮录书籍的校对也很重视，每部书至少要初校、复校，此外，还建立了总裁抽查制度，反映了当时校对工作的严密性。在校对过程中，为了提高《四库全书》的质量，还专门设置了总阅官，使一些学有专长的学者如庄存与、朱珪等人参与了校对工作。编纂后期，很多纂修官也参与了校对工作，如《永乐大典》所辑佚书的校对，基本上都是辑佚者负责其所辑佚书的校对。以上种种措施大大提高了《四库全书》的质量。

四库馆是中国古代史上规模庞大的书籍纂修机构，其运行机制决定了《四库全书》编纂的成败，从书籍的征收到缮录书籍的校对，有很多值得我们借鉴的经验。

第二章　四库馆人员的遴选及其特点

第一节　四库馆人员的遴选

总裁是四库馆最高负责人,其人选由皇帝亲自任命,直接向皇帝负责,总理馆内一切事务。从乾隆所选用人员看,总裁除了皇子之外就是朝廷重臣,由大学士、尚书、侍郎等兼任,由此也可看出,他对《四库全书》的编纂极为重视。从品秩上看,正总裁中除三个皇子外,其他入馆时均为正一品或从一品,如刘统勋、刘纶、舒赫德、于敏中为大学士(正一品),福隆安、王际华、蔡新为尚书(从一品),副总裁相对来说较正总裁品秩稍低,如曹秀先、李友棠为侍郎(从二品)。从总裁与乾隆皇帝关系来看,这些人都是备受乾隆皇帝信任的高级官员,开馆初期主要由刘统勋总责馆务,乾隆皇帝视刘统勋为"股肱",并称赞他"不愧真宰相"。[①] 刘统勋死后,主要由于敏中主持馆内工作,于敏中早年久值内廷,"敏捷过人,承旨得上意"[②],乾隆皇帝曾称:"如于敏中、程景伊、王际华,俱朕所信者,伊等亦能谨禀自持"[③],可见,这些大臣深得乾隆皇帝赏识。

总阅官负责书籍的审阅工作。开馆之初并没有设此职务,至乾隆四十三年(1778年),因四库馆总裁最后磨勘不暇,无法及时进呈,为了加快编纂速度,解决校勘人员缺少的问题,乾隆谕曰:"四库全书馆缮写之书虽多,而各总裁校勘者少,不能供进呈披阅。即再添总裁数人,仍恐无益。著派皇八子、皇十一子及书房行走侍郎周煌、内阁学士汪廷玙、卿吴绶诏、侍讲学士朱珪、侍讲姚颐、编修

①《清史稿》卷302,《刘统勋传》,中华书局1977年,第10466页。

②《清史稿》卷319,《于敏中传》,第10749页。

③《清高宗实录》,"乾隆四十年十二月上戊午"条,中华书局影印本1986年。

倪承宽,分与应校之书,同该管总裁一体校勘,陆续进呈。”[①]总阅官(除倪承宽因事降级为编修外)品秩较纂修官要高,如周煌为侍郎(从二品),汪廷玙为内阁学士(从二品)、朱珪为侍讲学士(从四品)、姚颐为侍讲(从五品)。总阅官多从文辞书画著名的官员中选得,如谢墉、庄存与等均“以儒臣被知遇,或以文辞,或以书画,录其尤著者”[②]。在编纂过程中,凡是乾隆发现讹误,而总阅未发现者,一律按四库馆规定给予处罚,因此,总阅官并非虚设,在校书过程中起了不小的作用。

总纂官、总目协勘官和纂修官的人选,按清代修书惯例应从翰林院或詹事府中选取,但纂修《四库全书》任务过重,人员不敷,总裁上奏“查现在纂修·翰林纪昀、提调·司员陆锡熊,堪膺总办之任。此外,并查有郎中姚鼐,主事程晋芳、任大椿,学政汪如藻,原任学士降调候补之翁方纲,亦皆留心典籍,见闻颇广,应请添派为纂修官”[③]。与此同时,“大学士刘统勋荐进士邵晋涵、周永年,尚书裘曰修荐进士余集、举人戴震,尚书王际华荐举人杨昌霖,同典秘籍”[④],这五人因学问优异被举荐入馆,并对《四库全书》的纂修做出了巨大的贡献,被世人称为“五征君”,传为佳话。以后在办书过程中又不断换补人员,有许多学问本优的官员,因故革职或降调,经乾隆皇帝“恩准”入馆者也很多,如总纂官孙士毅在开馆很长时间中并非馆臣,至乾隆四十五年五月十九日,因事免职,乾隆谕曰:“孙士毅前在云南巡抚任内,不能参劾李侍尧,革职发往伊犁,固属咎所应得。但与本身获谴者究属有间,且其学问亦优,著加恩免其发往伊犁,令在四库全书处自备资斧效力赎罪,与纪昀、陆锡熊同办总纂事务,以赎前愆。”[⑤]此外,有些官员已经被派往他地,但自愿在四库馆纂修,经总裁上奏后,也留在四库馆,如乾隆三十九年十月十九日,永瑢等上奏:“张羲年原系拔贡出身,学问尚优,以教职卓异,俸满保荐,特蒙恩准例得即选知县。前此,曾经该抚派入总局,承办采访遗书,询以各种书籍,亦颇谙晓。今具呈情愿赴馆效力,情词甚为恳切。理合据呈具奏,请令张羲年在纂修上行走。”[⑥]

提调官,按清代修书惯例主要在翰林院、武英殿提调官中选得,他们同纂修官一样都是由总裁选定,再上报批准的,其品秩与纂修官相当。有些中途另授他职的提调官,经总裁上奏后仍可留馆续任,如提调刘锡嘏因事外调后,总裁上

①《纂修四库全书档案》,第 620 页。

②《清史稿》卷 305,第 10524 页。

③《纂修四库全书档案》,第 76 - 77 页。

④《清史稿》卷 110,《选举志》,第 3187 页。

⑤《纂修四库全书档案》,第 1163 页。

⑥《纂修四库全书档案》,第 276 页。

奏说："今臣衙门办事翰林刘锡嘏，于本年十二月初六日奉旨补授山西道监察御史。查该员自奏派办理院事以来，行走奋勉，办事勤干，现在兼充四库全书处提调。馆中誊录七百馀人，一切稽察功课，综核档案，均资熟手……合无仰恳皇上天恩，准照御史兼部行走之例，仍将刘锡嘏留臣衙门行走，庶于办事校书，实为有益。"①这样，刘锡嘏仍留四库馆充当提调。

总校官仅陆费墀一名，由总裁于敏中选得奏充。在编纂过程中，陆费墀不仅是唯一的总校官，还兼提调官。实际上，总校官并不具体负责校对书籍，而是总理馆内书籍的收发清点以及处理缮校、篇页等各个方面的问题，因此，在《四库全书》编纂之际，当发现分校和总校的校书失误时，总校官陆费墀与总纂官纪昀、陆锡熊受乾隆皇帝的特谕，可以免去处罚。但四库馆内书籍遗失后，陆费墀却承担了主要责任，这说明总校官的主要职责不在校书，而是管理书籍，这与其他负责校对缮写之本的总校官有明显区别。此后，《四库全书》出现漏收书籍和缺页等错误，陆费墀也因此受到重罚，说明这些工作主要由总校官负责。

缮书处总校官、复校官（在职名表上并没有列出这一职务）与分校官负责书籍的校勘。最初分校官同纂修官一样由总裁于各衙门中选得，天文算学分校官由总裁在钦天监官员中选取，篆隶分校官、绘图分校官则由专门擅长者充任。初始，分校之上只设总校官陆费墀一人，对于四库馆如此庞大规模，总校对于校勘一事根本无力核查，乾隆三十八年十月，乾隆在翻阅《四库全书荟要》时，发现两处错误，即命馆臣严立章程。总裁上奏称："臣等公同酌议，除已经缮得各书，仍交原办之誊录、分校人员，令其各自覆加详勘，臣等另行留心查核外，查《四库全书》每日可得四十馀万字，设有分校官三十二员，《荟要》每日可得二十馀万字，设有分校官十二员，于每册缮成校毕后，汇交武英殿查检装潢，以备随时呈览。该处虽设有总校之翰林一员，专司收发督催，稽考字体、课程及款式、篇页诸事，而于每日所得之六十馀万字，非但磨校势难遍及，即抽查亦力有未遑。若不添设覆校一层，则分校、誊录之是否尽心，无从稽核，仍恐因循贻误。谨拟嗣后《四库全书》缮本添派覆校官十六员，《荟要》缮本添派覆校官六员，均于现在分校各员内，择其校书精确者，如数充当。其分校之缺，另为选补。每于分校交书后，令覆校之员，细加覆勘。"②设置复校本欲层层把关，提高校书质量，但时间一长，不但校对人员不足，且又生弊端。乾隆四十年十二月初九日，于敏中在奏折中称："臣等承办《四库全书荟要》，原拟二年半缮竣，续因书有增添，较初定几加一倍，是以展限一年，今以誊录二百人计日程功，自可如限于四十一年冬底毕

①《纂修四库全书档案》，第486页。

②《纂修四库全书档案》，第168页。

工。惟是缮写虽可报竣，而校对难以克期。虽曾定有分校、覆校字数章程，而亏欠累累，且所校之书，仍多亥豕，须臣等逐一签改，始克进呈。比经睿览，尚有舛误，蒙指示者不一而足……查本处额设分校官二十二员，覆校官十二员。向以分校收校謄录之书，以覆校稽核分校之书，层层相临，原期毫无舛误。但行之既久，觉多一层转折，即多数日稽迟，且或分校、覆校彼此互相倚恃，反致多有挂漏"[①]，决定将复校撤去改为分校，同时又设置总校，"凡各分校已校之书，汇交提调登册，由提调分发两总校，细加磨勘，分别功过，改正舛误，登列黄签并各书衔于上，以专责成"[②]。总校人员或由分校中选得，或在各衙门中遴选。如《四库全书荟要》处总校官侍朝，时为候补国子监监丞，原充《四库全书荟要》处复校官，乾隆四十年十二月改为总校官；张能照时为候补内阁中书，由总裁选得充任《四库全书荟要》处总校官。

乾隆四十七年八月，续缮三份《四库全书》动工，需要分校人员更多，据总裁制定章程云："此次添办之书，系雇觅书手，与謄录限以五年者不同，如书中有错误之处，至总校始行校出，未免有需时日，办理周章。应责成各分校详慎校勘，如有错误即可随时驳换、更改，归成全部，即交总裁、总阅等抽阅呈进，毋庸另设总校。至分校看书，若多限字数，即不能校阅精详，以每人每日二万字为率，应添设分校六十员，由翰林院、内阁、国子监等衙门遴派。如有迟误草率者，臣等随时参处更换。"[③]但此次书手系雇佣人员，按字数给值，书写字数几乎是以前的两倍，总裁向各衙门搜罗校对人员，但实无闲置人员可充当，永瑢等奏称："臣等前经挑选字画端楷之书手一千名，现在分头缮写，计每人每日写字二千，每月可得书四千本。又经奏定分校之翰林、中书等五十七员，照例每人每日校字二万，计每月仅校得书一千一百馀本。彼此核算，每一月所写之书，一二月尚难校清，递积递多，须八年之久方能完竣。在书手等佣书为活，朝夕所需计字给价，势难等久待。以未经校对之书，不知可用与否，即行给价，殊非慎重帑项之道。将来书手各散，数年后抽换填补，在在棘手，是速写之需急校，事势显然。惟是京员中可任分校者甚少，或本员现有馆属，或本衙门各有应办事件，搜罗再四，实无其人。若照前四部派官总校，则恩□未得屡邀，且铨法更多壅滞，臣等公同商酌，此三分书原为加恩士子而设，拟即于生监中募有情愿校对者，择其文理明通，每人派以三年内校书五千馀本，得二十一人足敷办理。如果三部应期全竣，仰恳皇上天恩，钦赐举人，准其一体会试，但不得入吏部举班选用，以碍铨法，亦

①《纂修四库全书档案》，第 488 页。
②《纂修四库全书档案》，第 489 页。
③《纂修四库全书档案》，第 1615 – 1616 页。

不许大挑滥邀官职。其有潦草错误者，按季汇送吏部查核，照七品官讨俸之例缴充本馆公用，按年报销，似此劝惩互施，庶期迅速告竣。"[1]这样校对不敷的矛盾才得以缓解。

此外，对于从《永乐大典》辑出应刊之书，总裁曾专门奏请国子监贡生校对，乾隆三十九年二月二十三日，永瑢等奏称："臣等办理《四库全书》，所有《永乐大典》内采出散篇汇辑成部者，颇有堪以刊行之书，应行刊刻。前经臣金简奏准用活字板摆刷，现在筹商应办诸事。因此等散篇原录草本，移改增易，行字参差，难以照式排版，而正本又不便令其校对，致有污损，臣等公同酌议，此等应刊书籍，非另办副本不可。拟于国子监拣派现食膏火之内肄业贡生十名到武英殿，照现在行走贡生例，专供校录刊本之用。"[2]这些贡生也应视为四库馆的校录人员。

誊录是四库馆人员的重要组成部分，人数众多，人员遴选办法也数经变动。[3] 乾隆三十八年闰三月，总裁提出由提调、纂修等保举誊录的办法，但保举办法实行不久，便弊端丛生。誊录虽然"自备资斧效力"，但五年后可以照例议叙，对于一些科场上屡经失意者来说，入馆充当誊录成为步入仕途的最佳终南捷径，于是便纷纷钻营奔竞。而四库馆内有保举权的纂修、提调因此而居奇受贽，有些保举者还任意索贿，导致物议沸腾。巡视南城监察御史胡翘元在奏折中称：

> 恭惟我皇上轸念单寒，慎惜名器，疏通仕途，停止捐例，士子知倖进无路，一闻开馆恩旨，无不踊跃争先，厕名謄录，冀邀议叙，以为仕进阶梯。在保送诸臣，秉公汲引，固不乏人，其中保无居奇受贽，致能书之士或以无力向隅，而书法平常者，转得挟赀充选。且此项謄录，多系应举之人，而纂校诸臣，亦均有司衡之责，此时既以保举而认作师生，久且固结绸缪，奔竞夤缘，潜滋弊窦，不可不防其渐。伏思此项謄录，俱是自备资斧效力行走，其能书者，不皆有力，其有力者，不尽能书。今保举之途一开，其能书而无力者，固不得与其数，而有力不善书者，既须雇请书手，又先多一保举之费，未免竭蹶从事。臣愚以为在京士子，有愿充謄录者，毋庸仍令纂修、提调等官

①《纂修四库全书档案》，第 1766 - 1767 页。

②《纂修四库全书档案》，第 200 页。

③也有乾隆皇帝特加恩赏赐作为誊录者，如乾隆四十一年九月二十一日谕："原任大学士朱轼之孙监生朱世德，现在来京，著加恩在四库全书处謄录上行走。钦此。"（《纂修四库全书档案》，第 535 页）但此为个别现象。

保举，准其自行具呈总裁官，验其人颇通晓字无舛讹者，当堂收录，取具同乡官印结，记名档册，挨次充补。其京员随任子弟，有情愿到馆效力者，准令该员由本衙门具文呈送。[①]

后经大臣们认真商议后，决定停止保举法，四库馆"需添人缮写时，先期出示晓谕，有愿自备资斧设充誊录者，取具同乡六品以上京官印结具呈投递，京员子弟即令该员由本衙门具文呈送"，总裁"择其字画端正者，照数取录，以次充补，纂修、提调等官均不干预其事"。[②] 于是，誊录的遴选办法由保举改为当堂考查。相对于保举之法，当堂考查在一定程度上限制了一些投机分子，吸收了一批能书善画之士，大大提高了缮写质量。但此后誊录中不断有离馆者，乾隆三十九年八月，誊录的遴选又改为从乡试落第卷内挑取，当年即从京闱乡试落第试卷中选取誊录，其中，有两百名投纳履历情愿入四库馆充当誊录，馆臣"按照空缺额数，咨取五十名到馆，挨次充补"，但有些名次在后的落第考生不断呈请，希望能额外效力，经总裁上奏，"此次挑取候补謄录人员内，有情愿效力者，俱准其具呈报明，先在额外行走，俟挨次应补时顶补起限，扣足五年议叙。其未补缺以前缮写之书，统计字数若干，入于赢馀项下，照奏明之例，分别议叙。庶该謄录等各得遂其踊跃奉公之情，而缮录事宜亦可更期迅速"。[③] 这样四库馆的誊录人数大大增多。至乾隆四十二年七月，第一批誊录期限已满，必须再招募誊录，以便随时顶补，于是，总裁又从本年京闱乡试落第"皿"字号内选取八百卷，"贝"字号内选取六百卷，作为备选誊录。乾隆四十三年七月十八日，乾隆又命在本年选拔贡生中，除引见分别录用外，其余考生"如有情愿自备资斧在四库全书馆效力者，准其呈明充当謄录，即以到馆写书之日始，扣足五年期满，照例核办"[④]。

此外，某些专门书籍，如天文算学各书中涉及专门知识的从天文算学馆中遴选。类似《礼器图式》《西清古鉴》等应绘图样较多之书，则从擅长书法绘画的监贡生中遴选，如乾隆三十九年十月十九日，永瑢等上奏称："查应缮遗书内，如许慎《说文》、郭忠恕《汗简》、楼昉《汉隶字源》等类，多专系篆隶字体及钟鼎古文，必得通晓六书者，方能篆写无误。而现在謄录内尚无其人，难以发缮，应请添设篆字謄录四名，于在京之举贡监生内，择其精于篆学者，招募充补，仍照

①《纂修四库全书档案》，第122－123页。

②《乾隆上谕条例》，乾隆三十八年七月五日吏部等衙门奏折，江苏布政司衙门刊本。

③《纂修四库全书档案》，第278页。

④《纂修四库全书档案》，第863页。

各誊录之例，一体办理。又，应缮天文算法各书内，图样极多，其中尺寸疎密，铢黍难差，必须略识推步者，方能布置无讹，自非原设绘图之誊录等所能通晓，亦应请于钦天监天文算学生内，择其谙悉图象者，挑取二名充作誊录，在馆一体行走。庶承办各有专门，更为妥协矣。"①

乾隆四十七年七月，乾隆又命续写三份《四库全书》，续缮三份《四库全书》开局后，缮写需要的誊录更多，原来办理前四份书时，誊录均为"自备资斧"效力，至五年期满给予议叙。由于四库馆所用誊录人数太多，应议叙者已经壅滞，再从落第试卷中选取显然是行不通的。于是续缮三份书"俱著发给内帑银两，雇觅书手缮写，在钞胥等受值佣书，自必踊跃从事，而书成不致滥邀议叙，亦于铨政无碍"。② 根据乾隆的指示，总裁制定章程称："全书三分，计十万八千册，每册约以三万字为率，以每人每日写至一千馀字计算，必须多雇写手，方不至成事过迟。查武英殿定例，缮写刻样软字，每一千字给工食银四钱，但查缮写刻样，必须字字精工，通部一律端楷，所以定价较优，今逐册分缮，比之上板字样差易为力，拟照定例酌减，每一千字给银二钱五分，并须先收字数后给工值，以杜弊混。"③

第二节　四库馆人员遴选的特点

一、总裁因品秩任命，武职官员、年迈无堪他用者充斥其间

总裁的任命并不因个人学问才能而定，而是论个人的品秩高低、乾隆皇帝的信任程度。由于以此作为选拔总裁的标准，因此总裁并非都能像于敏中、王际华、彭元瑞那样以学问见长，而被委以重任。尤其"乾隆中年后，多以武功致台鼎"④，许多官员都是通过军功而位居高官，也因此得以列为四库馆总裁。如正总裁英廉曾长期兼任正黄旗护军统领，三十四年掌征缅甸事。大学士舒赫德先后在甘肃经理军务、在乌里雅苏台"筹办粮饷、驼马接济事宜"、参与平定大小和卓叛乱，后又任伊犁将军，因军功显赫，还京后兼国史馆、四库馆总裁。⑤ 阿桂则更不用说了，讨准噶尔、击舍楞、屯田伊犁、定乌什、远征缅甸、平两金川及甘肃苏四十三等军事活动，他无役不与，晚年身居高位，而列名四库馆总裁。据张

①《纂修四库全书档案》，第 278 页。

②《纂修四库全书档案》，第 1614 页。

③《纂修四库全书档案》，第 1614 页。

④《清史稿》卷 320，第 10772 页。

⑤钱仪吉：《碑传集》，中华书局 1993 年，第 917 页。

之洞《国朝著述诸家姓名略》所列当时馆员中，可称为著述家者，约得二十人，而总裁无一人，副总裁仅列彭元瑞一人。另外，总裁中有许多年迈无堪他用的高级官员，如裘曰修以治理河道著名，乾隆三十八年二月被任命为总裁参与辑校《永乐大典》事，年已六十，至五月三日卒；刘纶也同时被任命为总裁官，至六月二十五日卒；刘统勋于三十八年二月被任命为总裁，当年十一月卒；王际华于四十一年三月二十日卒。其他还有许多这种情况。从乾隆三十八年二月开馆到四十六年十二月第一份书成，尚不足九年的时间里，职名表上所列出以及未列出的30位正副总裁，其中就有8位未能活到书成之日（乾隆四十六年十二月第一份《四库全书》成书的时间）。

表2-1　乾隆四十六年以前去世的四库馆正副总裁任职时间表

姓名	任总裁时间	去世时间
刘统勋	乾隆三十八年二月辑佚《永乐大典》时即被任命为总裁	乾隆三十八年十一月
裘曰修	乾隆三十八年二月辑佚《永乐大典》时即被任命为总裁	乾隆三十八年五月
刘纶	乾隆三十八年二月辑佚《永乐大典》时即被任命为总裁	乾隆三十八年六月
王际华	乾隆三十八年二月辑佚《永乐大典》时即被任命为总裁	乾隆四十一年
舒赫德	乾隆三十八年九月被任命为总裁	乾隆四十二年
钟音	乾隆四十三年五月被任命为总裁	乾隆四十三年九月
于敏中	乾隆三十八年二月辑佚《永乐大典》时即被任命为总裁	乾隆四十四年
程景伊	乾隆三十九年十月被任命为总裁	乾隆四十五年

二、带有局限性的网罗人才

纂修《四库全书》任务繁重，要从《永乐大典》中辑出绝世之本，从浩繁的各省进呈遗书中择出最好的版本，并作出提要，需要大批学识优异的学者。为此，乾隆皇帝从众多皇子中遴选出才学出众的永瑢、永璇、永理。永瑢为乾隆帝第六子，号九思主人，喜作诗文书画，著有《九思斋诗钞》；永理“天姿聪哲，学问高深，腹笥六经，胸罗万卷”①，著有《诒晋斋集》。军机大臣则奏请：“查有理藩院主事门应兆，系汉军，前在礼器馆绘图，颇为得力，蒙恩议叙，由笔帖式历升今职。该员精于绘画，汉字尚能通晓，而于蒙古字未经学习，若在本衙门办事，无可措手。相应请旨，令在四库全书处校对上行走，俾校勘图样，似属人地相宜。”②总裁从在京官员中遴选出像翁方纲、姚鼐、程晋芳、任大椿等一批优秀学

①载铨：《诒晋斋集序》，载于《诒晋斋集》卷首，《续修四库全书》第1487册。

②《纂修四库全书档案》，第564－565页。

者。此外,还通过举荐方式,使当时不得志的知名学者戴震、邵晋涵、周永年等也得以参与其事。这些人正是后来纂修《四库全书》的骨干力量。他们对全书的贡献是一般纂修官所无法相比的。

但另一方面,四库馆搜集人才有很大的局限性,在选拔人才时仍然背着品秩科第的包袱。总裁在选拔人才时特别重视品秩科第,“时非翰林而预纂修之事者八人”[①],这几乎等于被翰林出身的人包办了。“五征君”虽然学问优异,总裁在上奏中却称:“又查有进士余集、邵晋涵、周永年,举人戴震、杨昌霖,于古书原委亦能多识,应请旨行文调取来京,在分校上行走,更足集思广益之用”[②],这说明四库馆对官职、科第非常看重。又如纂修官张义年原“系乾隆乙酉拔贡生,以教谕衔任潜县训导”,期满后自愿入馆效力,但他仍要通过总裁上奏,特赏“国子监助教衔”,“以资行走”。[③] 此外,任何一个人入馆都必须由总裁上奏批准后才能入馆,这就使得一些有能力而无科第出身的人才无法参与其事。如丁杰为清代知名学者,“肆力经史旁及说文音韵、算数”,初至京时,正逢四库馆开,“任事者延之佐校”[④],在馆外参与编纂事。由于丁杰当时不是在职官员,又没有总裁官的举荐,因此只能在馆外协助纂修,不能不说是一个遗憾。再如刘台拱也是清代一位知名学者,“大兴朱珪校礼闱,得其卷,叹为绩学之士”,王念孙称“其学与阎若璩相伯仲”,邵晋涵说“予交友中,渊通静远,造次必儒者,台拱一人而已”。四库开馆时,刘台拱“在都与朱筠、程晋芳、戴震、邵晋涵及任大椿、王念孙等游,稽经考古,旦夕讨论”,虽然“其学自天文律吕,至声音文字,靡不该贯”[⑤],但同丁杰一样只能在馆外与纂修官们讨论而已。这些人员学问优异,与纂修官来往密切,若能举荐入馆,对纂修一事必定大有裨益,无奈限于四库馆的品秩科第,均被排斥在四库馆外,虽然他们通过其他方式协助纂修官做了不少工作,对《四库全书》纂修极为有益,但这种协助毕竟是有限的,特别是四库馆严禁馆臣将馆中书籍携带外出后,他们的协助受到了更大的限制,仅依靠馆臣在四库馆找出一些条目来做考订工作,显然是远远不够的,这是四库馆在选人上一大失误,值得后人深深反思。

三、重用受处分人才

乾隆皇帝深谙用人之术,最善于恩威并施,大臣动辄被革职流放,旋即又可

①蔡冠洛主编:《清代七百名人传》,中国书店 1984 年,第 1589 页。

②《纂修四库全书档案》,第 77 页。

③《纂修四库全书档案》,第 276 页。

④《清代七百名人传》,第 1610 页。

⑤《清国史》卷 17,《刘台拱传》,嘉业堂钞本,中华书局 1993 年影印本,第 633 页。

能得以升迁，以显示皇帝的威严。四库馆作为一个临时修书机构，便成为乾隆皇帝玩弄权术的场所。如孙士毅、朱筠、王太岳、曹锡宝、徐步云、韦谦恒等都因事受到处分，受乾隆皇帝“恩赐”入馆。乾隆皇帝这种“用功不如用过”的用人之术，也起到了一定的积极作用，一些本以学问见长的官员入馆后为《四库全书》的纂修做出了巨大贡献。如朱筠于乾隆三十七年上奏辑《永乐大典》而导致四库开馆，三十八年因考生欠考捐贡事被免职。但乾隆皇帝又谕称：“朱筠学问尚优，加恩授翰林院编修，在四库全书馆行走。”①这样他便直接参与了《四库全书》的纂修活动，主办各省采进遗书，并总纂《日下旧闻考》。《日下旧闻考》系对清初学者朱彝尊《日下旧闻》一书改纂而成。朱筠擅长经学、小学，精于考据学，随身携带《日下旧闻》二十余年，对书中内容多有考证。入四库馆后，由他总纂《日下旧闻考》，取得了很大成绩，使该书成为总结、反映北京情形的最大、最完全的地方志专著。《四库全书总目》评《钦定日下旧闻考》：“删繁补缺，援古证今，一一详为考核。”②这样成绩的取得，与朱筠长期对此书考证研究，在四库馆兢兢业业的工作是分不开的。再如王太岳“言经兼训诂，论学兼取陆王，诗宗魏晋，下及唐人。纯古淡泊，时称高格……规史汉及韩柳，气格高简，卓然名家”③，乾隆三十七年以审拟逃兵宽纵落职，因学问优异，被任命为《四库全书考证》总纂官。曹锡宝“手抄经史古诗文华严皆成部叠架，作诗尤长于五古，有陶谢韦孟真意”④，后以旗丁斗殴案交部吏议，被任命在四库全书馆行走。王太岳与曹锡宝等所编纂《四库全书考证》100 卷，汇集了《四库全书》中 1100 多种书籍的考证，成为我们今天研究《四库全书》的重要资料。在编纂过程中，因其编纂较为出力，这些受过处分的纂修官很快又得到提升，乾隆三十八年九月二十五日内阁奉上谕：“办理四库全书处现有分纂之翁方纲，因前在学政任内缘事降三级调用，其处分本所应得，第念其学问尚优，且曾任学士，著加恩授为翰林院编修。”⑤乾隆的这套用人手段确实高明，这些受过处分的官员再次得到重用后，或出于个人的兴趣爱好，或出于东山再起的愿望，对修书一事非常用心，诸如朱筠、翁方纲、王太岳等人为纂修《四库全书》做出了巨大贡献。

四、馆臣多汉学家、少宋学家，多经学家、少史学家

造成汉学家统治四库馆的原因有二：一是当时学风所致。乾隆中期正是乾

①朱珪：《竹君朱公神道碑》，载于《笥河文集》卷首，《丛书集成初编》本。

②《四库全书总目》卷 68，第 638 页。

③《清国史》卷 17，《王太岳传》，第 912 页。

④《清代七百名人传》，第 154 页。

⑤《纂修四库全书档案》，第 157 页。

嘉考据学风兴盛时期，自顾炎武提出“经学即理学”后，经阎若璩、胡渭奠基，惠栋确立后，这股考据学风已经在社会上形成强大的潮流，“一世才智之士，以此为好尚，相与淬厉精进，阘冗者犹希附和，以不获厕于其林为耻”①。如清代学者金榜“少工文词，以才华为天下望，师事江永，友戴震，遂深经术”②，他们师友相传，以考证训诂为能事，极力反对宋明理学空谈心性的弊端。与此同时，乾隆本人也对宋明理学的弊端有十分深刻的认识，他逐渐改变康熙皇帝专尊理学的文化策略，对宋学不断提出批评，而对兴起的汉学，则表现出极大兴趣，认为汉学可补宋学的缺陷。③ 在这种情况下汉学家在四库馆占据了主要地位，也是理所当然的事了，故梁启超说：“四库馆就是汉学家大本营，《四库提要》就是汉学思想的结晶体。”④虽然他的论断有过于绝对化之嫌，但也大致上反映了当时的情形。二是编纂《四库全书》工作性质的需要。编纂的任务主要是辑佚、校勘、辨伪、鉴版本、做目录，这些工作正适合了汉学家的考证才能，而理学家们的思辨在此却无用武之地，因而使得汉学家能在四库馆独占鳌头。翁方纲、程晋芳注重程朱理学，但他们在尊崇程朱理学的同时，实际上一直在从事考据，在治学方法上他们与纪昀等人并没有区别，因此，能够在四库馆中发挥很大的作用。一些理学家，如四库馆总阅官钱载以诗歌见长，又非常注重程朱理学，治学上与其他考据学者格格不入，故在馆中与素性狂介的戴震发生激烈的冲突（详情见后文）。钱载虽官职较高，在四库馆中担任总阅官，与举人出身的戴震地位相差悬殊，但戴震对之并不畏惧，显然在学术上戴震是占上风的。戴震的考据功力在四库馆发挥到了极致，他代表了四库馆的学术风气，背后有个庞大的学术群体在支持着他，而钱载正是因为在四库馆无法发挥自己在诗歌与理学方面的长处，故难得其他馆臣支持。笔者认为，《四库全书》作为中国古代文化史上一项巨大的文化工程，从乾隆的编纂动机来看，主要目的是为教化人心，巩固清朝皇权的统治，因此，并不存在提倡汉学以反对程朱理学的意蕴，四库馆中汉学家多、宋学家少，也并不意味着乾隆皇帝支持汉学家压制宋学家。但馆臣在具体从事这项工作时，汉学家的优势至为明显，义理思辨却难派上用场，因此，即便不是清代考据学的兴盛，做类似的工作也会出现考据学者占主要地位，尽管可能不像四库馆这么严重。

①梁启超：《中国近三百年学术史》，《梁启超全集》，北京出版社1999年，第4433页。

②《清代七百名人传》，第1612页。

③有关乾隆皇帝文化策略的转变，研究著作很多，如陈祖武的《乾嘉学派研究》，河北人民出版社2005年，高翔的《康雍乾三帝统治思想研究》，中国人民大学出版社1995年。可参考。

④梁启超：《中国近三百年学术史》，《梁启超全集》，第4438页。

此外,馆内还有一个现象就是多经学家、少史学家。研究四库馆职名表中的纂修官,就可看出,除了邵晋涵、陆锡熊以史学见长外,其他基本上都是以经学、小学、算学见长。这与当时的学术特点有关。清代考据学并非无目的地为考证而考证,而有自己内在的发展理路。余英时先生认为:“清代尽管有许多考证学者绝口不谈义理问题,而他们的学术工作事实上仍然清楚地表现出一个确定的思想的方向。”①余先生这段精彩论断是有道理的。首先,考据学家考据都是为了恢复儒家原典的本义,进而真正理解儒家的“道”,这是他们的出发点,然后才是考证,通过文字、音韵、训诂、典章制度以达到理解经的本义,从而理解经中所含的“道”。钱大昕说:“六经皆以明道,未有不通训诂而能知道者,欲穷六经之旨,必自《尔雅》始。”②戴震也说:“惟空凭胸臆之卒无当于贤人圣人之理义,然后求之古经。求之古经而遗文垂绝,今古悬隔也,然后求之故训。故训明则古经明,古经明则贤人圣人之理义明,而我心之所同然者,乃因之而明。”③桂馥称:“读书莫要于治经,才尽于经,才不虚生。”④既然只有通经才能明道,人们自然都会附会到这条路上去了,于是乎,人人研经成为司空见惯的事情。就连意志坚定的章学诚在初进京时,一接触到当时的社会风气,也为自己“于《四书》一经,正乃未尝开卷”而感到“惭惕”“寒心”。⑤ 陈寅恪先生认为“有清一代经学号称极盛,而史学则远不逮宋人”,“虽有研治史学之人,大抵宦成之后休退之时,始以余力肆及,殆视为文儒老病销愁送日之具,当时史学地位卑下若此,由今思之,诚可哀矣。此清代经学发展过甚,所以转至史学之不振也”。⑥ 在社会风气的影响下,许多精通史学的学者也走上了治经的道路,如史学家邵晋涵受考据学家朱筠的影响,尽十年的精力作成《尔雅正义》,褚寅亮早年“心思精锐于史书,鲁鱼一见便能订其误谬。中年覃精经术,一以注疏为归,从事礼经几三十年”⑦。在这种学风中,史学人才少也是理所当然的了。不过,清中期并非没有史学家,如钱大昕、王鸣盛、章学诚等均以史学著称,章学诚作为一介布衣,因四库馆为官方机构难以参与,但钱大昕、王鸣盛为何未能加入编纂之列,却不得而知。而且在修书过程中,钱大昕因未参与纂修,因此,对自己的一些学术著作也保守如瓶,以防馆臣窃去。翁方纲记述说:“钱辛楣自裒辑所作金石题跋,汇成

①余英时:《论戴震与章学诚》,三联书店 2000 年,第 74 页。

②钱大昕:《与晦之论尔雅书》,《潜研堂文集》卷 33,《四部丛刊》本。

③戴震:《戴震集·题惠定宇先生授经图》,第 214 页。

④桂馥:《晚学集》卷 1,《惜才论》,《丛书集成初编》本,第 1 页。

⑤章学诚:《与族孙汝楠论学书》,《章学诚遗书》卷 22,文物出版社 1985 年,第 224 页。

⑥陈寅恪:《陈垣元西域人华化考序》,载《金明馆丛稿二编》,三联书店 2001 年,第 269、270 页。

⑦《清国史》卷 17,《褚寅亮传》,第 617 页。

数帙，有欲借看者，辛楣辄曰：不可，借出，恐公等摘取入提要，即不得为我有耳。”①由于钱大昕未能入馆修书，而钱氏对自己的著作又加保密，很不利于《四库全书》的纂修，这是四库馆未能全面搜罗人才所造成的缺陷。

选拔人才是做好任何一件事的关键，四库馆人员的遴选虽然存在着很多缺点和不足，但总起来说是成功的，《四库全书》的巨大成就足以证明这一点。四库馆在人员遴选上的经验教训对我们今后做类似的工作也不无启示。

首先，纂修一部巨型丛书，要多渠道、多途径召集各种人才，这是成功的前提和保证。择贤纳优是中华民族的优良传统，应得到继承和发扬，四库馆举荐“五征君”为《四库全书》的纂修起了重要作用即是一例。但另一方面，四库馆以品秩选人，也对四库馆聚集人才造成了很大局限性，有许多较为优秀的学者当时游学京师，寓于馆臣家中协助纂修，或利用馆中书籍另编他作，却未能齐集馆内，这是《四库全书》编纂的遗憾之处。

其次，官修书籍的最高管理者往往以品秩等级而定，这种现象是历代官修书籍不可避免的现象，四库馆亦不例外。总裁并非都是精通学术的人才，且多年迈之人，很难说他们能对《四库全书》的纂修起到什么作用，这也是四库馆的缺陷之一。纂修书籍应以学术人才为重，特别是，高层管理人员对修书影响很大，更需要有学识的人才来管理，或亲自参与编纂，而不能仅以官职论。

再次，各种人才要兼收并蓄，而不能拘于社会风尚，四库馆内史学人才过少，当时诸如章学诚、钱大昕、王鸣盛等人均与四库馆臣有密切联系，而且钱大昕、王鸣盛还曾在朝廷任职，但都没有参与其事，从中可以反映出四库馆未注意召集史学人才，这也影响到《四库全书》史部纂修的质量，对我们今后从事类似工作，也是值得吸取的一个教训。

表 2-2　馆员中著述家一览表②

姓名	籍贯	擅长学科	派别	在馆职务
彭元瑞	江西南昌人	史学、校勘学	汉学派	副总裁
庄存与	江苏阳湖人	经学	汉学派	总阅官
谢墉	浙江嘉善人	小学、校勘学	汉学派	总阅官
朱珪	直隶大兴人	骈文家		总阅官
纪昀	直隶献县人	经学	汉学派	总纂官

①翁方纲：《自跋提要旧草》，《复初斋文集》卷35，《续修四库全书》本第1455册，第685页。

②本表依据张之洞《国朝著述诸家姓名略》统计，载于任松如《四库全书答问》，《民国丛书》本，第21－23页。

续表 2-2

姓名	籍贯	擅长学科	派别	在馆职务
陆锡熊	江苏上海人	史学		总纂官
李潢	湖北钟祥人	算学		总目协勘官
任大椿	江苏兴化人	经学、小学	汉学派	总目协勘官
邵晋涵	浙江余姚人	经学、小学①	汉学派	校勘《永乐大典》纂修官
周永年	山东历城人	校勘学	汉学派	校勘《永乐大典》纂修官
戴震	安徽休宁人	经学、小学、史学、地理学、校勘学、算学	汉学派	校勘《永乐大典》纂修官
姚鼐	安徽桐城人	经学、理学、古文家	桐城派	校办各省送到遗书纂修官
翁方纲	直隶大兴人	经学、金石学	汉学派	校办各省送到遗书纂修官
朱筠	直隶大兴人	经学、小学	汉学派	校办各省送到遗书纂修官
王太岳	直隶定兴人	骈文家		黄签考证纂修官
陈际新	直隶宛平人	算学		天文算学纂修官
金榜	安徽歙县人	经学	汉学派	缮书处分校官
曾燠	江西南城人	骈文家		缮书处分校官
洪梧	安徽歙县人	经学、小学	汉学派	缮书处分校官
赵怀玉	江苏阳湖人	校勘学	汉学派	缮书处分校官
王念孙	江苏高邮人	经学、小学、校勘学	汉学派	篆隶分校官

①将邵晋涵擅长学科列为经学、小学，可能是依其著有《尔雅正义》而论，但如此下结论有误，后文对邵晋涵的史学有专门论述。

第三章　各职官分析

在以往的研究中，对于四库馆内各职官都是简单地叙述其作用，而没有深入地分析，这就难以对他们作出公正、合理的评价，也很难透视四库馆内部的情形。在此，笔者试就总裁、总纂官、总校官的作用及纂修官的分工等问题加以评析，以求进一步加深对四库馆的认识。

第一节　总裁

总裁是四库馆中的最高职务，凡四库馆内事务都由他们直接向皇帝上奏呈报。作为乾隆皇帝与馆臣之间沟通的桥梁，总裁不仅要时时揣摩"圣意"，贯彻乾隆的意旨，又要对馆臣加以监督，并直接参与馆中的一些工作，其人品与学问对四库馆的运行有很大的影响，为此，我们有必要分析一下所起作用较大的总裁生平、学术及分工情况。

一、分工

总裁均为朝廷高级官员，他们大多是兼职修书，有些总裁虽列名其中，但因行政事务太多，并未真正参与其事，因此，要了解各总裁在馆中所起作用，就要弄清总裁们的分工情况。

乾隆三十九年(1774 年)二月二十一日，乾隆皇帝在审阅四库馆进呈的《圣祖仁皇帝御制文集》时，发现错字，龙颜大怒，诏谕总裁曰：

四库全书处进呈录成书本内，有《圣祖仁皇帝御制文集》。据总裁等于面页签明，原本校刊精审，并无应签之处。朕以为其中断无错误矣。及偶取披阅，则圣祖仁皇帝御制集诗内，"桃花"，桃字，误写梅字，未经校出。朕于所缮各种书籍，原未尝有意苛求，亦实无暇通身细阅，而信手披翻，错字自然呈露，则其他舛误，谅更不少。总裁等岂宜概以轻心掉之耶？此内如皇六子质郡王永瑢、舒赫德、福隆安，虽充派总裁，并不责其翻阅书籍，乃令其统理馆上事务者，英廉办理部旗及内务府各衙门，事件较繁，亦难悉心校阅。金简另有专司，此事本非其职，至于敏中，虽系应行阅书之人，但伊在军机处办理军务，兼有内廷笔墨之事，暇时实少，不能复令其分心兼顾。所有皇六子永瑢、舒赫德、于敏中、福隆安、英廉、金简，俱著从宽，免其交部。其余总裁，每日到馆，岂可于呈览之书，竟不寓目！①

从这条上谕可以看出，总裁在馆中也有较明确的分工，永瑢、舒赫德、福隆安为总责馆务者，其中，福隆安还负责后勤事务。英廉、于敏中虽有阅书之责，但兼职较多，无暇阅书，金简主要负责刻书之事，其他各总裁专门负责抽阅书籍。乾隆发现讹误后，往往对有阅书任务的总裁给予处罚，而另有职责的总裁可免除处罚，这也是总裁分工的结果。据称："四库全书处进呈抄录书本，朕连日偶加翻阅，检出舛漏处不一而足。其中实系错误者，过失固不待言，即原文传写旧讹，或文义不顺，既有加签改识之例，何不逐条举出，概以轻心掉之耶？……至各总裁内王际华于校勘荟要诸书，加签标识者甚多，前此呈览时，朕详加批阅，并未见有字画错误之处，办理尚属尽心，此次著免其议处。曹秀先于伍月内随驾热河，继复派典顺天乡试，现进各书自未及寓目，亦著免其交部。其蔡新、张若溎、李友棠俱著交部察议。"②这条谕旨又进一步证明，很多总裁并不负责四库馆的馆务，同总阅官一样，只是负责校阅书籍。

从《纂修四库全书档案》奏事情况来看，四库馆的具体事务，包括纂修书籍、人员的遴选、监察督促等，最初由刘统勋负责，刘统勋去世较早，后来，永瑢、英廉负责馆务。再从《于文襄手札》来看，于敏中虽然主要负责《四库全书荟要》的纂修，但他对《四库全书》纂修也非常关心，不时与总纂官有书信往来，发纵指示，对《四库全书总目》的纂修起了很大作用。

至乾隆四十七年，和珅被任命为四库馆总裁，馆内事务多由其主持，和珅对编纂的督促、抄写书籍的校对等均有参与。但此时《四库全书》纂修任务已基本完成，仅有缮写任务及尚未完成的几部新修书籍，并不涉及纂修事宜。

当然，四库馆总裁并非四库馆真正意义上的最高权力行施者，他们对四库馆的事情多是负责上报下达，起到中介的作用。真正意义上的总裁其实是乾隆皇帝本人，在《四库全书》编纂过程中，他事无巨细，无不过问，且能经常查出校

①《纂修四库全书档案》，第 199 页。

②《纂修四库全书档案》，第 289 – 290 页。

书中的一些失误之处(既包括缮写讹误,也包括禁毁书方面),因此,《四库全书》的编纂无论是从文献学角度来看,还是从思想史角度考察,乾隆本人都起着很大的作用。

二、贡献较大的几位总裁

于敏中(1714—1779 年),字叔子,一字重堂,江苏金坛人。乾隆二年(1737 年)一甲一名进士,授翰林院修撰,累迁侍讲,曾先后任山东、浙江学政,历任侍读、侍讲学士、内阁学士、兵部侍郎、文华殿大学士兼户部尚书,曾充日讲起居注官,经筵讲官,方略馆、国史馆、三通馆、四库全书馆总裁。于敏中学识渊博,章学诚称其"早岁登朝,强力锐志,潜记默识,以官为学,历阶著成,专司守器,世氏师傅。人皆黾遑,公独优裕。分习国书,即究谐音辨字,洞徹精蕴,既入词苑,大肆力于诗古文词,讨论典籍,讲求古今沿革利病,熟研朝章国故,切磋久之,达于实用……若五朝国史、平定准回两部,及大小金川方略,续纂杜佑通典、郑樵通志、马贵与文献通考,以次绍修,最后汇萃《四库全书》。公并董正其事,载籍繁博,簿书填委,珥笔执简之士,肩摩踵蹑,议簧见帜,铅墨纷拏。公为摘抉精微,冰释节解,各就识职"[①]。乾隆三十七年,朱筠上奏开馆校办《永乐大典》折,大学士刘统勋欲寝其事,于敏中力争,终得乾隆皇帝赞成,促成《永乐大典》辑校的开展,《四库全书》得以编纂。编纂过程中,辑佚《永乐大典》困难重重,不仅纂修官中有许多限于功利,不乐于辑佚者,而且大学士刘统勋亦有反对之意,故当时即有提出集部概行不办者,于敏中力排众议,坚持辑佚,他说:"《永乐大典》内凑集散片,原如鸡肋,诸城(指刘统勋)似有不乐于裒辑之意,然未明言也,秘之。但既办辑多时,似难半途而废。此时各纂修俱采完,何人所采最多,或竟有全无所得者,便中约叙草单寄来,[并列衔名,密行。]至于大部之书,攥凑非易,不可不专归一人以总其成,若纂修内有独当一面者固佳,否则诸征君中渊才既多,且新奉恩旨,尤当及此稍逮劳绩。或回明各总裁,令其分占一部何如? 若各纂修于此不甚乐从,则不必以小节拂众人之意,即于纂修内请总裁派精细耐劳之人专以合凑,亦无不可。至大典内集部概行不办,此与原奉谕旨不符,愚见以为既办四库全书,似属多多益善,此无因多而弃斥弗顾之理,为此言者盖未通盘筹划耳。"[②]四库馆臣能从《永乐大典》中辑出数百部珍贵遗书,与于敏中的这种积极态度是分不开的。纂修《四库全书》期间,于敏中主要负责《四库全书荟要》的纂修,同时,他对《四库全书》的编纂也极为关注,与总纂官陆锡熊为讨论编纂事宜来往信函数十通,可见并非"画诺而已"。除此之外,于敏中还主持过编纂《天

①章学诚:《为座主梁尚书撰于文襄公墓志铭》,《章学诚遗书》卷 16,第 149 页。

②于敏中:《于文襄手札》,国立北平图书馆 1933 年。

禄琳琅书目》《音韵述微》《蒙古源流》《临清纪略》《日下旧闻考》《西域图志》等书，多被收入《四库全书》。

程景伊（1712—1780 年），江南武进人。乾隆四年进士，十年散馆，授编修，十八年补侍读学士，充日讲起居注官，曾任兵部侍郎、工部尚书，充经筵讲官，《续文献通考》副总裁、国史馆总裁、四库全书馆总裁。乾隆四十二年为《四库全书》事上奏："应进各书，经总校阅看后，如总裁等全为检阅，不特耽延时日，且总校等转得有所推诿，若不将如何抽看之处，定有章程，亦非核实之道。请此后总裁等于每十本内抽阅二本，粘贴总裁名签，其未经抽阅者，于书面粘贴总校名衔，如有错误，各无可诿。"①此后，四库馆即照此办理，对保证《四库全书》的校勘质量起了重要作用。

英廉（1707—1783 年），字计六，汉军镶黄旗人。雍正十年举人，由笔帖式授内务府主事。曾任淮安府外河同知，累迁永定河道、内务府正黄旗护军统领、内务府大臣、户部侍郎。乾隆四十四年，乾隆皇帝因英廉本汉军，协办有年，特授汉军大学士。《四库全书》开馆伊始，英廉被任命为总裁，于敏中去世后，英廉在馆中起了很大作用。乾隆四十五年，王杰参奏陆费墀遗失底本四五百种，英廉率人经两个月的时间认真清点，澄清底本实遗三十八种，这是自开馆以后首次对馆内书籍进行的彻底清查，在一定程度上纠正了誊录抄写底本混乱的现象。

王际华（1717—1776 年），字秋瑞，浙江钱塘人。乾隆十年进士，授编修，十三年擢侍读学士，历任工部、刑部、兵部、户部、吏部侍郎，后迁礼部尚书。《四库全书》开馆伊始，被任命为总裁，后又命其与于敏中同办《四库全书荟要》事务。王际华在馆期间，事无巨细，无不尽心竭力。在编纂过程中，校书犹如扫落叶，错误层出不穷，唯独王际华"于校勘《荟要》诸书，加签标识者甚多"②，深得乾隆皇帝赞赏。王际华于乾隆四十年卒于任上，乾隆皇帝深为惋惜，称其"才品端谨，学问优长，久直内廷，简任部务，懋著勤劳。迩年承办《四库全书》及《荟要》事，尤为殚心经理"③。由此可窥见其在四库馆工作之情形。

金简（？—1794 年），满洲正黄旗人，赐姓金佳氏。曾任内务府汉军、笔帖式，累迁奉宸院卿，乾隆三十七年，授总管内务府大臣，兼武英殿刻书事，三十八年《四库全书》开馆后，被指派经管书籍刊刻、刷印、装潢等各项事宜，后又被任命为副总裁。在众多的副总裁中，一般都负责校书任务，唯有金简例外。在刻

①《纂修四库全书档案》，第 757 页。

②《纂修四库全书档案》，第 275 页。

③《纂修四库全书档案》，第 501 页。

书过程中,金简奏请以活字法刊刻四库馆中应刻书籍,得到乾隆皇帝嘉赏,并特赐名为“聚珍版”。金简在刻书过程中,考核督催,十年如一日,在庆祥等人协同下,刊刻《武英殿聚珍版丛书》134种,对古籍的保存与流传做出了巨大贡献。

三、总裁的作用

在以往的研究中,一般都认为总裁在馆中不起多大作用,如郭伯恭说,四库馆中“惟于敏中、金简任职颇为尽力,余多徒拥虚名,画诺而已”[①],周积明认为,总裁官“大多只是挂名而已,并不处理实际事务”[②],司马朝军虽然考察了总裁在纂修《四库全书总目》中的裁正作用[③],但对总裁在编纂全书过程中的作用缺乏全面的认识。据笔者考察,总裁在馆内主要做了以下几项工作。

1.拟定章程

乾隆三十八年二月十一日,内阁奉上谕:“著再添派王际华、裘曰修为总裁官,即会同遴简分校各员,悉心酌定条例,将《永乐大典》分晰校核。”[④]二月二十一日,刘统勋等奏:“臣等恪遵谕旨,将应行条例,公同悉心逐一酌议,谨拟定十三条,另缮清单进呈,恭请训示。俟发下,臣等即行遵照,作速办理。如其间尚有应行斟酌查办之处,臣等再行随时妥核定议,奏闻请旨。”[⑤]乾隆三十八年六月十六日,乾隆皇帝命编纂《日下旧闻考》收入《四库全书》,谕称:“其如何厘定章程,发凡起例之处,着于敏中等悉心酌议以闻。”[⑥]三十八年十月初六日,又命总裁详议校录《四库全书》章程,十八日,总裁永瑢等奏议添派复校官及《功过处分条例》,这则条例在四库馆中一直执行得很好,对提高《四库全书》编纂的质量起了很大的作用。总裁于敏中对纂修过程的订立章程也极为关心,他在给总纂官的信中说“昨送到马裕家书十种,内有《鹤冠子》已奉御题,先行寄回,寄派纂修详细校勘,其书计一百三十余页,约定校勘几日,似宜酌定章程,将来虽诸书纷集,办之自由条理,其期不可太缓,致有耽延,亦不可太速而失之草率”[⑦],提出制定校勘章程等。乾隆四十七年八月二十日,正总裁永瑢等奏遵旨酌定雇觅书手缮写全书章程。其他如书籍管理措施、誊录的遴选办法等都是由总裁拟定的,也有些章程是总裁督促馆臣制定的,如于敏中信中说:“曹老生在此,言及纂办黄签一事,只有录出底档,并无原档可查,难于校核,陆少詹所虑亦同。日前两

①郭伯恭:《四库全书纂修考》,《民国丛书》本,上海书店1989年,第66页。

②周积明:《纪昀评传》,南京大学出版社1994年,第62页。

③可参考司马朝军的《〈四库全书总目〉研究》,社会科学文献出版社2004年,第40-44页。

④《纂修四库全书档案》,第57页。

⑤《纂修四库全书档案》,第59页。

⑥《纂修四库全书档案》,第130页。

⑦于敏中:《于文襄手札》。

学士酌议章程曾为筹及否？希即核定示知，以便催其赶办。”[①]因信中提到纂办黄签一事，曹老生可能是指曹锡宝，信中内容当然就是指为纂办黄签事制定章程，从信中也可看出，于敏中对《四库全书考证》的纂修也起了很大作用。

章程条例是四库馆内工作能有条不紊地进行的保证，总裁能在馆臣的协助下，制定出合理的规章制度，不仅促进了《四库全书》的编纂，而且对清代纂修书籍机构的管理也有积极意义。

2. 选拔人才

四库开馆伊始，因辑《永乐大典》人员不足，总裁上奏：“查现在纂修·翰林纪昀、提调·司员陆锡熊，堪膺总办之任。此外，并查有郎中姚鼐，主事程晋芳、任大椿，学政汪如澡，原任学士降调候补之翁方纲，亦皆留心典籍，见闻颇广，应请添派为纂修官。”[②]此外，“以翰林官纂辑不敷，大学士刘统勋荐进士邵晋涵、周永年，尚书裘曰修荐进士余集、举人戴震，尚书王际华荐举人杨昌霖，同典秘籍”[③]。乾隆三十九年二月，因《四库全书》内有算法书籍，需专门人才校勘，总裁又特意上奏，“查有算学馆助教郭长发，留心算法，堪司校阅。理合奏明，令其在《四库全书》分校上行走”[④]。于敏中对纂修人选极为重视，称“编纂之人最为紧要，非实在好手不能得益”，又说：“惟纂书甚难其人，所选三人恐尚不敷，且其中或尚有不能尽愿处。”[⑤]可见，总裁对纂修人选的重视。此外，誊录也要由总裁亲自考核方能入馆。虽然四库馆人选以在职官员为主，但总裁们综合斟酌，广泛地从翰林院及其他各部门选取学问优长者，使当时大多知名学者齐集馆内，为《四库全书》的纂修创造了良好条件。

3. 裁正编纂中的问题

在编纂过程中，虽然总裁不直接参与具体书籍的纂修，但在“体例之订定、部居之分别、去取之标准、立言之法则”，“均能发纵指示，密授机宜”。[⑥] 这主要表现在以下几个方面：

(1)制定凡例

如正总裁于敏中提出：

时呈《书目提要》时，自以叙时代为正，且俟办《总目》时再分细类，批

①于敏中：《于文襄手札》。

②《纂修四库全书档案》，第76－77页。

③《清史稿》卷110，《选举四》，中华书局1977年，第3187页。

④《纂修四库全书档案》，第201页。

⑤于敏中：《于文襄手札》。

⑥陈垣：《书于文襄公手札后》，《陈垣学术论文集》(二)，中华书局1987年，第45页。

阅似较顺眼。其各书注藏书之家,莫若即分注首行大字下更觉眉目一清。[①]

有些凡例虽由总纂官制定,但也要报呈总裁,请其审阅,如关于《日下旧闻考》纂修之事,于敏中称:"《日下旧闻考》款式极难,愚意欲尽存其旧而附考于后,其式当何如,可酌拟一两样,便当商择妥当,以便发凡其例耳。"[②]此外,正总裁王际华在全书的编纂过程中也多所裁定,陆锡熊称"自发凡起例,以逮丹铅甲乙之式,一切多决于公,公亦覃精殚思,晓夜研勘,斬得釐然勒成善本"[③]。在以往的研究中,我们对《四库全书》的编纂往往注重纂修官的作用,有关编纂的体例多归功于总纂官,而忽略了总裁在制定凡例方面的作用,这是我们研究《四库全书》的误区之一,应引起我们的注意。

(2)提出编纂办法

在编纂过程中,于敏中提出"校对遗书夹签,送总裁大人阅定,即于原书内改正,此法甚好。可即回明各位总裁酌定再行,即或将涂乙之书进呈,亦属无碍,惟改写略工,以备呈览。至红笔究不宜用,或以紫色何。卷后纂修之名,似可不添,因其书似仍须发还本家,毋庸多次画也。且官书须署臣某,而给还各家又不宜用臣某,莫若不列名为妥"[④]。这些均系编纂细节问题,于敏中作为总裁却关切备至,可见其对编纂之事用心之苦。

(3)提出分类意见

如关于《竹谱》《少仪外传》的归类,曾作过大的变动,编纂初始,于敏中曾提出:"细阅所开清单,如《竹谱》之列于史部,《少仪外传》之列于子部,皆未解其故,便希示及。"后又有札云:"酌定《竹谱》改入子部农家,《少仪外传》改入经部小学,以为相合。"又有札云:"倾接来教,《少仪外传》仿《韩诗外传》之例,极为妥协。《书录解题》或从《艺文志》或从《经义考》,希复检其书核定。《袁氏世范》从《经义考》似为得之。"[⑤]由此可看出,总裁对四库分类也非常关注,常与馆臣协商酌定。

(4)定书法褒贬问题

针对纂修官所撰提要初稿,于敏中说:

---

①于敏中:《于文襄手札》。

②于敏中:《于文襄手札》。

③陆锡熊:《文庄王公墓志铭》,《宝奎堂集》卷12,《续修四库全书》第1451册,第152页。

④于敏中:《于文襄手札》。

⑤于敏中:《于文襄手札》。

又见所叙《金氏文集》、《北湖集》两种誉之过甚，果如所云，即应刊刻，不止抄录而已，及读其诗文，不能悉列所言，且金氏集《忠义堂记》列入扬雄，其是非尤未能得当。愚见以为《提要》宜加核实，其拟刊者有褒无贬，拟抄者则褒贬互见，存目者有贬无褒，方足以彰直笔而示传信。①

从于氏之言，也反映出《四库全书总目》其实是一个复杂的综合体，并非纪昀一人之见，也并非仅是纂修官的结晶，个别总裁在《四库全书总目》撰写过程中，起了很大作用。

（5）定应刊、应抄、应存目、应毁的标准

乾隆在《四库全书》编纂初始，便明确规定四库馆臣要将书籍分列等次，区分应刊、应抄、应存目、应毁之书，但在具体操作过程中，馆臣对各种书籍有时也意见不一，总裁对此不时提出自己的见解，与总纂官协商。如于敏中提出：

惟《中心小历》一种，原单注拟刊刻，愚见以建炎南渡，乃偏安而非中心，屡经御制诗驳正，且提要所开，是偏颇有未纯之处，似止宜抄而不宜刻，已于单内改补奏进。至《汉魏丛书》、《津逮秘书》所收各部，尊意欲分录四库而不必归总，所见亦是，但须于各部散见提要内叙及《汉魏丛书》、《津逮秘书》一语，而于稽《总目》时集部内存两部书总名而注其分系之故，似为两得，乃惟酌之。各省书单大约陆续到齐，似即须行文咨取，毋庸专取略节也。又分别应刊、应抄两项，吾固早计之，诸公嗜好不同，难于画一，就二者相较，应抄者尚不妨稍宽其途，而应刊者，必核为去取，即不能有益于世道人心，亦必其书实为世所罕见，及板久无存者方可付梓流传，方于艺林有益，非特辞章之类，未便广收，即道学亦当精益求精，不宜泛滥。经解亦然，与其多刻无要，篇册徒灾枣梨，不如留其有余，使有用之书广传不缺，更足副圣主阐扬经籍之盛意。②

对辑佚《永乐大典》，于敏中提出取舍标准，云：

大典内集凑之书，原不能指定何类，即集部较多，亦无妨耳。至各省送到遗书，必须各门俱备数种方成大观。未多者限数之说，似尚未妥。经部本多于他种，如果义有所取，铨解十得三四，即不可弃，虽稍滥亦无碍。若

①于敏中：《于文襄手札》。

②于敏中：《于文襄手札》。

肤浅平庸及数见不鲜者，则在所屏耳。①

纂修官在纂修过程中，遇有难以定夺的问题，也直接请总裁裁正，如翁方纲在《镜山庵集》提要稿后，向总裁提议：

> 《镜山庵集》二十五卷，明高出著，其集之是非勿论已。即以今馆臣恭办全书之体，此等集不但不应存目，且不应校办；不但不应校办，而且应发还原进之人。从前于明末茅元仪所著书卷前，亦已粘签，候总裁大人酌定。明人万历以后之书，恐不止此，应如何商定划一，请酌定，俾各纂修一体照办。②

总裁秉承乾隆圣意，对四库馆区分书籍不断提出意见，以裁定馆臣编纂过程中的“疑难”问题，有利于四库馆的工作进展。

4. 抽阅书籍

前文已提出，总裁有着明确的分工，很多总裁并不直接管理四库馆具体事务，而是负责最后抽阅、验看全书，起监督及最后磨勘的作用。乾隆三十九年二月二十一日，因《圣祖仁皇帝御制文集》内“桃花”误写为“梅花”，总裁未能校出，王际华、蔡新、张若溎、曹秀先、李友棠等俱交部察议，乾隆皇帝严厉斥责总裁“每日到馆，岂可于呈览之书，竟不寓目”③。乾隆四十一年九月，总裁蔡新因在“阿哥书房行走”，不再办理《四库全书》事务，但乾隆皇帝仍令“遇有算法等书，仍著蔡新阅看”。④ 于敏中也不时抽阅书籍，就其中错误向纂修官提出更正意见：“散篇书存留数日，随意翻阅，见有讹字，其应改者即为改补，可疑者存寄另单附寄，愚不过偶尔抽看，即有错字如许，恐舛误尚未能免，应切致原纂及校对诸公嗣后务须加意”⑤。由此可看出，总裁在四库馆中校书绝非虚言。乾隆四十二年十一月又特别规定，“此后总裁等于每十本内抽阅二本，粘贴总裁名签”⑥，以明确责任。在乾隆皇帝严格督促下，总裁确实校出了不少缮录书籍的讹误之处，如《范德机诗集》内《至夏莊怀平坡旧游》“莊”字讹从俗写为“庄”，分

---

①于敏中：《于文襄手札》。

②翁方纲：《翁方纲〈四库提要稿〉》，转引自潘继安《翁方纲〈四库提要稿〉述略》，载《中华文史论丛》1983 年第 1 辑。

③《纂修四库全书档案》，第 199 页。

④《纂修四库全书档案》，第 537 页。

⑤于敏中：《于文襄手札》。

⑥《纂修四库全书档案》，第 757 页。

校官罗万选、总校官王燕绪均未能看出，由总裁嵇璜查出；《广东通志》内标题“梁”字讹写作“陈”字，分校官王钟泰、总校官何思钧都未能看出，至总裁曹文植阅看时发现。[①] 从档案所载四库馆人员校书错误清单看，这样的情况还有很多。

总裁人数并不多，抽阅书籍数量有限，在编纂过程中曾规定十本抽阅两本，但因总裁均为兼职，忙于其他政务，而《四库全书》卷帙浩繁，故连同总阅官也很难保证真正做到十本抽阅两本。但应该看到，总裁在朝廷品秩较高，在四库馆内拥有绝对权威，因此，他们的抽阅对分校官和总校官无疑是一种极大的督促，从某种意义上讲，总裁抽阅书籍给分校官和总校官所带来的无形的压力，比他们实际阅书校出的错误更具有意义。

5. 监察督促

纂修《四库全书》是一项史无前例的巨大文化工程，四库馆内书籍浩如烟海，总参与人员达四五千人，书籍、人事的管理问题，都由总裁监察督促。如乾隆四十三年五月，总裁上奏清理四库馆内冒籍人员，随后查出冒籍誊录一案；乾隆四十五年三月初九日，总裁王杰参奏陆费墀遗失底本，又参奏供事陈继昌藏匿誊录缮本一册，凡此等等，总裁均能及时地发现问题、解决问题，使四库馆的工作能顺利进行，可谓功莫大焉。

此外，总裁还担负着督催编纂进程的任务，如乾隆四十四年三月初六日，乾隆皇帝命四库馆总裁中没有阅书任务的福隆安、英廉、金简“专司考核督催，以期迅速成事”[②]。于敏中虽然不是专门负责检查的总裁，但他对四库馆事务非常关注，故经常督促四库馆臣，如就所纂修书籍讹误，于敏中提到：“此次进呈各书，一日之间，承上指出两错，书签之错，尤其显而易见，此后务须留心。而《折狱龟鉴》内错处当切告承办《永乐大典》诸公，各宜加意，若再经指斥，即削色矣。”[③]乾隆皇帝高年修书，急于求成，总裁常向皇帝汇报编纂情况，最能理解圣意，因此，其督促馆臣力度也是很大的。《四库全书》规模史无前例，却能在几年时间纂修完竣，与总裁的极力督促密不可分。

6. 主持书籍的刊印

四库馆臣的任务之一就是要将馆内书籍分出应刊、应抄、应存目、应毁四类，其中应刊书籍要交武英殿刊印，这项工作就由副总裁金简负责。金简根据自己长期的刻书经验，提出制作枣木活字摆板刷印书籍的建议，得到乾隆皇帝

---

①《纂修四库全书档案》，第 1471、1473 页。

②《纂修四库全书档案》，第 1013 页。

③于敏中：《于文襄手札》。

的赞许。在刊印书籍过程中,金简考核督促,始终其事,终于使《武英殿聚珍版丛书》得以问世。①

7. 总责后勤事务

四库馆参与人数多,持续时间久,前后参与编纂的馆臣达五百余人,历时十四年。偌大一个编纂机构,没有后勤保障,工作就无法顺利地开展。早在乾隆三十八年二月二十五日,乾隆皇帝便谕令福隆安经理《四库全书》处人员饭食,后来福隆安被任命为总裁一直负责此项工作。其他如缮写所需的笔墨纸砚,刊印书籍所需的经费等都是由总裁负责的。

8. 禁毁书

四库馆不仅承担编纂《四库全书》的任务,而且还是禁毁书籍的重要阵地,总裁在此直接秉承乾隆皇帝的意旨,发令指示,督责馆臣摧残典籍。各省送到之书,书目要先经总裁审查,《纂修四库全书档案》载:“送到书目,已交《四库全书》总裁等详细核定后,行知取进。”②在编纂过程中,总裁对禁毁书极为关注,如总裁于敏中在信中说:“查检明末诸书,宁严勿宽,最得要领。如查有应毁之书,不可因其文笔稍好,略为姑容,如《容台集》之述而不作,只须删去有碍者数条,余外仍存,然亦须奏闻办理。”③从中可窥见总裁在馆中对禁毁书的影响。

四库馆总裁作为皇帝身边重臣,最善于领会皇帝的圣意,因此,对禁毁书之事从不敢稍有懈怠,他们协同各地督抚共同贯彻乾隆消除违碍书籍的总体计划。当乾隆发现外地督抚禁毁书有些过火时,四库馆总裁也能马上领会乾隆的意图,在总纂官的协助下,很快制定出禁毁书准则,这些都充分显示出总裁在执行禁毁书政策方面的作用。

在研究《四库全书》的过程中,有许多学者论述乾隆皇帝对《四库全书》编纂的重视④,但对于总裁的作用却多有忽视,最主要原因还在于受传统说法影响,认为总裁均为兼职,只是书成之时挂名而已。从常理推断,乾隆皇帝对《四库全书》的编纂尚且事多亲躬,而这些亲信大臣们怎么可能“仅画诺而已”?再从现有材料来看,乾隆皇帝编纂《四库全书》的意图都是通过总裁的传达、监督得以实现的,而且总裁均为高级官员,在四库馆中参与编纂事宜对于其他编纂

---

①四库馆臣所选应刊书籍,并非全是聚珍版刊印,也有些是雕版印刷。关于聚珍版的刊印情况,详可参考张升的《四库全书馆研究》。

②《纂修四库全书档案》,第 91 – 92 页。

③于敏中:《于文襄手札》。

④对于乾隆与《四库全书》的论著很多,如伯昭的《清高宗对于〈四库全书〉纂修之督课》(《华北日报》1935 年 3 月 3 日),王渭清的《乾隆皇帝与〈四库全书〉》(《上海师范大学学报》1980 年第 3 期)等,郭伯恭、任松如、黄爱平、司马朝军等人的专著中也多有述及。

人员无形中起到了督促的作用。在书籍编撰史上总裁挂名的不乏其例,但从《四库全书》的编纂来看,总裁确实起到了总揽全局的作用。他们在制定章程、举荐人才、拟定体例、抽阅书籍、检查督促以及保障后勤等方面均起了很大作用,这也是四库馆编纂工作能够高效率地运作的重要原因之一。但另一方面,由于四库馆总裁一意贯彻圣意,四库馆内一些不当之处,如为了早日成书,不顾修书难易,一味催促,在纂修《四库全书》过程中严厉查办违碍书籍,这些消极的方面也与总裁有直接关系。

第二节　总纂官

总纂官在四库馆内"撮举大纲",起着"斟酌综核"的主导作用。四库馆开列的职名表中列出总纂官纪昀、陆锡熊、孙士毅三人。[①] 其中孙士毅于乾隆四十五年五月入馆,在馆仅一年多又委以他任,故知他对《四库全书》编纂所起作用不大,在长期的编纂过程中,纪昀与陆锡熊起了主要作用。

一、纪昀与陆锡熊

纪昀(1724—1805 年),字晓岚,一字春帆,晚号石云,直隶献县(今河北献县)人。他自幼才思敏捷,读书过目不忘,不仅于经史子集无所不通,而且工诗、善赋、能文,自幼有"神童"之称。乾隆十九年进士,改庶吉士,授编修,迁左春坊左庶子,三十三年授侍读学士,后因事获罪被发往乌鲁木齐,乾隆三十五年开释回京,《四库全书》开馆后被举荐为总纂官。在馆任职十余年,"一生精力备注于《四库提要》及《目录》"之中[②],"凡六经传注之得失,诸史记载之异同,子集之支分派别,罔不抉奥提纲,溯源彻尾"[③],与陆锡熊在纂修官所撰写的提要稿基础上纂成《四库全书总目》200 卷,成为中国古代目录学史上总结性的著作。同时,两人又主持编成《四库全书简明目录》20 卷,为利用《四库全书》提供了便利。在《四库全书》编纂过程中,纪昀发挥了重要作用。清代学者江藩评论说:"《四

①四库馆总纂官人数目前尚有争议,《四库全书总目》卷首所列总纂官只有三人,但据《纂修四库全书档案》载:乾隆四十二年三月十二日,内阁奉上谕:"王太岳著加恩在四库全书处总纂上行走。"(第 575 页)同年五月二十一日,总裁英廉等奏请王太岳等编校《明史·本纪》折称:"臣等奉旨派办《明史·本纪》,所有查对志传,详校《实录》,怕须纂修专员协同办理,方免草率遗漏。查现在办书翰林等多有兼办各书,势难再派。惟查有前经奉旨派在四库馆总纂之王太岳,该处《全书提要》将次办完,现无接手专办之事……令该员等承办《明史·本纪》,俾得悉心编校。"(第 619 页)据此推断,王太岳曾担任过总纂官,但时间较短,仅两月余,所起作用不大,故职名表中并没有将其列为总纂官,而是黄签考证纂修官。本书依据传统说法,以总纂官三人加以分析。

②李元度(辑):《国朝先正事略》卷 20,《纪文达公事略》,《续修四库全书》第 538 册,第 443 页。

③阮元:《纪文达公遗集序》,载于《纪文达公遗集》卷首,《续修四库全书》第 1435 册。

库全书提要》、《简明目录》皆出公手,大而经史子集,以至医卜词曲之类,其评论抉奥阐幽,词明理正,识力在王仲宝、阮孝绪之上,可谓通儒矣。"①《四库全书》成书后,纪昀又多次参加复校工作,改正了不少讹缺脱误之处。嘉庆年间,他还主持参与了《四库全书》最后一部分书籍的补遗工作,为《四库全书》的完善做出了贡献。

在我们肯定纪昀对纂修《四库全书》作用时,也应该注意到,长期以来学术界对纪昀在纂修《四库全书》中的作用过于夸大,甚至有许多学者将《四库全书总目》视为其一人之作来研究纪氏的思想,这就不免有失偏颇。笔者认为,《四库全书总目》不能视为纪昀一人之作,原因有三:

第一,考《四库全书总目》纂修过程,各纂修官在撰写提要时都起了很大作用,虽然经过修改之后变动很大,但纂修官们的考证成果大部分都被留了下来,很多提要稿只是在行文、体例上为整齐划一,或因政治原因而修改。② 虽然纪昀在纂修过程中出力最多,但他毕竟是在众人考证基础上才作出这样的成绩,若将《四库全书总目》的成果归于纪氏一人,自然于理不通。余嘉锡论《七略》编纂时说:

> 刘向诚为博学,然于成帝时奉诏校书,兵书则步兵校尉任宏,术数则太史令尹咸,方技则侍医李柱国,向所校者,经传诸子诗赋而已。盖向之学问本于儒家,通经术,善属文,故独校此三略,其他则属之专门名家,成帝不以责向,向亦不敢自任也。刘歆虽云无所不究,总群书而奏其《七略》,然考之《汉志》数术、方技二略,班固独无一字之注,诸书所引向、歆书涉此两略者亦仅数条,皆不甚重要。恐尹咸、李柱国未必能任,而歆亦未必果能遍究也。然则发兰台中秘之藏,进退古今作者,谈何容易?③

余先生所论可谓公允,西汉时期国家所藏书籍与清代四库馆内的书籍相差甚远,刘氏父子主编《七略》,就当时有限的书籍尚且不能"进退古今",而四库

①江藩:《国朝汉学师承记》卷6,中华书局1983年,第95页。

②以翁方纲的《四库提要稿》与《四库全书总目》比较为例,据司马朝军研究,两者相同类约占3.65%;《四库全书总目》较翁稿增材料处约6.87%、增评论处约12.52%、增按语处约0.70%、既增材料又增按语处约12.52%;删材料处约0.87%、删评论处约0.61%、改材料处约3.83%、改评论处约7.91%;重拟类约27.04%。从这些数字可以看出《四库全书总目》对原提要稿的修改主要在于材料、评论的增删,对于翁氏的考证成果则多有保留。以邵晋涵的《四库提要稿》与《四库全书总目》对比,很多都是完全一样,被改动之处几乎都是材料和评论的增删。

③余嘉锡:《目录学发微》,《中国现代学术经典》(余嘉锡、杨树达卷),河北教育出版社1996年,第55页。

馆中书籍浩如烟海，著录及存目的书籍就多达一万余种，纪昀一人又如何能完成如此重任呢？

第二，在四库馆中，各种关系错综复杂。《四库全书总目》的编纂既是政治引导的产物，又是当时学术发展的结晶。

首先，由于《四库全书》为钦定官修书籍，全书的编纂包含了乾隆的治国理念，因此，在《四库全书》编纂过程中，“每进一编，必经亲览，宏纲巨目，悉禀天裁”①。乾隆皇帝对于全书的编纂不断谕令指示，而四库馆臣则处处迎合乾隆皇帝好恶，无论是体例的编订，还是具体人物和书籍的评定，多由乾隆皇帝裁定。从这一方面讲，《四库全书总目》蕴含了乾隆的圣意，体现了乾隆皇帝的私意，与四库馆纂修官和总纂官的思想均有很大差距。翁方纲诗云“图史既以富，陟降俨惟钦”②，正反映了乾隆在编《四库全书》中的作用。

其次，总裁是馆内总负责人，个别总裁不仅对馆内事务非常关注，而且还参与了具体纂修问题的讨论，于敏中的信札涉及《四库全书总目》纂修的各个方面，这些意见对总纂官来说，是非常重要的指示，对《四库全书总目》的纂修有很大影响。

再次，总纂官共有三人，孙士毅虽然在馆时间短，但不可能不起一点作用。陆锡熊与纪昀同时入馆，在馆十年，与纪昀共同主持馆内工作，陆氏作用不容低估，这与纪昀本人的思想又拉大了距离。

第三，我们今天述及纪昀对《四库全书》的贡献时，往往引用朱珪为纪昀所作墓志铭，阮元、刘权之、陈鹤为《纪文达公遗集》所作序言以及江藩的《国朝汉学师承记》等，这些人都是与纪昀同时代人，且朱珪曾为四库馆总阅官，刘权之是四库馆中《四库全书总目》的协勘官，他们的言论自然有很高的史料价值。但另一方面，朱珪与纪昀是好友，阮元与纪昀共仕乾嘉两朝，刘权之、陈鹤是纪昀的学生，他们在祭文或文集的序中有过誉之词也是人之常情，这些评价如果说大致上反映了其生前的主要事迹及学术贡献，固然不错，但若将其每一字句都作为真实历史看待，则不免被引入误区，这也是我们研究纪昀及“四库学”时应注意的问题。

陆锡熊(1734—1792年)，字健男，一字耳山，江苏上海人(今上海市)。他从小聪明过人，读书一过不忘，书中内容无不洞悉贯穿，“撰文亦不假思索，大率蕴畜于中，而腾跃于外，故其气宏深而博大，其辞藻耀而高翔，即其使馆往来，宾

①《四库全书总目》卷首，《凡例》。

②翁方纲：《斋宿原心亭作(五月十九日)》，《复初斋外集·诗》卷1，民国嘉业堂丛书本。

筵酬赠，随作随弃，而吉光片羽流落人间，亦自有冲和粹美气象”①。乾隆二十六年进士，二十七年春，乾隆皇帝南巡，陆锡熊献赋，召试列为一等，赐内阁中书。不久，又充方略馆纂修，奉敕纂修《通鉴纲目辑览》，书成代总裁作《进御批通鉴纲目辑览表》进呈，受乾隆皇帝嘉奖，值军机处。乾隆三十三年十二月迁宗人府主事，继又擢刑部郎中。当时王公大臣深知其文章宏深博大，许多大臣的谢表、札子等均出其手。乾隆三十八年二月《四库全书》开馆后，与纪昀同被荐为总纂官，此后十余年间，从未间断纂修《四库全书》事宜，在馆期间与纪昀共司总纂之事，时人谓：“皇上稽古典学，复开四库全书之馆，用惠艺林，先取翰林院所弃《永乐大典》，录其未经见者，又求遗书于天下，书至，令仿刘向曾巩之例，作提要载于卷首，而特命陆公锡熊偕纪君昀任之，公考字画之讹者，卷帙之脱落者，篇第之倒置，与他本之互异，是否不谬于圣人，及晁公武、陈振孙诸人议论之不同，总撰人之生平，撮全书之大概，凡十年书成，论者谓君之功为最多。”②陆锡熊在馆内的辛勤工作与突出的成绩也得到了乾隆皇帝的赞赏，多次下谕旨对纪、陆嘉奖，两人因纂修之功多次得到提升。聚珍本提要或纪先陆后，或陆先纪后，并无主次之分。尚存于世的《于文襄手札》，即可间接证明其在纂修中的作用。陆氏也自称：“余典校秘书，子部医家类最为完备，自隋唐以来，诸名师著述具在，今著录文渊阁者，尚百数十种，余皆尝审正一过。”③医学并非陆之特长，尚且“审正一过”，其他各类书自然也不会例外。此外，总裁的奏表如《进旧五代史札子》《拟进销毁违碍书札子》也都由他代作。当第一份《四库全书》编成之时，由陆锡熊与吴省兰撰写一篇进表，经纪昀修改之后上呈，受到乾隆皇帝的嘉奖。乾隆四十八年，丁忧回家。乾隆五十五年，因抄成的《四库全书》中发现了许多错误和脱漏的地方，陆锡熊被派往盛京（今沈阳）校勘文溯阁《四库全书》。他率领参与复校的人员，根据有关档册及书籍资料，对文溯阁《四库全书》进行了全面的校勘，查出了不少错误和脱漏的地方，为提高文溯阁《四库全书》的质量做出了巨大贡献。乾隆五十七年，为进一步清查书中错误，陆锡熊主动请缨，再次率领有关人员前往盛京校勘，由于山海关外天寒地冻，加上旅途劳顿，未至盛京便染病不起，最终病逝于盛京，时年58岁。

陆锡熊去世后，纪昀非常痛惜，曾作诗怀念故友，曰：

> 性情嗜好各一偏，如火自热泉自寒。

---

①吴锡麒：《〈宝奎堂集〉序》，载于《宝奎堂集》卷首，《续修四库全书》第1451册。

②王昶：《都察院左都御史陆公锡熊墓志铭》，《宝奎堂集》卷首。

③陆锡熊：《伤寒论正宗序》，《宝奎堂集》卷7，第87页。

文士例有山水癖，惟余兹事颇无缘。
东岳嶒崚倦蹑屐，西湖浩渺懒放船。
幔亭峯下三度宿，亦未一访虹桥仙。
我去君来握使节，乃能煮茗千峰巅。
旁人错认陆鸿渐，前身猜是杨大年。
羡君雅调清到骨，笑我俗病医难痊。
有如带剑异左右，定知结佩分韦弦。
宁识相与无相与，此故不在形骸间。
蓬莱三岛昔共到，开元四库曾同编。
两心别有胶漆契，多年皆似金石坚。
一旦东流惊逝水，至今南望悲荒阡。
丹清忽见形髣髴，存亡弥觉情缠绵。
况复衰翁已七十，黑头久矣成华颠。
新交日换旧交少，凿枘往往殊方圆。
缘此伤心感曩昔，披图相对不忍还。
题诗半夜昏灯绿，招魂何处霜枫丹。
老屋惊寒风瑟瑟，深冬酿雪云漫漫。
徘徊不寐坐长叹，伊谁解识余辛酸。[①]

表 3-1　陆锡熊在四库馆任职情况一览表

时间	修书、校书及职务变化
乾隆三十八年	由四库馆总裁举荐，任四库馆总纂官。又以撰提要称旨，改授翰林院侍读。
乾隆四十年	二月授右春坊右庶子，不久擢侍读学士。闰十月，充日讲起居注官，又充文渊阁直阁事。
乾隆四十二年	春，孝圣宪皇后崩逝，凡大祭奠、上尊谥，于敏中嘱公撰进，皆被俞允。
乾隆四十五年	授光禄寺卿。
乾隆四十七年	与吴省兰同撰《进四库全书表》，经纪昀修改后，受乾隆特赏。同年，授大理寺卿。
乾隆五十五年	前往盛京校文溯阁《四库全书》。
乾隆五十七年	再往盛京校文溯阁《四库全书》，病逝于盛京。

①纪昀：《题陆耳山副宪遗像》，《纪晓岚文集》（一），河北教育出版社 1995 年，第 534－535 页。

二、从“纪陆并重”到“扬纪抑陆”

在论及四库馆总纂官的作用时，人们往往强调纪昀的作用，而将陆锡熊置于从属地位，如《清史稿》中陆锡熊传附于纪昀之后，民国年间，徐世昌等人编纂《清儒学案》将陆锡熊附于《献县学案》中，甚至有许多学者直接将《四库全书总目》视作纪昀的作品，在很长时间中，似乎这已是定论。但近年来也有学者不同意此种看法，认为应纪陆并列，并不存在主从之别，其论说也凿凿有据。① 那么，到底情况是怎么样的呢？笔者试从追溯人们对纪昀、陆锡熊认识的历史以澄清事实。

在《纂修四库全书档案》中，涉及四库馆总纂官的主要有以下几次：

一是总裁推荐总纂官人选。乾隆三十八年闰三月十一日，总裁上奏：“臣等公同酌议，查现在纂修·翰林纪昀、提调·司员陆锡熊，堪膺总办之任。”②

一是赏赐总纂官。乾隆三十八年五月初一日，上谕：“《四库全书》处总纂官·翰林院编修纪昀、军机处郎中陆锡熊，着照懋勤殿翰林节赏年赏之例，各赏给一分。”③

一是进呈办理《永乐大典》书籍，受到乾隆嘉奖。乾隆三十八年八月十八日内阁奉上谕：“办理四库全书处将《永乐大典》内检出各书，陆续进呈。朕亲加披阅，间予题评，见其考订分排，具有条理，而撰述提要，粲然可观，则成于纪昀、陆锡熊之手。二人学问本优，校书亦极勤勉，甚属可嘉。纪昀曾任学士，陆锡熊现任郎中，著加恩均授为翰林院侍读，遇缺即补，以示奖励。”④

一是处罚校书讹误之校勘员。乾隆四十二年三月二十四日，内阁奉上谕：“……其总纂官纪昀、陆锡熊，总校官陆费墀，所办书籍既多，竟应免其处分。”⑤

一是办书过程中乾隆特谕嘉奖。乾隆四十三年二月二十四日，上谕：“至陆费墀、陆锡熊、纪昀，虽均已加恩擢用，但纂办各书，均为出力，著赏给缎匹、荷包、笔、墨、纸、砚，以示奖励。”⑥

一是《四库全书总目》纂竣之际，乾隆的嘉谕。乾隆四十六年二月十六日谕：“《四库全书总目提要》现已办竣呈览，颇为详核，所有总纂官纪昀、陆锡熊著交部从优议叙。”⑦

---

①司马朝军：《〈四库全书目〉编纂考》，武汉大学出版社 2005 年。

②《纂修四库全书档案》，第 77 页。

③《纂修四库全书档案》，第 109 页。

④《纂修四库全书档案》，第 145 页。

⑤《纂修四加全书档案》，第 576 页。

⑥《纂修四库全书档案》，第 785 页。

⑦《纂修四库全书档案》，第 1292 页。

一是《四库全书简明目录》告成，总裁上奏："兹据总纂官臣纪昀、臣陆锡熊等将抄录各书，依四库门类次第标列卷目，并撰人姓名，撮举大要，纂成《简明目录》二十卷。"①

一是进《四库全书表》。乾隆四十七年七月十九日军机大臣奏："遵旨查得本日恭进《四库全书表》，系大理寺卿陆锡熊、编修吴省兰公同编纂，复经侍郎纪昀敬谨改定进呈。"二十日奉旨："编撰《四库全书表》之大理寺卿陆锡熊、编修吴省兰，著各赏缎二匹、扇一匣、笔一匣、墨一匣。其改定表文之侍郎纪昀，著赏缎一匹、扇一匣、笔一匣、墨一匣。"②

一是对馆臣的惩罚。乾隆四十七年十月二十日，皇帝皇帝阅出毛奇龄《词话》中有"清师下浙"字样，殊属悖谬，谕令："所有书内列名之总纂官纪昀、陆锡熊，总校官陆费墀、王燕绪，分校官刘源溥，俱著交部分别议处。"③

从以上档案所记来看，在乾隆皇帝眼中，纪昀与陆锡熊在四库馆中所起作用是一样的，并没有什么区别。

再从总裁于敏中的信来看，陆锡熊与纪昀在馆中作用并无二致。如于敏中信中屡次提到陆锡熊与纪昀两人：

> 提要稿吾固知其难，非经足下及晓岚先生之手不得为完稿，诸公即有高自位置者，愚亦未敢深信也。
>
> 前以检查有无干碍之书，专仗足下及晓岚先生
>
> 耳山学士，晓岚先生均此，敏中顿首，六月廿四日
>
> ……④

在于敏中看来，纪昀与陆锡熊在馆中作用是一样的。

在朝廷看来，纪昀确为《四库全书》纂修做出了很大贡献，但并非一手裁定。纪昀去世后，嘉庆皇帝谕曰："协办大学士礼部尚书纪昀学问淹通，办理《四库全书》始终其事十有馀年，甚为出力。"⑤其实，始终其事、甚为出力者，绝非纪昀一人，嘉庆皇帝的盖棺定论与后人的记载有很大区别。

---

①《纂修四库全书档案》，第1602页。

②《纂修四库全书档案》，第1606页。对陆锡熊的赏赐优于纪昀更可看出，陆锡熊与吴省兰是《进四库全书表》的真正作者，后人多认为《进四库全书表》为纪昀所作，将其收入《纪晓岚文集》中，恐属不当，不过这也正好反映出纪昀"独享"《四库全书》之功，是后人层累地造成的历史假象、以讹传讹的结果。

③《纂修四库全书档案》，第1668页。

④于敏中：《于文襄手札》。

⑤纪昀：《纪文达公遗集·恩纶》，卷首。

唯有一点就是，几乎在所有的上谕中排名都是纪昀在陆锡熊之前，但这只是由于官职造成的，并不能说明两人在工作上有何区别，如我们并不能因为舒赫德、阿桂排名在于敏中之前，就认为前者比后者所起作用大。四库馆既是一个修书机构，同时也是一个官僚机构，按官职列名是非常严格的。开馆之时，纪昀虽然仅是一个七品翰林编修，而陆锡熊已经是位居五品的刑部郎中了，但纪昀是从四品的侍读学士降下来，无论在乾隆皇帝的心中还是在总裁刘统勋眼里，纪昀绝非一般翰林编修，乾隆皇帝早已为纪昀安排好了发展的坦途，因此才会出现纪氏在前、陆氏在后的反常现象。果不其然，纪昀在《四库全书》开馆的当年便由七品编修擢升至侍读（正五品），第二年又升为侍读学士（从四品），至乾隆四十四年，虽然《四库全书》尚未告成，纪昀已摇身一变，由七品翰林编修变成从二品的兵部侍郎了，而陆锡熊才是正三品的大理寺卿，纪昀名列陆氏之前也就是理所当然了。

既然馆中修书时始终两人并列，那么是什么原因造成纪昀成为《四库全书总目》唯一负责人，甚至一部集体纂修而成的著作，几乎全部为纪昀所独享，而陆锡熊却降到了从属地位呢？为此，我们有必要回顾一下纪昀形象发展史。

纪昀的原始形象：

从纪昀的为人与性格来看，他是一个喜欢交往、热衷仕途、富有文才而不乏幽默的才子。早年的纪昀即涉猎名场，与海内胜流角逐于文社诗坛，乾隆十三年至十九年，尚未中进士的纪昀，时时与好友商榷制义，结为文酒之会。① 但纪昀并非是口齿伶俐、能言善辩之才，纪昀好友朱珪有诗云：

> 河间宗伯姹，口吃善著书。
> 沉浸四库间，提要万卷录。
> 抑扬五代上，浩博衡锱铢。
> 是为脉望蟫，神仙吞丹符。②

步入仕途后，纪昀则发挥试贴特长，其恭和乾隆御制诗的才能恐怕当时无人能出其右，在纪昀的诗集中，充斥着“恭和御制诗”，几占半数，可见其侍奉君王用心之良苦。为了仕途上步步高升，纪昀又善于揣摩乾隆的心理，在福建学政任上，纪昀曾奏请将坊本经书和武英殿所刻各种经书俱效开成石经、宋监本先例，凡遇本朝庙讳、御名，均刊去末笔以示避讳，并要求将此载入科场条例，行

---

①纪昀：《纪晓岚文集》（一），第 197 页。

②见《纪晓岚文集》（三），第 505 页。

文各省，令全国统一奉行。在乾隆皇帝的眼中，纪昀即是点缀盛世、歌颂自己文治武功的“文学侍从”。因此，乾隆三十二年，本应议叙外任知府的纪昀，因乾隆皇帝一句“外任不能尽其所长”，而仍留在翰林，充当帝王身边的“词臣”。后来，纪昀从西域释放归来，也是以《御制土尔扈特全部归顺诗》而讨得乾隆皇帝的欢心，又步入仕途。乾隆五十年，纪昀卷入“海升殴妻致死案”[①]，被乾隆皇帝斥责为“本系无庸腐儒，于刑名素非谙习，且目系短视，未能详悉”，仍是因为“平日校勘各书，尚属认真，姑从宽改为革职留任”。[②] 纪昀尽管在晚年位列宰辅，但只是在修书上发挥作用，在行政事务上并无建树，乾隆皇帝也无意委以重任，而嘉庆时期，纪昀已年迈体衰，无力再创其他业绩了。

从学术上看，纪昀生活在考据学风日益鼎盛的时代，受当时学风的影响，在从事诗歌创作的同时，也热衷于考据学。纪氏晚年回顾自己一生的学术生涯说道：

> 三十以前，讲考证之学，所坐之处，典籍环绕如獭祭。三十以后，以文章与天下相驰骤，抽黄对白，恒彻夜构思。五十以后，领修秘籍，复折而讲考证。[③]

由此可看出，纪昀一生除了早期在翰林充当“词臣”时忙于仕途，无暇顾及考证外，大都没有脱离乾嘉学风，埋头从事考证学。

纪昀于乾隆十九年中甲戌榜进士，“是科最号得人。其间，老师宿儒，以著述成家者不一，高才博学，以词章名世者不一，经济宏通，才猷隽异，以政事著能者不一”，“所得如王礼堂（鸣盛）、王兰泉（昶）、纪晓岚（昀）、朱竹君（筠）、姜石贞（炳章）、瞿大川（灏）辈，皆称汲古之彦”。[④] 可以说，与纪昀一起中进士者，大都是后来有名的考证学者，他们时时以诗文唱和，在学术上互相交流沟通，促进了考据学的发展，后人评其治学云：“其说经尤深汉《易》，力僻《图》、《书》之谬。尝疏言科场试士，其《春秋》文请以《左氏传》立论，参用《公羊》、《谷梁》之说，而废胡安国《传》……主持风会，为世所宗”[⑤]，反映了纪昀对乾嘉考证学的促进作用。

---

①此案起因于员外郎海升（大学士阿桂的亲戚）殴妻致死，却谎言自缢身亡。纪昀奉命查验，回奏称确系自缢。后来，乾隆皇帝据报得知真相，颇为震怒，将阿桂、纪昀均予革职留任处分。

②《纂修四库全书档案》，第1876页。

③纪昀：《阅微草堂笔记》卷15，《姑妄听之序》，上海古籍出版社1980年，第359页。

④《纪晓岚文集》（三），第294页。

⑤徐世昌等：《清儒学案·献县学案》，中华书局2008年，第3068页。

纪昀不仅自己从事考据,还提携他人以推动考据学风的发展。戴震早年初到北京时,穷困潦倒,因钱大昕的推举,纪昀与戴震成为至交。后来纪昀慷慨出资,为其刊刻《考工记图》,以扬誉其名,这也是纪昀倡导考证学的一有力例证。

纪昀形象的演变:

纪昀形象的变化是受其本人论说的影响,经其门生故旧的塑造,又在各种笔记以及野史等以讹传讹的结果。

纪昀生前即多次记录自己在四库馆任职的情况,称:

> 余撰《四库全书》诗部总叙有曰……①
>
> 余校录《四库全书》,子部凡分十四家,儒家第一,兵家第二,法家第三,所谓礼乐兵刑,国之大柄也……②
>
> 余于癸巳受诏校秘书,殚十年之力,始勒为《总目》二百卷,进呈乙览……③
>
> 余作《四库全书总目》,明代集部以练子宁至金川门卒龚翊八人列解缙、胡广诸人前……④

纪昀虽然屡云"余作《四库全书总目》",但从未直接说"一手裁定""一手编定"之类的话,盖因其明知非一人之作,无意将其归一己之功。但后人的记载就不同了。

纪昀的墓志铭由其生前好友朱珪撰写,朱珪在文中主要叙述了纪昀一生为官经历,表达了两人情谊,对纪昀在四库馆中工作给予极高评价:

> ……时开四库全书馆,命为总纂官,搜罗逸书,与内廷翰林一体宴赉。同事者陆君锡熊,提调则陆君费墀,而公实总其成……公绾书局,笔削考核,一手删定,为《全书总目》,裒然巨观,庋之七阁,真本朝大手笔也。⑤

一般说来,墓志铭在记录死者生平事迹上较为可信,而评价大都过高。朱珪与纪昀同朝为官,学术上互相唱和,在墓志铭中有过誉之词也是情理之中

①纪昀:《阅微草堂笔记》卷1,《滦阳消夏录(一)》,第10页。

②纪昀:《纪晓岚文集》(一),河北教育出版社1995年,第179页。

③纪昀:《纪晓岚文集》(一),第156页。

④纪昀:《阅微草堂笔记》卷18,《姑妄听之四》,第459页。

⑤钱仪吉:《碑传集》,卷38,第1089页。

的事。

《纪文达公遗集》序有三篇，分别由刘权之、陈鹤、阮元撰写。

刘权之云：

> 吾师纪文达公，天资超迈，目数行下，掇巍科，入翰苑，当时即有昌黎北斗、永叔洪河之目……高宗纯皇帝敕辑《永乐大典》并搜罗遗书，特命吾师总纂。《总库全书总目》俱经一手裁定……忆受知后，立雪程门，时多闻绪论。吾师是再来人，曾有未经目之书，即知有某人序，某人跋，开卷丝毫不爽，是慧悟夙成，文其余事也。然才力宏富，绝不矜奇好异，总以清气运之。譬满屋散钱，逐手入串，李杜之光焰，燕许之手笔，尽归腕下，裒然一代文宗也。①

刘权之作为纪昀的弟子，竭尽所能对其师予美誉，文中不乏“昌黎北斗、永叔洪河”“一代文宗”等过誉之词，将《四库全书总目》归于纪氏“一手裁定”只是盛誉而已。

又有陈鹤序云：

> 我师河间纪文达公，以学问文章著声公卿间四十余年，国家大著作非公莫属，其在翰林校理《四库全书》七万余卷，《提要》一书，详述古今学术源流，文章体裁异同分合之故，皆经公论次，方著于录。②

又有阮元序云：

> 我朝贤俊蔚兴，人文郁茂，鸿才硕学，肩比踵接。至于贯彻儒籍，旁通百家，修率情性，津逮后学，则河间纪文达公足以当之……高宗纯皇帝命辑《四库全书》，公总其成……公之学在于辨汉宋儒术之是非，析诗文流派之正伪，主持风会，非公不能。③

三者比较，阮元所称“公总其中”与陈鹤所云“经公论次”更为接近档案事实，而刘权之作为四库馆成员，后来又官至大学士，所谓“一手裁定”虽与事实不

①刘权之：《纪文达公遗集·序》，卷首。

②陈鹤：《纪文达公遗集·序》，卷首。

③阮元：《纪文达公遗集·序》，卷首。

符，却对后世影响较大，后来江藩受其影响即有“《四库全书提要》、《简明目录》皆出公手”之说。洪亮吉亦云：“乾隆中，四库馆开，其编目提要，皆公一手所成。”①

在当时也有学者能持公论，如上文已提到王昶赞誉陆锡熊谓“陆君之功为最多”，这是王昶为陆锡熊作墓志铭中的赞美之词，不足为据。除此之外，王昶还有一段文字记载持论较为公允。

> 君（纪昀）闳览博闻，文情华赡。少日已为史文靖公、刘文正公激赏，及再入词垣，适以词臣奏请将《永乐大典》内人间罕觏之书钞录流布，既而求天下遗书，开四库馆，命君与陆君锡熊总司其事。考异同、辨真伪，撮著作之大凡，审传本之得失，撰为提要，其未钞录者则为存目以识之……又加以《提要》二百卷，使读者展阅了然。盖自列史艺文、经籍志及《七略》、《七录》、《崇文总目》诸书以来，未有闳博精审如此者。逮为礼官之长，遇乾隆六十年内禅，礼官参稽经训，综以会典，斟酌举行，亦君所拟定者为多。而于寻常所著，不复珍惜成编。②

王昶在文中既对纪昀给予了很高的评价，但没有令其独吞天功，“君与陆君锡熊总司其事”，以及朝廷御文“君所拟定者为多”均为实事求是之语。又有清代国史馆所作《陆锡熊传》也较为公允，文中几乎全篇叙述陆锡熊与《四库全书》的关系，与档案记载基本吻合，但不知为何，这篇符合历史真实的文字却影响不大。民国时，修《清史稿》，评纪昀曰：

> 纪昀，字晓岚，直隶献县人。乾隆十九年进士，改庶吉士。散馆授编修。再迁左春坊左庶子。……三十八年，开四库全书馆，大学士刘统勋举昀及郎中陆锡熊为总纂。从《永乐大典》中搜辑散逸，尽读诸行省所进书，论次为《提要》上之，擢侍读。上复命辑《简明书目》。坐子汝传积逋被讼，下吏议，上宽之。旋迁翰林院侍读学士。建文渊阁藏书，命充直阁事。累迁兵部侍郎。《四库全书》成，表上。上曰：“表必出昀手。”命加赉。
>
> ……昀学问渊通。撰《四库全书提要》，进退百家，钩深摘隐，各得其要指，始终条理，蔚为巨观。惩明季讲学之习，宋五子书功令所重，不敢显立

①洪亮吉：《北江诗话》卷1，《续修四库全书》第1705册，第7页。

②《纪晓岚文集》（三），第504－505页。

异同。而于南宋以后诸儒，深文诋諆，不无门户出入之见云。①

在《清史稿》中，即有纪昀撰《四库全书提要》的字眼，尤其是，编纂者未经核查档案，在传记中记述了纪昀独自撰写《进四库全书表》之事。从现存档案来看，此事本属子虚乌有，但由于这则故事长期流传，故《清史稿》编纂者，信手将此载入史册。

陆锡熊附于纪昀传后，内容极为简略，云：

> 陆锡熊，字健男，江苏上海人。乾隆二十六年进士。召试，授内阁中书。累迁刑部郎中。与昀同司总纂，旋并授翰林院侍读。五迁左副都御史。旋以书有讹谬，令重为校正，写官所费，责锡熊与昀分任。又令诣奉天校正文溯阁藏书，卒于奉天。②

这段文字所记虽大体无误，但与纪昀传相比，过于简略，明显有扬纪抑陆的倾向。这也是从清中期以来，纪昀形象逐渐演化的结果，以纪昀撰《进四库全书表》为例，据笔者所见，关于纪昀撰写《进四库全书表》之事，最早出于刘权之之口，陆敬安有这样一段文字记载：

> 乾隆四十八年，编纂《四库全书》告成，进呈表文，系献县纪文达公昀所撰。刊入全书卷首，公遗集中亦编入焉。公门人长沙刘相国权之跋其后云："《四库全书》开馆，吾师即奉命总纂，自始至终，无一息之间，不惟过目不忘，而精神足以相副。经手十年，故撰此表，振笔疾书，一气呵成，而其中条分缕析，纤悉具备，同馆争先快睹，莫不叹服。总其事者，复令陆耳山副宪锡熊，吴稷堂学士省兰，合撰一表，属吾师润色，终不惬意，仍索吾师所撰表，列名以进。高宗纯皇帝谓，此表必纪某所撰，遂特加赏一分，咸惊睿照之如神也。"按《全书总目提要》二百卷，亦公所撰，说者谓才学绝伦，而著书无多，盖其生平精力，已毕萃于此书矣。③

陈康祺也记《进四库全书表》之事，说：

---

①赵尔巽等：《清史稿》卷320，第10770－10771页。

②赵尔巽等：《清史稿》卷320，第10771页。

③陆敬安：《冷庐杂识》卷1，《续修四库全书》第1140册，第417－418页。

乾隆朝开四库全书馆,惟纪文达公昀始终其事,其后恭进全书表,相传公振笔疾书,文不加点,同馆莫不叹服。时总其事者,复令陆耳山副宪锡熊、吴稷堂学士省兰合撰一表,终不惬意。乃以公所撰表,书二人衔名以进,纯皇帝阅未终卷,顾谓诸臣曰:"此表必纪某所撰。"遂特命加赏一分。文达硕学鸿才,固为本朝有数人物,亦由遭际隆盛,睿照如神,天球河图,获供明堂清庙之用,可叹美也。①

据上述两文的记载,本由陆锡熊、吴省兰撰,经纪昀修改的《进四库全书表》,却一下完全变成纪昀一人所作。尤其是,档案中明确记载对陆锡熊赏赐优于纪昀,而文中却说对纪昀"特加赏一分",完全歪曲事实。再结合前面所提到的刘权之序,可以看出刘权之是纪昀形象变化的始作俑者,由刘权之等人所塑造的纪昀一手作《四库全书总目》的形象,在清人笔记广为流传,更进一步加重了扬纪抑陆的现象。

刘权之能成功地将《四库全书总目》一集体之作转入纪昀一人之手,并非偶然,这只是纪昀形象变化的一个方面,与之相辅相成的则是一个富有传奇色彩的纪昀形象的出现。

因为纪昀之幽默风趣,能在不同场合随时与乾隆皇帝恭和诗词,晚年所作《阅微草堂笔记》又沉浸于鬼神世界,这一切给了人们无限的遐想,一个被政治化了的,幽默、诙谐、机智、善辩的才子形象逐渐被层累地造就出来。

关于纪昀的奇闻,最早见于《阅微草堂笔记》。但这是一部寓言小说笔记,几乎全是奇闻怪事,不足为信,然有些内容由朱珪载入纪昀的墓志铭中,于是广为流传。如朱珪曾记:

先是,郡为九河入海故道,天雨则汪洋成巨浸,水中夜夜有光怪。公王父梦见光入楼中,已而公生,光遂隐。人以为公实此灵物化身也。②

据称,这是纪昀亲口所言。猎奇永远是世人的爱好,对于这位长期伴随帝王的才子,更是越传越奇。据昭梿记载:

北方之士,罕以博雅见称于世者,惟晓岚宗伯无书不读,博览一时。所著《四库全书总目》总汇三千年典籍,持论简而明,修词典而雅,人争服之。

---

①陈康祺:《郎潜纪闻》卷8,《续修四库全书》第1182册,第247页。

②钱仪吉:《碑传集》卷38,第1089页。

今年已八十，犹好色不衰。日食肉十斤，终日不啖一粒谷，真奇人也。[①]

更有离奇的传闻，梁章钜记载纪昀之事说：

> 世传名人前因皆星精僧，此说殆不尽虚。相传纪文達师为火精转世，此精女身也，自后五代时即有之，每出见，则火光中一赤身女子，群击铜器逐之。一日复出，则入纪家，家人争逐，则见其径入内室，正哗然间，内报小公子生矣。公生时，耳上有穿痕，至老犹宛然，如曾施钳环者，足甚白而尖，又若曾缠帛者，故公不能着皂靴，公常脱袜示人，不之讳也。又言公为猴精，盖以公在家，几案上必罗列榛栗棃枣之属，随手攫食，时不住口，又性喜动，在家无事不肯坐片时也。又传公为蟒精，以近宅地中有大蟒，自公生后蟒即不见，说甚不一。少时夜坐暗室，两目如电光，不烛而能见物，比知识渐开，光即敛矣。或谓火光女子即蟒精也。以公耳、足验之，传为女精者，其事或然。惟公平生不谷食，面或偶尔食之，米则未曾上口也。饮时只猪肉一盘，熬茶一壶耳。晏客肴馔亦精洁，主人惟举箸而已，英煦斋先生尝见其仆奉火肉一器，约三觔许，公旋话旋啖，须臾而尽，则饭事毕矣。《听松庐诗话》云："姜西溟不食豕，纪文达不食鸭"，自言虽良庖为之，亦觉腥秽不下咽，且赋诗云："灵均滋芳草，乃不及梅树，海棠倾国姿，杜陵不一赋"，以梅花海棠为比，虽不食鸭，而鸭之幸，固已多矣。《芝音阁杂记》云："公善吃烟，其烟枪甚巨，烟锅又绝大，能装烟三、四两，每装一次可自家至圆明园吸之不尽也，都中人称为纪大锅。一日失去烟枪，公曰'毋虑，但日至东小市觅之，自得矣'。次日果以微值购还，盖此物他人得之无用，又京中无第二枝，易于物色也。"[②]

这些传说在民间广泛流传开来，许多不相关的事情也附加在纪昀身上，于是，纪昀与乾隆皇帝的巧对对联，与和珅作斗争等故事逐渐形成，一个另类的民间文化形象的纪晓岚确立起来。如此一来，纪昀不仅成为《四库全书总目》主人，而且成为乾嘉时期正义的化身，他的故事成了民间文化的重要组成部分。今天影视剧中更是利用民间传说，将纪昀的形象任意装扮，本是善于迎合皇帝的纪昀全然成为刚正不阿、"海瑞"式的人物，本是口吃善著书的纪昀变成了"铁嘴铜牙"，本是对禁毁书不遗余力的纪昀却成了保护书籍的正面人物。所有这

①昭梿：《啸亭杂录》卷10，中华书局1980年，第353页。

②梁章钜：《归田琐记》卷6，《续修四库全书》第1179册，第70－71页。

些并不是偶然的，而是纪昀形象不断变化的结果，传说、野史固不足信，但其影响力不可低估，即便是在学者中间也有潜移默化的作用，无形中，纪昀的形象在人们心目中已经被夸大变形，不读档案的人往往会受此影响，很容易将《四库全书总目》视为纪昀一人之作。

与此相反的是，陆锡熊的性格却是“恒讷然不出于口”[①]，这与富有传奇色彩的纪昀形成了鲜明的对比。无论是官位还是人际交往，陆锡熊均远逊色于纪昀，又因为陆氏没有出色的专著流传于世，这就导致了陆锡熊长期被湮没不彰。

实际上，陆锡熊及其子孙也曾试图与纪昀争功。陆氏本人曾自称：“臣等奉命纂辑《四库全书总目》，现在编次成帙”[②]，“宋曾巩校史馆书仅成目录序十一篇，臣等承命撰次《总目提要》，荷蒙指示体例，编成二百卷。遭际之隆，实远胜于巩”[③]。在此，陆锡熊说《四库全书总目》由“臣等”所纂，虽然突出了他本人的作用，但所言尚属客观公正。陆锡熊的后人及门生等对陆锡熊的作用却并不那么简单地看待。

陆锡熊之子陆庆循云：“先子以文章学业受特达之知，自奉敕编辑各书，《四库全书提要》外，有《通鉴纲目辑览》、《唐桂二王本末》、《契丹国志》、《胜朝殉节诸臣录》、《旧五代史》、《河源纪略》、《历代职官表》、《八旗通志》各种，余如《日下旧闻考》等书，亦代定体例。”[④]

陆锡熊之孙陆成沅云：“先都宪公遭际盛时，所著《四库全书提要》，怀椠握铅之士无不共知。”[⑤]

严良在《宝奎堂集·序》中称：“耳山先生以著作才受知，高庙殊恩，异数冠绝一时，中年益有志经世之学……至襄定《四库全书》及奉敕编辑者庋于中秘，昭示来兹，尤足以垂不朽。”[⑥]

周尔墉作《宝奎堂集·序》谓：“我朝受命有天下，盛德大业邃古罕畴，高庙御宇六十年，奋武揆文，炳耀史册，复开四库全书馆，挈三古汇九流，凡芝殿兰台，及山岩屋壁之书，无不荟萃，六幕同文，非有刘向曾巩之材，不足以光艺苑而垂令典，先生与河间纪尚书同被特简，值古今未有之遇，读古今未见之书，所作全书提要，亦创古今未成之业，猗欤盛哉！”[⑦]

---

①吴锡麒：《宝奎堂集·序》，载于《宝奎堂集》卷首。

②陆锡熊：《篁村集》卷9，《续修四库全书》第1451册，第248页。

③陆锡熊：《篁村集》卷9，第250页。

④陆锡熊：《篁村集》卷首。

⑤陆锡熊：《篁村集》卷末。

⑥严良：《宝奎堂集·序》，载于《宝奎堂集》卷首。

⑦周尔墉：《宝奎堂集·序》，载于《宝奎堂集》卷首。

陆氏后人的言论，以及后世学者为陆锡熊文集所作序言将编纂《四库全书》之功多归于陆氏身上，这同刘权之等赞扬纪昀一样，均为偏见之词，只是在某种意义上反映了纪、陆之贡献，不能作为信史。

纪、陆后人门生各执一词，纷纷为自己先人、业师添脂抹粉，争著作权。但陆氏后人终究声名不彰，势单力薄，寡不敌众，远比不过位列宰辅的朱珪、刘权之等人的三言两语。此外，陆锡熊与纪昀在官位、性格上的差异，以及两人对后世的影响力，早已决定了这场公案的结局。

我们并不否认纪昀在《四库全书》编纂中的作用，但应当看到，由于种种原因，纪昀在四库馆中的作用不断被夸大歪曲，而陆锡熊的作用则随之被淡化、忽视，这不仅对陆氏是不公平的，而且也不利于我们客观地了解《四库全书总目》的编纂过程，因此，纪、陆并重是我们理解四库馆的重要一环。顾颉刚先生因古史中多有被夸大的伪事，故长期致力于考辨古史，提出“层累地造成的中国古史”的理论，顾先生的史学研究方法对于我们重新认识纪昀与《四库全书总目》的关系有极大的启发意义。在两百年的历史发展中，纪昀的形象与生前已大不相同，历史被人们层累地创造已经在纪昀身上体现出来。作为历史工作者，我们的任务就是要剥去历史的伪装，还原一个历史真实，因此，对于《四库全书》之编纂，我们在肯定纪昀作用的同时，也应该充分认识陆锡熊在四库馆中的作用。

第三节　总校官

总校官负责书籍收发，查看字画是否工整，款式、篇页是否得当等，仅陆费墀一人。

陆费墀（1731—1790年），复姓陆费，名墀[①]，字丹叔，浙江桐乡人。乾隆三十年南巡召试举人，授内阁中书，三十一年进士，改翰林院庶吉士，乾隆三十四年散馆授编修，任武英殿提调官，《四库全书》开馆后，被任命为总校官兼武英殿提调官。由于四库馆内书籍浩繁，提调工作极为沉重繁琐，时人议论说，馆内“官吏繁多，案牍浩博，提调官程功稽弊，其剧不减于郡邑当是职者，莅任不数日即短长立见，十载以来游刃有余者，惟阴台及丹叔、纯斋”[②]。开馆初期，陆费墀承办《四库全书荟要》缮录之事，颇有成绩，乾隆皇帝赞称：“一切综核稽查，颇能实心勤勉，思其学问亦优，著加恩以翰林院侍读升用，遇缺即补，以示鼓励。”[③]乾

①赵尔巽等：《清史稿》卷320，第10772页。

②纪昀：《翰林院侍讲阴台王公墓志铭》，《纪文达公遗集》卷16，第1435册，第462页。

③《纂修四库全书档案》，第289页。

隆四十三年，以纂办各书均能出力，赏缎匹、荷包、笔墨纸砚等。但随着书写工作的全面展开，加上馆内卷帙浩繁，造成书籍收发不清、底本丢失的现象。乾隆四十五年总裁王杰参奏陆费墀书籍书发不清，底本遗失四五百种，且有令誊录捐书顶替底本缮写等情弊。[①] 乾隆闻悉后，大怒，将陆费墀解职审查。后经总裁英廉核查，"其实在遗失全部者计五种，又每部有缺一、二册或三、四册及查系档内重本，有全缺或缺册者，共计三十三种，统计遗失及残缺之书实止三十八种"，究其原因实是由于馆内书籍浩繁。陆费墀称："提调收到总纂处移送底本及发交各謄录缮写，当时原即登记档册。但每书一册写就正本之后，须送总校覆勘，总裁抽阅，必经数次发出收回。迨后謄录又增至千有余名，缮写多有屡经驳换者，实因书籍浩繁，人数又众，收发匆忙之际，遗漏登记，自所不免。"而誊录捐书缮写一事，是"因底本不敷发缮，而各謄录意图课额盈余，可得优等议叙，自愿赶紧缮写，无如官书每经各处校阅，不能多领，所以乐于捐办，并非提调勒令"。[②] 最后，乾隆也不得不承认底本遗失"实因书卷浩繁，收发不清，以致遗失书籍三十余种，尚无别项情弊"[③]，令陆费墀将遗失书籍购觅赔补，又恢复其四库馆中职务。乾隆四十九年，陆费墀因编纂之功，被任命为兵部右侍郎，不久又被任命为四库馆副总裁。乾隆五十一年丁母忧，回籍。乾隆五十二年，乾隆皇帝发现续缮三阁书中有"悖妄不经"之语，未能销毁，陆费墀被处以补官日革职留任处分。同年六月，复校文津阁书时，发现"舛谬丛生，应删不删，且空白未填者竟至连篇累页"，陆费墀被责令"将面页装订、木匣、刻字等工，仿照文渊等三阁式样，出资赔办，并谕该员当益知感愧，激发天良，妥协办理"，乾隆皇帝还严令当地官员监督，"毋令办理草率，勒索及商众等稍有赔累资助等弊"。[④] 两淮盐政也深悉乾隆的意图，回奏称："今奉谕旨令陆费墀赔办，臣当即传集众商，明白宣示。据称：既蒙特旨不令商人出资，岂肯暗中帮贴等语。臣伏思陆费墀幸邀格外洪恩慈，不加治罪，仅罚赔，苟有人心，当知感愧，竭力妥办。而臣职司查察，亦断不肯任其累及商赀，反获沾润（朱批：是，不可徇情）至所办面页等项，现有奉颁式样比照。俟陆费墀陆续办出，随时详加查看，难容稍有草率。"[⑤]浙江巡抚也奏称："查《四库全书》前已领回二千馀本，遵照全书处发来分架图及做成书匣并绸面颜色、面签各项式样，饬令该商人等设立总局，敬谨办理，现已有装潢齐全者。

①《纂修四库全书档案》，第 1153 页。

②《纂修四库全书档案》，第 1165－1167 页。

③《纂修四库全书档案》，第 1171 页。

④《纂修四库全书档案》，第 2030 页。

⑤《纂修四库全书档案》，第 2032 页。

兹钦奉谕旨,令陆费墀将面页、木匣、装订、刻字等工自出己资赔办,所有已经办出之书,用过工价,自应令陆费墀照数交出。其业经办就物料,在商人等已先费工本,不肯弃置,知陆费墀在所必需,自必核价转售。若任其私相交易,恐借词刁难,贱价揹买,反启暗中帮帖之弊。臣请将商人已备之物料及设局等费,饬令盐道秉公确估,核实所用工本银数,令陆费墀照数交纳道库,归还商人,以杜弊端。"①这样,在乾隆及地方官员的督责下,陆费墀不得不长期往来于江浙两省,由于奔波劳累,又忧愤交加,不久便于乾隆五十五年去世。但乾隆皇帝仍下令没收其家产,除留下一千两作为养赡家属外,全部作为装潢江浙三阁之用。

《四库全书》卷帙浩繁,陆费墀虽为总校官,负责校订一事,但他并不承担具体校对之事,其主要任务在于监督书籍收发、查看篇页等。应该说,陆费墀在四库馆中职务较为重要,《四库全书》纂修中的种种失误,多少都与他有关系,故四库馆中凡遇有书籍遗失、字句讹误、缺篇少页等事,所有惩罚无不涉及陆费墀。但四库馆中工作极为繁杂,出现问题将责任归于一人,是很不公平的。在以往的研究中,一般认为陆费墀独受重罚的原因在于"未能查出《四库全书》内所收书籍的'违碍'及讹错之处","正是乾隆的苛查导致陆费墀成为其禁书政策的牺牲品"。② 但陆费墀作为总校官,上有总裁,下有缮书处总校官、分校官,其他纂修官后期也都参与了校书活动,在数百名编纂人员中为何独陆费墀受罚尤重呢?据笔者考察,陆费墀之所以独受重罚,其实与于敏中有密切关联。

于敏中生平前文已述,陆费墀的命运可以说与于敏中紧紧联系在一起。从四库开馆始,于敏中便担任总裁,主持《四库全书荟要》编纂,并与四库馆总纂官来往密切,始终关注《四库全书》纂修之事,总裁刘统勋去世后,众多馆务更由其经手办理。于敏中生前可以说备受乾隆皇帝赏识,"欲加恩优叙如大学士张廷玉之例,给以世职",然因于敏中向太监打探消息,受到乾隆皇帝的斥责,不过,这并没有影响于敏中的仕途,于敏中去世时,乾隆称其"才练学优,久直内廷,小心谨慎"③。于敏中于乾隆四十四年去世,在此之前,档案中寻不到一条关于乾隆斥责陆费墀的谕旨,相反均对其在馆工作给予表彰(详可参考表3-2),可能这都是于敏中在乾隆皇帝面前美言的结果。这时的陆费墀可谓仕途一帆风顺,不仅从一个七品编修升到了詹事府少詹事,还不时得到皇帝嘉奖。但好景不长,乾隆四十五年,于敏中刚去世一年,苏松粮道章攀桂为于氏修花园的事被揭发,乾隆皇帝怒斥已故于敏中道:"若在生前,必当重治其罪,今既完名而没,姑

①《纂修四库全书档案》,第2044页。

②黄爱平:《四库全书纂修研究》,中国人民大学出版社1989年,第112页。

③《清国史》卷17,《于敏中传》,第776页。

不深究以示朕始终保全之意。”[①]就在同时，王杰参奏四库馆内遗失底本并有誊录捐书之弊，陆费墀因遗失底本案而被革职审问。至乾隆四十六年，浙江巡抚王亶望因贪污事发，又追究到于敏中，乾隆皇帝大怒，指责于敏中在朝中扩张势力，并引严嵩为类。考乾隆执政时期对于大臣结党极为反感，执政之初，即对皇族内部的小集团大加打击，对康熙朝明珠、索额图等人结党营私、互相争权夺利痛加贬斥，指责明珠“徇利太深，结交太广，不能恪守官箴”[②]。由于乾隆怀疑于敏中在朝中营结势力，在于敏中去世后仍对此耿耿于怀。乾隆五十一年，谕曰：

> 朕几余咏物，有嘉靖年间器皿，念及严嵩专权炀蔽，以致国是日非，朝多稗政。取阅《严嵩传》，见其贿赂公行，生死予夺，潜窃威柄，实为前明奸佞之尤。本朝家法相承，纪纲整肃，太阿从不下移，本无大臣专权之事。原任大学士于敏中因任用日久，恩眷稍优，无识之徒，心存依附，敏中亦遂时相招引，潜受苞苴。其时军机大臣中无老成更事之人，福康安年轻，未能历练，以致敏中声势略张。究之亦止侍直承旨，不特非前朝严嵩可比，并不能如康熙年间明珠、徐乾学、高士奇等。即宠眷亦尚不及鄂尔泰、张廷玉，安能于朕前窃弄威福、淆乱是非耶？朕因其宣力年久，身故仍加恩饰终，准入贤良祠。迨四十六年甘肃捐监折收之事败露，王亶望等侵欺贪黩，罪不容诛。因忆此事前经舒赫德奏请停止，于敏中于朕前力言甘肃捐监应开，部中免拨解之烦，闾阎有粜贩之利，一举两得，是以准行。讵知勒尔谨为王亶望所愚，通同一气，肥橐殃民。非于敏中为之主持，勒尔谨岂敢遽行奏请？王亶望岂敢肆无忌惮？于敏中拥有厚赀，必出王亶望等贿求酬谢。使于敏中尚在，朕必严加惩治。今不将其子孙治罪，已为从宽。贤良祠为国家风励有位盛典，岂可以不慎廉隅之人滥行列入？朕久有此心，因览《严嵩传》，触动鉴戒。恐无知之人，将以明世宗比朕，朕不受也。于敏中著撤出贤良祠，以昭儆戒。[③]

虽然乾隆怒斥于敏中结党营私，但其本人已死，乾隆皇帝仅将其撤出贤良祠，以示保全。陆费墀原由于敏中举荐入馆，与于敏中关系密切，在四库馆中一再得到提升，乾隆皇帝疑其为于敏中私党，便迁怒到陆。乾隆四十五年因《四库全书》底本丢失，在三月十六日上谕中称“陆费墀专司提调，前后数年，事出一

---

①《清国史》卷17，《于敏中传》，第776页。
②《清会典事例》卷1050，《翰林院七·职掌》，中华书局1991年，第517页。
③《清史稿》卷319，第10751页。

手，其从前倚恃大学士于敏中优待，假藉声势"[①]。当第一份《四库全书》告成之时，各纂修官都得了赏赐，总裁却称："少詹事陆费墀屡次蒙恩不敢仰邀议叙"[②]，这与于敏中在世时形成了鲜明对比。但此时似乎已故的于敏中影响力还在，乾隆四十七年，于敏中之孙德裕袭一等轻车都尉并加恩以主事用，同年，陆费墀升为内阁学士兼礼部侍郎，又于四十九年被任命为副总裁。于敏中被撤出贤良祠是乾隆五十一年的事，至此，乾隆皇帝已经认定于敏中在朝中结党营私，决定处以重罚。乾隆五十二年六月乾隆因阅文津阁《四库全书》发现讹谬，迁怒于纪昀等人，谕称：

> 从前办理《四库全书》，系总纂纪昀、陆锡熊、总校陆费墀专司其事。朕以该员等纂辑订正，著有微劳，不次超擢，数年之间，晋阶卿贰，乃所办书籍竟如此荒谬舛错。如果从前缮写时，誊录率意脱落遗漏，自不难将已邀议叙现膺民社各员斥革治罪。但此等讹谬，该誊录等惟知照本缮写，势不能考订改正，而纂校各员则系专司考订之责，自应详加细阅，方不致讹谬丛生，乃一任其袭谬沿讹，竟若未经寓目者。该员等所办何事，其咎实无可辞。今纪昀既自认通行覆阅明末各书，并请将看出应换篇页自行赔写，交部议处，而陆锡熊则因现出学差，陆费墀丁忧回籍，转得置身局外，是使纪昀一人独任其咎，转令现在派出之大小各员分任其劳，实不足以昭平允。著将文渊、文源、文津三阁书籍所有应换写篇页，其装订挖改各工价，均令纪昀、陆锡熊二人一体分赔。至陆费墀本系武英殿提调，后充总校，所有《四库全书》，伊一人实始终其事，而其洊升侍郎，受恩尤重，较之纪昀、陆锡熊，其咎亦更重。现在续办三分应发文澜、文汇、文宗三阁陈设者，现经该盐政等陆续领运，俟各书到齐时，除书槅久经成造安设外，所有面页装订木匣刻字等项，俱著陆费墀自出己资，仿照文渊等三阁式样罚赔，妥协办理就近陈设，以示惩儆，而服众心。[③]

在此，乾隆似乎对馆臣都作了处罚，但其中隐含了对陆费墀的不公。既然乾隆明谕，《四库全书》纂修由纪昀、陆锡熊、陆费墀三人总成其事，则出现错误后，应三人共同承担，而乾隆仅令纪昀、陆锡熊赔补文渊、文源、文津三阁，当时三阁均已安置妥当，两人仅是负责更换篇页及挖改的经费，但陆费墀一人却负

---

①《纂修四库全书档案》，第1157－1158页。

②《纂修四库全书档案》，第1458页。

③《纂修四库全书档案》，第2026－2027页。

责南三阁面页装订木匣刻字等项，与纪昀、陆锡熊相比，对陆费墀的惩罚明显过重。特别是，乾隆还特意提到，陆费墀由提调升为侍郎，受恩最重，其实，纪昀也是由编修升至侍郎，所谓“受恩独重，受罚也重”，是个荒唐的借口。后来，乾隆仍不解其对陆费墀的怒气，又特谕云：“因思此事发端于于敏中，而承办于陆费墀，虽朕旨有办大事不能无小弊，亦不应为之已甚也。其条欸章程俱系伊二人酌定，今所缮书籍，荒谬至此，使于敏中尚在，必当重治其罪，因业已身故，不加追究，以示始终保全。至陆费墀从而附和，是以于敏中奏充武英殿提调，令专办《四库全书》一切事宜，众人之进退，皆出其手。”①于敏中已故，无法再加处罚，所有对于敏中的怒火直指陆费墀而来，谕旨中已明显透露出指责两人结党的意思。乾隆对于敏中的恼怒，除了对陆费墀施以重罚，死后抄家外，于敏中之孙世袭轻车都尉也被撤去，这些都是乾隆晚年认定于敏中结党的表现。

由此可以想见，陆费墀独受重罚的主要原因并非“禁书政策”，而是乾隆皇帝为防止大臣结党的结果。查四库馆中，大部分馆臣虽然都或多或少受到过一些处分，但最终都能因修书得以升迁，唯有陆费墀，虽为《四库全书》的编纂做出过巨大的贡献，最终却在重罚中抑郁而死，成为于敏中的替罪羊，实是可惜。

表 3-2 陆费墀在馆期间任事情况表②

时间	任事情况
乾隆三十七年	任总校官，仍兼充武英殿提调。
乾隆三十九年十一月十三日	内阁奉上谕：“编修陆费墀承办《四库全书》并《荟要》处缮录之事，一切综核稽查，颇能实心勤勉，思其学问亦优，著加恩以翰林院侍读升用，遇缺即补，以示鼓励。”③
乾隆四十一年	充文渊阁直阁事。
乾隆四十三年二月二十四日	以纂办各书均能出力，赏缎匹、荷包、笔墨、纸砚等物。
乾隆四十五年	四库馆遗失底本三十八种，被革职审查，后经总裁王杰查明，实因卷数浩繁，收发不清所致，别无情弊。得旨：销去加一级，免其降调。④
乾隆四十七年	兼充《四库全书》中《历代职官表》总纂官。同年七月，擢内阁学士兼礼部侍郎衔。十月，以《四库全书》内语有悖谬，未经改正，降一级留任。
乾隆四十八年	赴奉天贮书文溯阁。
乾隆四十九年	擢礼部右侍郎，兼任四库馆副总裁。同年十一月，充经筵讲官。

①《纂修四库全书档案》，第 2029－2030 页。

②本表根据任松如《四库全书答问》作，《民国丛书》本，第 27－28 页，有修改。

③《纂修四库全书档案》，第 289 页。

④《纂修四库全书档案》，第 1169、1177 页。

续表 3－2

时间	任事情况
乾隆五十年	转左侍郎，赴热河贮书文津阁，又办江浙三阁。
乾隆五十二年	正月，因《四库全书》中有应毁未毁者，革职留任。六月，因《四库全书》中讹谬甚多，令赔办江浙三份书装潢。又因底本未移交明白，革职。
乾隆五十三年	寓西湖校文澜阁已到之书，又因查出排架舛错，赔缴经费银一万两，装潢南三阁书。
乾隆五十五年	因病去世。乾隆皇帝令查明其家产，除留一千两供家属养赡外，余作为办理南三阁《四库全书》之用。

第四节 纂修官及其他职官

一、贡献较大的几位纂修官

周永年（1730—1791 年），字书昌，又称林汲山人，山东济南历城人。乾隆三十六年进士，授翰林庶吉士，散馆授编修，充文渊阁校理。乾隆四十四年，任贵州乡试典试官。《四库全书》开馆时，周永年以“夙望被征”，入馆担任辑佚《永乐大典》纂修官。在馆期间，他很想借此机会“行平日之见，尽表遗籍，设法劝诱，使人刊布流通，且为学者无穷之利”。但馆臣迫于功令时限，只从《永乐大典》中选择一些卷数较少或内容比较集中的书籍加以辑校，甚至有人建议集部概不办理。由于周永年持不同的态度，一些比较难辑的书籍，大多都推到他身上。但周永年毫无怨言，数年之间，“无间风雨，目尽九千巨册，计卷一万八千有余，丹铅标识，摘抉编摩”，先后辑出北宋刘敞《公是集》、刘攽《公非集》（《彭城集》）等十余家著述文集，“皆前人所未见者，咸著于录”，时人无不称其“有功斯文”。[①]《公是集》为北宋刘敞所撰，原书总 75 卷，已佚，但刘敞“其文湛深经术，具有本原”，较多被《永乐大典》所收。《公非集》为刘敞弟刘攽所撰，其书已佚，经周永年从《永乐大典》中辑佚，定为 40 卷，“较原书仅少十之一二”。刘氏兄弟均是宋代学识渊博的学者，其书佚失几百年后，又经辑佚，“钜制鸿裁，旧观尽复”[②]，使珍贵典籍得以流传。四库馆总裁于敏中谈及四库馆臣辑佚《永乐大典》时指出，“除山东编修（指周永年）外，认真者极少”[③]，真实道出了当时周永

①章学诚：《周书昌别传》，《章学诚遗书》卷 18，第 181 页。

②《四库全书总目》卷 153，第 2050 页。

③于敏中：《于敏襄手札》。

年在四库馆任劳任怨的实际情形。

戴震(1724—1777年),字慎修,又字东原,安徽休宁人,是乾嘉时期著名学者,被后世推为考据学皖派的开创人。《四库全书》开馆时,戴震早已经声名远扬,被总裁举荐入馆,担任辑佚《永乐大典》纂修官。戴震在四库馆四年间,“晨夕披检,靡间寒暑”①,所校如《仪礼集释》《仪礼识误》《大戴礼记》《水经注》等书“皆详慎不苟”,特别是从《永乐大典》中辑出当时已经失传的“算经五书”(《海岛算经》《五经算术》《孙子算经》《五曹算经》《夏侯算经》),“皆久佚而存于是者”②。因其在馆纂修书籍成绩显著,被赐予同进士出身,世人咸以为荣,但未及《四库全书》纂修完竣,便因病去世,时年55岁。

邵晋涵(1743—1796年),字与桐,号二云,又号南江,浙江余姚人。乾隆三十六年进士,廷试二甲,归部铨选。他对史学十分精通,凡“问以某事,答曰在某册第几页中,百不失一”③。《四库全书》开馆后,被举荐入馆辑佚《永乐大典》,在馆期间,邵晋涵被“总裁倚为左右手”④,致力于《四库全书》史部书籍的编校,《四库全书总目》史部提要初稿多出自其手。从《永乐大典》中辑佚出薛居正的《旧五代史》,使已佚百年的古书复行于世,被公认为《永乐大典》辑本中最好的一种,对《四库全书》纂修做出了巨大贡献。

翁方纲(1733—1818年),字正三,号覃溪,顺天大兴(今北京)人。乾隆十七年进士,改翰林院庶吉士。十九年,散馆,授编修。二十九年,迁翰林院侍读,提督广东学政。三十六年,因事降三级调用。乾隆三十八年,经刘统勋举荐入《四库全书》馆,充纂修官。翁方纲精于经学,又“宏览多闻,于金石谱录、书画词章之学皆能抉摘精审”⑤。在馆期间,辑佚《永乐大典》、办理各省送到书籍等无不与其役,撰写《四库全书总目》提要初稿一千余篇,是至今所见到留下提要初稿最多者。

程晋芳(1718—1784年),字鱼门,号蕺园,江苏江都人。乾隆三十六年进士,授吏部主事,三十八年被举荐为四库馆总目协勘官,在馆期间除协助纪昀纂修《四库全书总目》外,还参与校书工作。翁方纲为其作墓志铭,称:“癸巳岁,高宗纯皇帝允廷臣之请,特开四库全书馆,妙选淹通硕彦,俾司修纂,君与其列。旋以馆阁诸公校核讹误,皆罗薄遣,独君所手辑毫发无疵。书成奏进,纯皇帝素

①钱大昕:《戴先生震传》,《潜研堂文集》卷39,《四部丛刊》本。

②段玉裁:《戴东原先生年谱》,附载《戴震集》后,汤志钧点校,上海古籍出版社1980年,第474页。

③李元度:《邵二云先生事略》,《国朝先正事略》卷35,《续修四库全书》第539册,第24页。

④钱大昕:《邵君墓志铭传》,《潜研堂文集》卷43,《四部丛刊》本。

⑤李元度:《翁覃溪先生事略》,《国朝先正事略》卷42,《续修四库全书》第539册,第117页。

稔君才，仰荷特达之知，改授编修。本朝自新城王文简公以部曹改官翰林，而后词林掌故不多觏，洵异数也。"[1]后又充文渊阁校理，乾隆四十九年卒。

刘权之(1739—1818年)，字德舆，湖南长沙人。乾隆二十五年进士，改翰林院庶吉士。三十八年入馆，充《四库全书总目》协勘官，四十二年提督安徽学政，四十三年丁母忧，四十六年仍充《四库全书总目》协勘官。《四库全书总目》告成之时，总裁特意上奏："查上年《全书总目提要》全部告成，其协勘官·编修汪如藻、程晋芳、李潢及查校人员等，均经仰蒙圣恩，特旨交部议叙……惟查有原派协勘之候补洗马刘权之一员，前后在馆五年，现在协同校办《简明目录》，颇为勤勉，但洗马仅有一缺，该员需次无期，可否准其于对品侍讲缺出通行补用，以示鼓励。"[2]可见刘权之对《四库全书总目》所做贡献。

吴省兰(生卒年不详)，乾隆二十八年由举人考取咸安宫官学教习，三十二年考补国子监学正，三十六年升助教，三十九年充四库馆分校。后历任翰林院编修，充文渊阁校理、翰林院侍讲、詹事府詹事、内阁学士、礼部侍郎等职。吴省兰入馆后，编校书籍较为勤勉，因此，乾隆四十三年，当吴省兰会试落榜时，乾隆皇帝特谕："国子监助教吴省兰学问尚优，且在四库馆校刊群书，颇为得力，著加恩准其与本科中式举人一体殿试。"[3]《四库全书》第一份书成，于分校中列为一等[4]，又与陆锡熊合撰《进四库全书表》，经纪昀改定上呈，特受嘉奖。一个纂修兼分校官能与总纂官合撰进表，可见其在馆中较一般纂修官影响要大，不能与一般纂修分校官等同视之。乾隆四十七年，英廉奏请将欲归还各省的书籍再行审查，吴省兰也与其役[5]，是参与四库馆时间较久的一员。

王太岳(1721—1758年)，字基平，号芥子，直隶定兴人。乾隆七年进士，改翰林院庶吉士，以擅长文章知名。历充会试同考官，补甘肃平庆道，调西安督粮道，皆有惠政。后迁云南按察使，政绩出色，旋擢布政使，以审拟逃兵宽纵落职，入四库馆任纂修。乾隆四十二年，命充四库馆总纂官，后又修《明史·本纪》，数迁至国子监司业，卒于官。王太岳在四库馆与曹锡宝等编纂的《四库全书考证》，内容丰富精详，同《四库全书总目》一样是《四库全书》的重要组成部分。

任大椿(1738—1789年)，字幼植，一字子田，江苏兴化人。乾隆三十四年进士，授礼部主事。他秉承家学，治学从小学和考证典章制度入手，致力经学，

①《勉行堂文集》卷首，《续修四库全书》第1433册。

②《纂修四库全书档案》，第1604－1605页。

③《清国史》卷17，《吴省钦传附弟吴省兰》，第856页。

④《纂修四库全书档案》，第1458页。

⑤《纂修四库全书档案》，第1517页。

尤精三礼。早在青年时期，任大椿以他突出的成就为时贤所折服，戴震称赞说："好学深思如幼植，诚震所想见其人不可得者。"[①]《四库全书》开馆后，他因学问优异，被总裁举荐为《四库全书总目》协勘官，后人评论说："礼经同异，裒辑为多，时奉敕撰书目若干卷，条分义举，钩剔醇驳，简要该洽，出君笔者十七"[②]，为《四库全书总目》的纂修做出了很大贡献。

姚鼐（1731—1815年），字姬传，室名惜抱轩，世称惜抱先生，安徽桐城人。自幼嗜学，曾师从刘大櫆学习古文。乾隆二十八年进士，授庶吉士。治学提倡以义理、考据、词章并重，专宗程朱理学。入馆仅一年多时间，就撰写提要近百种，因在馆内与他人关系不协，有学术纠纷，后称病离馆。

二、纂修官的分工

翁方纲自述在馆中情形时说："自癸巳春入院修书，时于翰林院署开《四库全书》，以内府所藏书发出到院，及各省所进民间藏书，又院中旧贮《永乐大典》内有摘抄成卷汇编成部之书，合三处书籍，分员校勘。每日清晨入院，院设大厨，供给桌饭。午后归寓，以是日所校阅某书应考某处，在宝善亭与同修程鱼门晋芳、姚姬传鼐、任幼植大椿诸人对案详举所知，各开应考证之书目，是午，携至琉璃厂书肆访查之。是时，江浙书贾亦皆踊跃遍征善本足资考订者，悉聚于五柳居、文粹堂诸坊舍。每日检有应用者，辄载满车以归。家中请陆镇堂司其事，凡有裨考核者，价不甚昂即留买之，力不能留者，或急写其需查数条，或暂借留数日，或又雇人抄写，以是日有所得。"[③]这段记文字生动、真实地记录了四库馆臣在馆工作的实际工作情形。

根据《四库全书总目》前所列职名表，纂修官分为校勘《永乐大典》纂修兼分校官和校办各省送到遗书纂修官，前者主要从事《永乐大典》辑佚工作，后者主要负责校阅征集的书籍。这仅是《四库全书总目》书成时，馆臣根据纂修的主要情况做的大致分类。其实，纂修官之间的分工并非如职名表上所列那样泾渭分明。前面所述翁方纲的记载，也称"合三处书籍，分员校勘"，说明纂修官虽有一定分工，但其间纂修任务不断变动，而且互相配合。

从现存四库馆臣辑佚《永乐大典》及留存提要初稿来看，《四库全书总目》前所列职名表两处纂修官的分工并不绝对，就辑佚《永乐大典》来说，有不少校办各省送到遗书纂修官、总目协勘官也参与了辑佚工作。据司马朝军研究，参与辑佚人员中有30人为校勘《永乐大典》纂修兼分校官，有5人为总目协勘官，

①戴震：《戴震集·与任孝廉幼植书》，第177页。

②钱仪吉：《碑传集》卷56，第1619页。

③翁方纲：《翁氏家事略记》，《乾嘉名儒年谱》(8)，第72-73页。

有3人为武英殿提调官，有2人为校办各省送到遗书纂修官，有3人为武英殿分校官，有1人为天文算法纂修官，此外，还有4人不见于职名表。[①] 翁方纲在职名表中虽然被列为各省送到遗书纂修官，但从他撰写的提要来看，不仅有各省进呈遗书，还有辑佚《永乐大典》书、内府书籍。再从邵晋涵所撰提要看，也不局限于《永乐大典》本，各省送呈遗书、内府书籍都有。又据档案载"查该员（徐步云）分纂《永乐大典》内之子集二门，考订颇见细心，前又经奏明派在武英殿分校《四库全书》"[②]，可知，徐步云在充当分校官前也参加了辑《永乐大典》事。因此，职名表中纂修官的称谓并不能完全说明纂修官在馆中的分工情况。又据张升研究，有些曾任纂修官，后来又改任他职，在《四库全书总目》修成之时，根据其当时任职情况，在职名表中没有列为纂修官，这种情况也有很多。

此外，所谓《四库全书》纂修"经部属之戴东原（戴震），史部属之邵南江（邵晋涵），子部属之周书昌（周永年）"[③]的说法是一种没有根据的猜测，并不可信。如戴震在四库馆中所撰提要如《项氏家说》《五曹算经》《五经算术》《夏侯阳算经》等均属于子部，他所校注《水经注》则属于史部。余集所撰提要稿，现存于世的有7篇收入《秋室学古录》[④]，这7篇均为经部诗类。邵晋涵除撰写史部提要外，还撰有《洪范统一》《洪范口义》《易说存悔》等，属于经部，《续名医案类》属于子部，《盘洲集》《勉斋遗集》等则属集部。又据陈垣推测，释家类提要多出周永年之手：

> 《四库全书》成书仓猝，谬误本多。惟释家类著录十三部，存目十二部，谬误尚少，此必稍通佛学者所为。吾尝考之，四库馆员中以佛学名者无几，吾颇疑其出于历城周书昌永年也。……尝阅王述庵昶《春融堂集》四十五《再书楞严经后》，有云："今天下士大夫能深入佛乘者。桐城姚南青范、钱塘张无夜世荦、济南周永年书昌及余四人。"……今《四库提要》《开元释教录》条下，注云"江西按察使王昶家藏本"，而存目《正宏集》条下，则注云"编修周永年家藏本"。吾因此颇疑释家类提要出永年手，故舛误尚不多也。[⑤]

---

①司马朝军：《〈四库全书总目〉研究》，社会科学文献出版社2004年，第372页。

②《纂修四库全书档案》，第317页。

③李慈铭：《越缦堂读书记》，辽宁教育出版社2001年，第535页。

④余集《秋室学古录》（《续修四库全书》本）所收7篇《四库提要稿》分别为：《毛诗指说提要》《毛诗名物解提要》《欧阳公诗本义提要》《诗传遗说提要》《张氏诗说提要》《林氏毛诗讲义提要》《诗缵绪提要》。

⑤陈垣：《中国佛教史籍概论》，上海书店1999年，第15－17页。

纂修官的具体分工至今尚不清楚，从现存各纂修官的提要稿来看，一般都不绝对局限于某一类书，但有偏重于某一类的现象。如邵晋涵以史学见长，因此他的提要稿多史部提要，同时又兼及经、子、集各种书籍。《南江文钞》共收存了邵晋涵37篇提要稿，其中经部4篇、史部28篇、子部1篇、集部4篇。为何他又撰写了其他书的提要呢？考《四库全书总目》中《易说存悔》《续名医案类》提要前注为邵晋涵家藏本，而《洪范统一》《洪范口义》《性情集》《临安集》为《永乐大典》本，可能与邵晋涵辑佚《永乐大典》有关；《盘洲集》《勉斋遗集》为浙江巡抚采进本，而邵晋涵正是浙江余姚人。朱筠作为各省送到遗书纂修官，同时还担任《日下旧闻考》总纂官，这是因为《日下旧闻》一书作者朱彝尊是他的先辈，而朱筠随身携带此书二十余年，视之若宝，对该书了解较他人要深。再从现存《翁方纲〈四库提要稿〉》来看，“全书二十五卷中，共有各省所进图书的提要稿九百九十六篇，计经部书提要稿一百八十篇，史部书提要稿二百廿一篇，子部书提要稿一百七十七篇，集部书提要稿四百十八篇”①，翁氏主要以纂修集部为主，同时兼及经、史、子部。又翁方纲以金石、书画、诗见长，故所办理书籍多侧重于此类，如《金石录》《兰亭续考》《东楚诗》等，翁氏自述云：“四十二年丁酉……时方纲承修《四库全书》，又承修《明纪纲目》，又承修《音韵述微》，又承修《续通志》，又兼武英殿缮写处覆校。是冬，辞武英殿分校覆校事，仍在四库全书馆，专办金石、篆隶、音韵诸书。”②又如古文学家姚鼐专尊宋学，所纂提要稿如《易通》《四书或问》《中庸辑略》《孝经刊误》《周易参同契考异》《嘉祐新集》等，均为宋儒著作。

根据以上分析，笔者认为四库馆内纂修官的分工，一是根据个人学术上的特长；一是根据书籍的来源及个人对该书的熟悉程度。并不是绝对按职名表中列名分工，也不是完全以经史子集划分。馆臣在修书过程中，既有分工又有合作，充分发挥各纂修官的特长，大大提高了《四库全书》纂修质量。

三、其他官员

1. 缮书处总校官、分校官

总校官、分校官主要负责缮写书籍的校勘，在四库馆除誊录外，校勘人员人数最多。校书犹如扫落叶，错误层出不穷，在十几年的编纂当中，总校官、分校官对提高《四库全书》质量起了很大的作用，有很多纂修官在后期也参与了校书工作，他们有些在馆长达十年以上，甚至还有父死子继者，为《四库全书》的编纂做出了巨大的贡献。

---

①潘继安：《翁方纲〈四库提要稿〉述略》，载《中华文史论丛》1983年第1辑，第214页。

②翁方纲：《翁氏家事略记》，《乾嘉名儒年谱》(8)，第75页。

据档案记载，贡献突出者有：

第一份《四库全书》告成时，因校书有功受赏的总校官有：王燕绪、朱钤、仓圣脉、何思钧。分校列为一等的有：翰林吴省兰等六人，中书助教胡予襄等四人，提调·翰林韦谦恒、彭元琉、吴裕德三人。①

前四份《四库全书》缮校完毕时，总裁上奏贡献较大的总校、分校有：

总校十员

王燕绪，由原任中允奏充……前后共校过头、二、四分书二万一千余册。

朱钤，由进士、中书奏充……前后共校过头、二、四分书二万一千余册。

何思钧，由庶吉士奏充……前后共校过头、二、三分书一万四千余册。

仓圣脉，由庶吉士奏充……前后共校过头、二、三分书一万四千余册。

潘有为，由举人内阁中书奏充。校过第二、三分书八千六百余册。

孙溶，由中书科中书奏充，续经中式举人。校过第二、三分书八千六百余册。

徐以坤，由举人国子监博士奏充。校过第二、三分书八千六百余册。

程嘉谟，由归班进士奏充。校过第四分书八千余册。

章维桓，由举人捐员外郎衔奏充。校过第四分书八千余册。

叶佩荪，由候补知府奏充。校过第四分书七千余册，身故。其子举人叶绍楏接办三千余册，共一万余册。②

分校

吴省兰、李镕、周厚辕、张焘、陈昌齐五员，在馆自十二年至八年以上。

翰林·分校章宗瀛、朱攸、萧九成、邱庭漋、方炜、潘庭筠、周琼、翟槐、吴锡麒、蔡廷衡十员，在馆自九年至六年以上。

各衙门在馆分校陈木、常循、周铉、金光悌、沈培、王学海、倪廷梅、谢登隽八员，在馆自八年至五年以上。

候补中书科中书刘源溥，分校亦在五年以上。

翰林·分校王福清等二十三员，各衙门分校方大川等二十四员，俱属现今在馆校书。③

①《纂修四库全书档案》，第1458页。

②《纂修四库全书档案》，第1851、1852页。

③《纂修四库全书档案》，第1852页。

总校官、复校官、分校官在校对誊录缮写过程中,除检查字句讹误外,还负责核查违碍书籍及字句。乾隆五十二年三月十九日,因乾隆查出《四库全书》内录有李清的《诸史同异录》,谕称:"四库全书处进呈续缮三分书,李清所撰《诸史同异录》书内,称我朝世祖章皇帝与明崇祯四事相同,妄诞不经,阅之殊堪骇异。……乃从前查办遗书时,该省及办理《四库全书》之皇子、大臣等未经掣毁,今续三分全书,犹复一例缮录,方经朕摘览而得,甚属非是。因检阅文渊、文源两阁所贮书内已删去此条,查系从前覆校官·编修许烺初阅时签出拟删,是以未经缮入。但此等悖妄之书,一无可采,既据覆校官签出拟删,该总纂、总校等即应详加查阅,奏明销毁。何以仅从删节,仍留其底本?其承办续三分书之侍读恭泰、编纂吴裕德虽系提调兼司总校,但率任书手误写,均难辞咎。所有承办《四库全书》之皇子、大臣,及总纂纪昀、孙士毅、陆锡熊,总校陆费墀、恭泰、吴裕德,从前覆校许烺,俱著交部分别严加议处。至议叙举人之监生朱文鼎,系专司校对之人,岂竟无目者,乃并未校出,其咎更重。"①

从乾隆的惩罚来看,总校、复校、分校等人,在校书过程中查违碍书籍也是一项重要活动,一旦被乾隆发现有违碍书籍混入,总校等人同纂修官一样,会受到严厉处罚。

2. 提调官

关于提调官的职责,一般多认为是负责书籍的收发,其实,提调的职责并不止此。据王杰上奏增添提调折云:"窃查翰林院纂辑《永乐大典》及办理各省遗书,向来即以办事翰林作为提调,多至七、八员,少至五、六员不等,诚以卷帙浩繁,非一二人所能办理。至武英殿全书处事务,更觉繁重,原设提调二员,即专司进呈书籍并查点装潢诸事,又经管各项补缺、议叙、定稿、行文事件,头绪颇为纷杂,于一切收发书籍,稽查功课,实难兼顾,向仅委供事之手,不惟易致舛错,亦且易启需索措勒诸弊。"②原提调官祝德麟云:"我系提调,专司收发文移及稽查謄录功课之事,所进各书并不寓目。"③又据军机大臣奏称:"书内有全卷字画潦草之处,该提调等未经随时驳换,亦有不合,自应一体分别核议,以归平允。"④

据此可知,提调官主要是负责书籍的收发,以及检查誊录抄写的数量及质量,此外,还要兼顾书籍的装潢、人事的议叙等。由于提调人员较少,而四库馆内的事务繁多,有些提调会将一部分工作转交供事来做,这就容易导致工作的

①《纂修四库全书档案》,第 1992 页。

②《纂修四库全书档案》,第 1155 页。

③《纂修四库全书档案》,第 1946 页。

④《纂修四库全书档案》,第 2075 页。

失误。四库馆提调官其实往往是身负数责，工作过于繁杂，很难将工作做到有条不紊，因此，书籍收发不清、誊录抄写之本潦草等问题，层出不穷。四库馆书籍遗失现象不断，除制度不够健全外，与提调职责过多也有很大关系。

四库馆书籍之多在古代编书机构中前所未有，而编纂程序又极为繁杂，纂修、缮写、校勘几次易手，很容易造成混乱。又由于四库馆规章制度不够健全，收发书籍是馆中最为烦琐的工作，稍有不甚，便容易出现丢失现象，或因版本不同而出现缮写错误等，在《四库全书》编纂过程中，提调官起着非常关键的作用。以往的研究，往往看重纂修官的作用，而对提调官的作用多有忽视，这是四库馆研究的一个缺陷。实际上，提调官工作的好坏，是四库馆工作成败极为关键的因素，《四库全书》中所存在的很多失误，都与书籍收发不清有关，究其原因，除了制度不够健全易造成失误外，提调官有不可推卸的责任。

《四库全书》前四份完成时，总裁特上奏贡献较大的提调官有：韦谦恒、彭元琉、关槐、周兴岱、吴裕德。[①]

韦谦恒（1715—1792 年），字慎古，号约轩，芜湖人。乾隆二十二年召试，赐内阁中书，乾隆二十八年进士，授编修。曾参与《大清一统志》的纂修，历任山东督学、翰林院侍读、贵州巡抚等。著有《传经堂文集》《古文辑要》等。

彭元琉为副总裁彭元瑞之弟，兄弟两人都以学问见长。关槐、周兴岱以书画著称于世。他们为《四库全书》编纂所做的贡献不容忽视。

3. 督催官

在四库馆所列职名表中督催官有三人，负责督促书籍的缮写等。但职名表并不能完全反映个人的贡献。如职名表中祥庆列为督催官，实际上，他在编纂《四库全书》过程中，对于书籍的刊刻也做出了很大的贡献。乾隆四十一年十二月二十二日，金简上奏："臣遵旨办理聚珍版事务，所有印出各书，业经陆续呈进。其中刻字、置柜、摆版、刷印等事，臣率同承办字版之原任编修祥庆等，悉心讲求，务期工简事速……三年以来，排印过书籍约共三十余种，一切章程渐皆熟悉。"[②]可见祥庆在武英殿刊刻书籍中作用仅次于金简，也是值得关注的人物。

①《纂修四库全书档案》，第 1850 页。

②《纂修四库全书档案》，第 563 页。

第四章　四库馆管理制度研究

第一节　书籍管理

四库馆内书籍之多,史无前例,仅《四库全书》著录与存目书就有一万多种,这还不包括当时馆中一些复本和应毁书籍。如何管理这么多的书籍,成了修书过程中的一件大事。

征书伊始,乾隆皇帝为打消藏书家的疑虑,明确保证所征书籍将来仍归还各藏书家。当各省征集书籍,陆续送呈后,乾隆皇帝又下诏:"今外省进到之书,大小短长,参差不一,既无当于编列缥缃,而业已或刻或钞,其原书又何必复留内府?且伊等将珍藏缮(善)本,应诏汇交,深可嘉尚,若因此收存不发,转使躭书明理之人,不得保其世守,于理未为公允,朕岂肯为之?所有各家进到之书,俟校办完竣日,仍行给还原献之家,但现在各省取进书已属不少,日后自必陆续加多,其如何分别标记,俾还本人,不致淆混遗失之处,着该总裁等妥议具奏。"①总裁得到谕令后,马上着手制定出相应措施。乾隆三十八年五月十八日,刘统勋等上奏:"臣等酌议刊刻木记一小方,印于各书面页,填注乾隆三十八年某月、某省、督府某,盐政某送到,某人家所藏,某书计若干本,并押以翰林院印,仍分别造档存记,将来发还之日,即按书面木记查点明白,注明底档,开列清单,行文各督抚等派员领回,按单给还藏书之家,取具收领存案,如有交发不明,惟该督抚是问。如此则吏胥等既无从私自扣留,而藏书家仍得全其故物,且有官印押记,为书林增一佳话,宝藏更为珍重。"②从一开始,四库馆臣对书籍的造档整理

①《纂修四库全书档案》,第117页。

②《纂修四库全书档案》,第118页。

就很重视，不仅为以后还书带来方便，也使日后清点书籍有据可寻。后来，四库馆内清点书籍，即以有无印信为准。但这仅是四库馆臣对书籍入馆时做的初步甄别工作，四库馆初开之时，馆内书籍管理并不严格，馆臣为赶进度或因个人需要，甚至可以随便把书带到馆外。如周永年在馆期间借馆中书籍与桂馥作《四部考》，“佣工数十人，日钞数十纸，盛夏烧灯校治”。[①] 在《四库全书》编纂期间，因馆内有很多世间罕见之本，故馆臣及寓居馆臣家中的学者，多利用馆中书籍从事考证活动，馆臣携书回家的现象非常普遍。由于馆臣频繁将书籍带到馆外，最终导致纂修官黄寿龄回家途中遗书事件，据永瑢奏称：“兹据纂修官·庶吉士黄寿龄告称，‘职蒙派纂辑散篇，所有现分之《考古质疑》、《坦斋通编》二部，头绪较繁，均须查对原本。缘日间校阅未毕，恐致迟误功课，因于十三日晚间，将《永乐大典》原本六册，用袱包裹带回，拟欲乘夜间趱办。讵行至米市胡同，偶然腹泻下车，被贼连包窃去，追觅无踪’。”[②]事发后，乾隆皇帝一方面谕令步军统领英廉追查所丢之书；另一方面，斥责馆臣管理不善，严令四库馆总裁制定书籍管理章程，称：“《永乐大典》为世间未有之书，本不应听纂修等携带外出，况每日备有桌饭，各员饱食办公，尽一日之长，在馆校勘，已可不误课程，原无藉复事焚膏继晷。至馆中设有提调人员，稽查乃其专责。携书外出，若曾经告知提调，即当与之同科；或纂修私自携归，该提调亦难辞失察之咎……再，各省所解遗书，办毕后仍须给还各家，屡经明降谕旨。恐纂修等亦有随便取携，以致遗失者，亦着及早查明，按单点收馆内，毋许携往私家。倘仍不行严查，致有舛失，惟该总裁是问。”[③]乾隆三十九年七月初二日，总裁上奏：“所有《永乐大典》，现交提调等通行查检，敬谨收贮，嗣后断不致各纂修任意携取外，至各省送到遗书，现即遵旨严查，造具总册，按部点清，分别扃贮，并饬令各纂修等务须在馆校阅。臣等仍不时稽查，如尚有私自携带者，一经查出，即行指名参处。”[④]为了慎重起见，总裁欲“添派别衙门人员，至翰林院翻检书籍，逐日点查收发”，这种办法对于书籍管理更为严密，但乾隆皇帝担心此举会耽延馆臣校书速度，并没有同意这种做法，谕曰：“所有翰林院存贮各书，著总裁等交该提调照各省进到书单，造成档册。纂修等领办之书，即于册内填注，仍每日稽查，毋许私携出外。如查该纂修仍有违禁私带之事，即回明总裁参劾。若该提调代为徇隐，经总裁

①桂馥：《周先生传》，《晚学集》卷7，《丛书集成初编》本，第202页。

②《纂修四库全书档案》，第213页。

③《纂修四库全书档案》，第216页。

④《纂修四库全书档案》，第220页。

等查出，将该提调一并查参。”[①]经过遗书事件的教训后，在乾隆督责下，总裁进一步加强了书籍管理力度，四库馆的书籍管理制度才逐渐完善起来。

虽然四库馆内书籍管理制度在实践过程中不断修改完善，但《四库全书》编纂过程十分繁杂，从辑佚、校阅、撰写提要，到抄写，再到校对，一书要经数手，仅从总数上造册档、不许携带外出，并不能保证馆内书籍不遗失。乾隆四十五年三月初九日，总裁王杰参奏馆内遗失底本一事，称："臣又闻近来发写底本，多系謄录买捐，以致人言藉藉。询之该提调·少詹事陆费墀，据称底本不敷发缮，是以令其捐书。问其原送底本有无短少，该提调亦无切实之语。及问底本如何分交供事经管，亦无档册可稽。臣随即以发书数目，询问总纂·内阁学士臣纪昀、侍读学士臣陆锡熊等，据交出送书印档及历年各种册籍。查所开书目共一百三十次，计送三千一百馀种，今再三整理，其有印而成部者止一千四百馀种。虽据称尚有存在謄录及校对者三百馀种，又陆续可凑全者二百馀种，又有各项例不用印，如库本及丛书所分等类七百馀种，约共一千馀种。等语。但是否原经校正之本，已难尽信，即使将来查对如数，亦尚短少四、五百种"，又称："该提调陆费墀系开馆以来经手之人，乃办理毫无章程，贻误至此"。[②] 此次发现丢失书籍是四库馆中书籍管理混乱造成的恶果，王杰将责任全部推至陆费墀身上，其实并不公允。四库馆内管理制度不善，以及提调官的职责过于繁多，实是遗失书籍的主要原因。乾隆接到上奏后，大为吃惊，谕令将陆费墀革职审讯，并令英廉等人详细清点四库馆内书籍存留情况，经详细核查，"统计遗失及残缺之书，实止三十八种。……至此三十八种之书，因何遗失残缺，自须究明其故。且此书向系何人领去，自有档册可稽，何至毫无着落，当向陆费墀详讯。据称：提调收到总纂处移送底本及发交各謄录缮写，当时原即登记档册。但每书一册写就正本之后，须送总校覆勘，总裁抽阅，必经数次发出收回。迨后謄录又增至千有余名，缮写多有屡经驳换者，实因书籍浩繁，人数又众，收发匆忙之际，遗漏登记，自所不免。现在短少各书，实不能指出系何人领去，无从着落追寻"。[③] 虽然仅遗失 38 种，而非王杰所称四五百种，但因何遗失，却无从查对，证明四库馆在书籍管理上仍存在着一定的缺陷。这些书籍遗失后，馆臣只能令陆费墀及各提调等赔补完事。

四库馆臣本应以此为教训，定出严密的制度，加大管理力度，遗憾的是，馆臣并没有吸取这次遗失书籍的教训，既没有定出更为合理严密的制度来，也没

---

①《纂修四库全书档案》，第 227 页。

②《纂修四库全书档案》，第 1153、1154 页。

③《纂修四库全书档案》，第 1165 – 1166 页。

有减少提调的职责，以专门加强对书籍的管理，以至于遗失书籍现象仍然不断。至乾隆五十二年七月，总裁再次对《四库全书》底本加以清查，“自四十五年查办后，由武英殿接办全书提调遗失者统计一百十六种，由三分书提调遗失者统计四十三种。旋据接办全书提调声明，尚有陆续查出扣存不抄书二十七种，实遗失有印书八十九种。又据三分书提调续行交出印本十种，实遗失有印书三十三种”。总裁追究遗失书籍的原因，各提调的答复与上次遗失书籍完全一样，“据称，办理《四库全书》头绪纷繁，节次发缮已阅多年，辗转抄写，且散在謄录数千人之手，未能悉归一处，以致残缺遗失”。[①] 最后，只能是对提调等给予处罚，仍令其赔补完事。书籍浩繁，头绪纷杂，当然是造成不断遗失书籍的一个重要原因，但从根本上说，最主要的是四库馆内管理制度不够完善。总裁最后也意识到四库馆书籍管理制度所存在的问题，称：“从前陆费墀经手书籍以来，并未开造详晰册档，交代清楚。是以臣等现在查办，将各处册档互相比较，详核数次，始得确数，是其平日办理草率之咎，更无可辞，应请将陆费墀一并交部严加议处。”[②]在一个官僚机构中，出现问题后往往将责任推到一个人身上，这是古代官场的习惯性思维和做法。陆费墀作为总校官，四库馆内书籍不断丢失，他难辞其咎，但馆内制度不够严密，并非其一人的责任，总裁应承担主要责任。在书籍编完之际，虽然总裁已经意识到书籍管理制度不够健全，但为时已晚。

馆内不断遗失书籍是《四库全书》纂修的重大失误，馆内有印书遗失后，只能令提调等赔补。有些无印章书籍充斥其间，内中多有纂修官未校阅的书籍，致使版本混乱不一，这给《四库全书》的抄写和校勘带来极大麻烦，《四库全书》的种种失误，多与书籍管理混乱有关。以行政处罚代替制度建设，这是四库馆失误的一个重要方面。

第二节　人事管理

纂修《四库全书》是一项规模空前的文化工程，在长达十四年的时间中，不但总参与人数众多，人员的换补也极为频繁，因此，人事管理对于四库馆的工作也非常重要。

抄写、校勘是馆内一项繁重的工作，为了保证《四库全书》的编纂质量，四库馆严格执行责任到人的制度，在每一部书前都注明各编纂人员的姓名。如文渊

①《纂修四库全书档案》，第 2054 页。

②《纂修四库全书档案》，第 2055 页。

阁《四库全书》本《史记》卷首载：详校官侍读学士臣陆伯焜、洗马臣王坦修复勘；复校官中书臣陈林；校对官中书臣孙希旦；誊录举人臣朱锡彤。这样，任何一本书出现错误，当即便能找到具体负责人。这种明确责任、落实到人的制度执行得很严格，对提高《四库全书》编纂的质量起了很重要的作用。

《四库全书》编纂期间，馆内人员换补频繁，馆臣中途离馆时工作如何交接，出现问题后如何追究其责任，也是关系到全书编纂的重要环节。开馆初始，馆内人事管理是极松散的，有些馆员离馆时工作交接很不到位，如乾隆三十九年七月馆臣在考核各誊录名下应交功课时，发现“内有謄录姚岐谟一名，旷欠至数月之多”，询问分校邱庭漋，据称：“上年九月间，分校郑爔丁忧出京，庭漋蒙总裁奏派接办，当时并未据有郑爔交出名单，后见发书档内本股下，尚有姚岐谟一名，从未谋面，亦未领书缮写，随经遍访，迄今尚未得其住址。”[①]而邱庭漋又于乾隆三十九年六月丁忧，故导致誊录姚岐谟长期旷课而未能查出。总裁很快吸取了这一教训，严格馆臣出入手续，馆臣在离馆之前必须清册造档，做好交接事宜。后来分校官郭祚炽因事革职，请求在额外校对上行走时说“所有在馆以来承领各謄录分缮工课，现在造具清册，交明提调，恭候派员接办”[②]，说明此时馆内对人事交接一事已有了严格的规定。

至于誊录，由于人数众多，在管理上存在的问题更多。四库馆内誊录虽然“自备资斧”，但五年后可以议叙，对学子们仍有很强的吸引力，由于前四份《四库全书》抄写时，馆臣对誊录的字体并不备案，因此，交来功课也并不查究是否系本人所写，这样，冒名顶替充当誊录的很多。为了加强对四库馆内誊录的管理，乾隆四十三年五月四库馆总裁特意上奏，请求军机大臣会同顺天府查办冒籍者。乾隆四十四年六月，查出蒋翰将自己在馆名字分别通过钟倬、储曾英说合，卖于李英、殷志周一案。因四库馆内查出两人均名蒋翰，并同时要改回原姓名，贿买誊录案发，据称：“查审李英贿买顶冒四库馆謄录蒋翰一案，其蒋姓顶卖謄录监生，实系钟姓说起。据任浩等供称，钟姓名叫钟三（钟倬），系浙江山阴县人……此案李英等贿买顶名，且有假冒执照等弊，难以轻纵。蒋翰系属本生，钟姓亦系说合之人，自应迅速严拿到案审讯。”[③]江苏巡抚拿获储曾英后，上奏称：“据储曾英供明与殷旦明之子殷杰系拔贡同年，上年八月内在京时，有绍兴监生钟清江言及四库馆誊录蒋翰，欲将在馆名字并原捐监照顶卖与人。因殷旦明欲为伊子殷志周商办此事，储曾英随从中说合，殷旦明即与钟清江、蒋翰等会面，

①《纂修四库全书档案》，第 224 页。

②《纂修四库全书档案》，第 418 页。

③《纂修四库全书档案》，第 1058 页。

议价一百六十两,顶买蒋翰考名。当将部监照两张、蒋翰落卷三本交与殷旦明收执。"[1]随后,又查出朱姓某顶买王暻名、冯企文顶买宋维藩名两案,吏部对贿买誊录人员及有关官员均加以处罚。据《吏部等题四库馆总裁等官失察顶冒分别罚俸本》称:

准顺天府及户部、四库全书处、国子监等衙门具奏,誊录监生蒋翰呈请改姓,查系两名重复,究出顶冒假照情弊一案。所有为李英、王暻改姓出结之光禄寺署正张九皋,为殷姓改籍出结之户部主事徐大榕,为李英赴馆效力出结之工部主事谢肇洙,为宋维藩改籍出结之光禄寺署正王正模,并不认识本人,辄滥行冒昧出结,应俱交吏部照例议处。四库全书处提调,除王暻、宋维藩并未具呈赴馆外,其于李英赴馆效力、殷姓改籍归宗未能查出,已经自行检举,应听吏部察议。大兴县知县庄燮,于李英一案已经自行访出,其朱姓顶买王暻誊录,呈请改姓,率据同乡官印结代为申报,亦应交吏部议处。户部于此四案,已据假照换给印照者二案,同存捐纳房未办者二案,该捐纳房官吏即不查原册有无其人,又不验印信之真伪,实属怠玩,诚如该部所奏,非寻常疏忽可比,应与失察书吏犯藏之该管司员及失察之堂官,均交部分别办理。国子监于殷姓并李英、王暻等三案,均未换照,其宋维藩一案,咨据该监覆称亦未换过监照,应俟拿获顶买监照之冯企文讯明,再行办理。[2]

顶替誊录既要"描摹假印监照",又要"赴户部呈请换照、改籍"等[3],说明四库馆对誊录的管理还是较为严格的。尽管四库馆内人事管理制度在修书过程中不断完善,但为了"五年议叙"的目的,仍有不少人冒籍入馆,或本人字画并不端楷,但也滥竽充数,混入馆中,这些人多是请人代写。乾隆皇帝也不得不承认"伊等写书时大率请人代缮,其本人字画未必悉能工楷"[4]。

至续缮南三阁《四库全书》时,为了防止誊录请人抄写,总裁严格制定章程,防止誊录混乱的弊端,据称:"雇觅书手,应先行出示五城,广行召募,令其赴馆,发给样纸,各写数行呈送。臣等验其字迹端楷,堪以写书者,准其承领缮录,并将所呈字样交与提调钤印存案,以便交书时核对,如有草率与字样不符,即随时

①《纂修四库全书档案》,第 1061 页。
②《纂修四库全书档案》,第 1086 页。
③《纂修四库全书档案》,第 1086 页。
④《纂修四库全书档案》,第 1000 页。

驳换,令其赔纸另写。再,所雇书的人数众多,难以查催,拟就其中择其稍有才干,人尚诚实者,作为领办,一切纸张书籍,令其承领分给,以便汇总查核。”①因入馆时先交字样数行于提调钤印存案,方便核查,又由于南三阁《四库全书》系雇用誊录抄写,无议叙之望,就大大减少了请人代写的现象。由于续缮三份《四库全书》誊录过多,为了提高缮写质量,四库馆总裁又严定章程,加强对誊录的管理。

> 一、书手人数众多,难于稽核,必须设立书头,分股酌派作为领办,以重责成。其领办之人拟用举贡生监,因其粗晓文义,且身立衣衿,于一切检查约束之处尚知慎重,庶不致草率从事。并取具同乡官印结备案,倘书头藉端滋事,即行严加惩治,并出结之同乡官一并参处。再,书手缮写字数,责成领办逐日按名催缮,毋得在一千字以内,如能多缮,听其自便。
>
> 一、书手写得各书应令领办代为交局,并自行开明字数页数。提调验明字迹整齐及不致错乱遗脱篇页者,方准查收,按日发交分校校勘,再移交督催处核其所报字数相符,覆知提调按月造档,知会广储司给价。如有以少报多之弊,责令按三倍罚写,其缮写草率与原呈字样不符者,提调随时驳令赔纸换写,如提调等辄将潦草之字滥收,或字本整齐而故意吹求驳换,一经臣等查出,即行严参究办。②

由于四库馆内人事问题不断涌现,馆臣对人事管理制度越来越重视,所定规章制度更加严密。相对书籍管理制度来说,四库馆人事管理制度更为健全,这是四库馆在人事管理方面的优点。

第三节　奖惩制度

为了保证《四库全书》编纂的质量,乾隆皇帝以及四库馆总裁制定了一些奖惩办法,这些方法是四库馆内制度建设的重要方面,有利于《四库全书》编纂的顺利开展。

一、征书的奖惩措施

征书是编纂《四库全书》的第一步,也是非常重要的一个环节。为了使全国

①《纂修四库全书档案》,第 1615 页。

②《纂修四库全书档案》,第 1704 页。

图书汇集四库馆，乾隆皇帝不但严令各地督抚以半年时间为限，而且恫吓各藏书家，若藏匿不献，一经发现有违碍之书，必严厉惩罚。此后，又采取一些奖励措施，鼓励献书。如对献书较多的藏书家明谕嘉奖，于精醇之书前，由乾隆皇帝亲自题咏，以增献书家荣耀，对献书较多者赏以宫廷所藏《古今图书集成》《佩文韵府》珍贵典籍，鼓励献书。乾隆皇帝下诏说：

国家当文治修明之会，所有古今载籍，宜及时搜罗大备，以充策府而裨艺林。因降旨命各督抚加意采访，汇上于朝，旋据各省陆续奏送，而江浙两省藏书家呈献者，种数尤多。廷臣中亦有纷纷奏进者。因命词臣分别校勘，应刊应录，以广流传。其进书百种以上者，并命择其中精醇之本，进呈乙览，朕几余亲为评咏，题识简端。复命将进到各书，于篇首用翰林院印，并加钤记，载明年月姓名于面页，俟将来办竣后，仍给还各本家，自行收藏。其已经题咏诸本，并令书馆先行录副，即将原书发还，俾收藏之人，益增荣幸。

今阅进到各家书目，其最多者，如浙江之鲍士恭、范懋柱、汪启淑、两淮之马裕四家，为数至五、六、七百种，皆其累世弃藏，子孙克守其业，甚可嘉尚。因思内府所有《古今图书集成》，为书城巨观，人间罕覯，此等世守陈编之家，宜俾尊藏勿失，以永留贻。鲍士恭、范懋柱、汪启淑、马裕四家，著赏《古今图书集成》各一部，以为好古之劝。又进书一百种以上之江苏周厚堉、蒋曾莹，浙江吴玉墀、孙仰曾、汪汝瑮，及朝绅中黄登贤、纪昀、励守谦、汪如藻等，亦俱藏书旧家，并著每人赏给内府初印之《佩文韵府》各一部，俾亦珍为世宝，以示嘉奖。①

对献书家另外一个鼓励措施就是于《四库全书》提要末题写收藏家姓名，乾隆三十九年七月二十五日，乾隆皇帝诏谕：

此次各省搜访书籍，有多至百种以上，至六七百种者。如浙江范懋柱等家，其搜集收藏，深可嘉尚。前已降旨，分别颁赏《古今图书集成》及初印《佩文韵府》，并择其书尤雅者，制诗亲题卷端，俾其子孙世守，以为稽古藏书者劝。今进到之书，于纂辑后，仍须发还本家，而所撰总目，若不载明系何人所藏，则阅者不能知其书所自来，亦无以彰各家珍弃资益之善，著通查

---

①《纂修四库全书档案》，第210页。

各省进到之书，其一人而收藏百种以上者，可称为藏古之家，应即将其姓名附载于各书提要末，其在百种以下者，亦应将由某省督抚某人采访所得，附载于后。①

通过以上措施，极大地鼓舞了各藏书家的献书热情，使得征书活动更加顺利。

二、校对奖惩措施

乾隆皇帝对《四库全书》的编纂十分关心，凡阶段性成果都要随时上呈。乾隆三十八年十月初九日，他在《四库全书荟要》中发现两处错误，即命总裁妥立章程。随后，总裁便制定出《功过处分条例》，这则条例在四库馆一直发挥着重要的作用，保障了《四库全书》的编纂质量，兹附录于下：

一、严核功过，以示劝惩也。查誊录各员缮写之书，陆续交分校官校对，如校出错字，即饬随时补改。并查所错之字，如系照原本讹误者，免其记过；若原本无讹，该誊录粗率误写者，每错一次，记过一次。倘有能将原本讹字看出，签请酌改得当者，每一处记功一次。至分校各员，除校改誊录错误，分所应为，毋庸记功外，若能将原本讹舛应改之处，校正签出，精确得当者，每一处记功一次。校毕后交覆校官校勘，如誊录有错，分校官未得看出，经覆校之员查改者，将原办之分校、誊录各记过一次。若覆校人员能于原本错误处签改切当者，将覆校官记功一次。至校毕送武英殿后，经臣等随意抽查，如见有誊录错字，未经各员校改者，将承办疏忽之覆校、分校、誊录人员，各记过一次。若进呈后，经皇上指出错误，即将覆校、分校、誊录人员加倍记过，并将臣等总裁交部察议。其各书款式、卷篇、次叙，如有舛误，责在总校。若总校官未能看出，经臣等抽查发改及蒙皇上指出查改者，总校之员，过亦如之。若总校官果能查勘无误，每月记功一次。

一、添设功过簿，以专责成也。查办理缮写《四库全书》，向只设有稽核字数考勤簿。今既定以功过，应将覆校、分校、誊录人员，各设功过簿二本。每交书一次，臣等查核填注，一贴武英殿备查，一交本员收执，俾各触目警心，咸知儆勉。至五年期满后，将功过簿详加核对，其应行议叙之誊录人员，除按字数多[寡]工拙酌定等次外，仍将功多过少者，列为上等，功过相抵者，次之，过多功少者，又次之。由臣等公同核定，移咨吏部，分别班次铨

①《纂修四库全书档案》，第228页。

用。其有过无功者，除字画潦草之员，臣等随时甄别沙汰外，如字画尚属端楷，惟错字不能尽免者，尚可留供抄录。但究系有过无功，不得因系出资自效，稍为姑宽，致与有功录叙之人，漫无区别。应就其错字多者，再留誊写二年，错字较少者，再留一年。仍核其留办后，果能尽心奋勉，方准咨部议叙。至覆校、分校各员，与别馆支给公费者不同，似应略示鼓励。如五年后，核其功多过少者为上等，功过相抵者为次等，分别班次，带领引见，恭候皇上酌量加恩。其过多功少者，止须交部，分别加级记录。若有过无功之员，五次以上[者]，留之无益，即行汰回本衙门，另行拣员补换。

一、校出原本错讹更正之处，应附载卷末也。伏见钦定经史刊本，每卷后俱有考证。今缮写《四库全书》，似应仿照其例。查旧有刊本及进到之抄本，其中错误，皆所不免。一经分校、覆校各员校出，自应另载卷末。如仅系笔画之讹，仅载某字讹，某今校改。如有关文义考订者，并略附按语于下。如此，则校办全书，更为精当。臣等亦得就其签改之多少，随时抽查，以便无误。①

尽管四库馆中校对奖惩措施很严密，但由于种种原因，进呈本中仍屡有错误。为提高编纂质量，自乾隆四十二年起，又严加规定，将校错较多的总裁、复校、分校各官均交军机大臣通行查核，以定处罚。乾隆四十二年三月二十四日谕曰：

今日据刘墉奏，昨进《四库全书》内《少阳集》誊写错字，伊未经看出，请交部议处一折，《四库全书》誊写，屡有错误，经朕指出更正者不少，若不定以处分，将来鲁鱼亥豕，累牍连篇，成何事体！但若将奏请处分之人交部，其未经奏请者，转得置身局外，何以得情理之平，著自今年正月起，所有进过书籍讹错之处，交军机大臣通行查核，经朕看出错讹者，其分校、覆校名下错至两次，总裁名下所校错至三次者，均著查明，奏请交部议处。此议处处分原轻，不过示以知愧。既已分阅，可不悉心乎？此后著军机大臣照此每三月一次，查办奏闻。②

乾隆四十二年七月二十三日，为了充分发挥总裁的监督作用，并调动总校、分校等人的校书积极性，乾隆又下谕旨，云：

---

①《纂修四库全书档案》，第 169 – 171 页。

②《纂修四库全书档案》，第 576 页。

督察院、吏部进呈议处校书疏误之《四库全书》总裁等一本,将总裁议以罚俸半年,总校、分校、覆校罚俸一年,固属援照向例,因官秩之崇卑,定处分之轻重,但校勘载籍与部院衙门办事不同。盖部务由各司主稿,而堂官总其成,遇有错误,司官处分自应重于堂官。若校书之事,则总裁与分、覆校各官责成相等,其疏忽致误过失亦同。且分校、覆校、总校等偶或讹舛,尚有总裁等为之勘核,若总裁复掉以轻心,其误竟无由改正。朕于进呈乙览时,信手抽阅,鲁鱼亥豕之讹,不一而足。然皆朕披览所及,其未经阅及者,讹误尚不知凡几。朕搜访遗编,嘉惠天下万世,总裁等理宜悉心校理,以襄右文之治。此而忽不轻意,其过较分校等为重。况充总裁者俱系尚书、侍郎,其平日所得廉俸本属优厚,即罚俸一、二年,尚不至遽形窘乏。若总校、分校、覆校各员,不过翰林、中书等官,伊等常俸之外又无养廉,若将一年之俸罚去,其何以赡给身家,情形未免拮据。至办理《四库全书》,本以兴崇文教,诸臣既司校勘,各宜尽心,乃错误至于累牍连篇,自不得不予以薄惩,俾稍知儆凛。然总计过误二、三次,始行交议,亦不可谓之过严,但庶僚议处转重于大员,于情事未为平允。嗣后总裁应议者,仍令罚俸半年,其总校、覆校、分校各员应议者,止须罚俸三月,即自此次为始。其从前已经议处罚俸一年之总校等官,并著照此例行,庶足以昭公当而示体恤。①

乾隆四十三年三月二十七日又规定,阿哥校书"如有错误,亦应一体查核处分,以昭公当。其应罚之俸,著照尚书例议罚,即于应得分例内坐扣"②,使四库馆中无一人可以例外,进一步加强了制度的执行力度。

四库馆中严格规定记过三次交部议处,促使校对人员更加细心,有利于提高校书质量,但有些分校官为了减少记过次数,校阅速度过慢,以致拖欠字数甚多。乾隆发现馆内积弊后,于乾隆四十四年七月二十六日又谕令:"所有欠课分校各员,其记过三次者,固应交部察议,即记过一、二次者,亦已欠交字数至一、二十万,此等非校阅书籍错误可比,若亦免其积算,则此次汇奏后转得以不及三次幸免处分,必至渐生懈怠,非所以严课程。著即记过一、二次各员交该处存记,于下次汇奏时一并积算,每次俱照此办理。"③这样,四库馆的管理在实践中不断完善,日趋严密。

①《纂修四库全书档案》,第639-640页。

②《纂修四库全书档案》,第806页。

③《纂修四库全书档案》,第1088-1089页。

至续缮三份《四库全书》时，因校对人员不敷，有些校对人员系由生员中选得，故总裁对这些人又作了专门的奖惩措施，据称："如果三部应期全竣，仰恳皇上天恩，钦赐举人，准其一体会试，但不得人吏部举班选用，以碍铨法，亦不许大挑滥邀官职。其有潦草错误者，按季汇送吏部查核，照七品官讨俸之例缴充本馆公用，按年报销，似此劝惩互施，庶期迅速告竣。"①

除这些条例规则外，乾隆皇帝个人的奖惩也很多。如乾隆三十八年八月十二日，谕内阁纪昀、陆锡熊校书勤勉著授为翰林院侍读以示奖励；同年九月二十五日，谕内阁《四库全书》处分纂官翁方纲等分别授为翰林院编修等职。谕旨对馆臣的处罚不但频繁，而且大都很严厉，乾隆三十九年二月二十一日，因《圣祖仁皇帝御制文集》错字未能校出，总裁王际华等俱交部察议；乾隆三十九年十月十一日，谕内阁《四库全书》进呈各书疵谬迭出，总裁蔡新等著交部察议。

通过以上分析可以看出，四库馆的管理制度有以下三个特点：

一是重视管理制度。在修书过程中乾隆皇帝不断谕令总裁制定各种章程，总裁也对制定章程较为重视，根据乾隆的意旨，不断加强馆内各项事务的管理。这些章程条例无疑对编纂《四库全书》起了很重要的作用。

二是管理制度实施的严格性。在馆内任何人都不能例外，无论馆内出什么问题，总裁都要受到处分，如上文提到的黄寿龄丢书事件、誊录长期旷课事件等，总裁都受到交部察议的处分。在馆内职位越高所受处罚越重，同样是校书，总校、复校、分校出错罚俸三个月，而总裁则要罚俸半年。皇子与军机大臣概莫能外。四库馆在制度执行上也能做到长期坚持不懈，特别是《功过处分条例》，每三个月总结一次，从未懈怠，对提高《四库全书》的质量起了极大的促进作用。

三是制度建设的滞后性。虽然四库馆内制定了不少章程条例，但这些章程条例往往是出现问题之后才制定的，未能很好地借鉴历史经验，做到防患于未然。以书籍管理为例，四库馆内所藏书籍很多都是难以寻觅的珍贵典籍，尤其是《永乐大典》本已散失很多，更应妥善保管，不应让馆臣随意拿出馆外，这在历史上并不是无例可寻，明代嘉靖年间抄《永乐大典》时规定"《大典》系秘书，况无副本，催纂收掌官务要督率各馆，当该及校尉稽察官生，不许潜带出外"②。但四库馆臣未能借鉴这一经验，直到出事之后方才亡羊补牢，表现出馆内制度建设的滞后性。此外，四库馆制度建设还与乾隆的关注程度有关，如乾隆对校书之事非常关心，因此，四库馆的校书制度相对完善，但对于书籍的管理，在很长的时间中，乾隆并没有注意到遗失书籍的可能，因此，缺乏严密的制度。最后，

①《纂修四库全书档案》，第1767页。

②许阶：《处理重录大典奏三》，《世经堂集》卷6，《四库全书存目丛书·集部》第79册，第475页。

一直到黄寿龄遗失书籍后,在乾隆斥责下,馆臣才规定不许携书外出。制度建设的进展与乾隆的关注度紧密相关,这也是四库馆制度建设滞后的重要原因。

四库馆作为一个非常设性修书机构,与其他修书机构相比,在管理方法上既有它自身的特点,又具有清代所有修书机构的共性。深入对四库馆管理制度的考察,不仅可以进一步加深对《四库全书》纂修的认识,也有助于我们深化对清朝官方所从事文化活动的认识。

第五章　四库馆内人数与人员设置比例

第一节　总人数与实际在馆人数

一、总人数

在乾隆四十七年(1782年)七月四库馆开列的参与纂修事务馆臣的名单上共列出了360人,然该职名表并不能囊括全部参与《四库全书》的编纂人员,还有许多人因种种原因未能列名。笔者从现存档案中查出在第一份《四库全书》成书之前,还有以下诸人曾参与过四库馆的工作:

副总裁四人

庆桂、张若溎、李友棠[①]、钟音[②]

总阅官四人

①乾隆三十八年闰三月十一日奉上谕:"现在办理《四库全书》,卷册浩繁,必须多派大臣董司其事……庆桂外,并添派张若溎、曹秀先、李友棠为副总裁。"(《纂修四库全书档案》,第73页)庆桂"三十八年闰三月充四库馆副总裁,四月授伊犁参赞大臣"(《清国史》卷17,《庆桂传》,第765页);李友棠"三十八年闰三月充《四库全书》馆副总裁……三十九年提督浙江学政,十月因办理《四库全书》未能悉心校勘,疵谬叠出,敕部察议。四十二年江西海成奏新昌县举人王锡侯妄作《字贯》前载友棠古诗一首。谕曰:'李友棠身为卿贰,乃见此等悖逆之书,尚敢作诗赞美,实属天良已昧',革职"(《清国史》卷17,《李友棠传》,第531页)。

②钟音,原为闽浙总督,曾于任上参与购访遗书事,乾隆四十三年五月二十六日内阁奉上谕:"礼部尚书钟音著充四库全书馆副总裁。"(《纂修四库全书档案》,第834页)同年九月十二日便病故,故未能列入职名表。

钱载[①]、吉梦熊[②]、钱士云[③]、阿肃[④]

纂修官十五人

黎溢海[⑤]、田尹衡[⑥]、刘亨地、金蓉、朱诺、萧芝、左周[⑦]、徐天柱[⑧]、李鎔、图敏、张家驹、王兆泰、陈国玺、陈科鋗[⑨]、林澍蕃[⑩]

缮书处总校七人

刘纯炜[⑪]、吴绍澯[⑫]、杨懋珩、缪琪[⑬]、徐以坤、杨炤、潘有为[⑭]

分校官五十八人

李骏、陈林、施光辂、宋炘、王友亮、王滨、胡予襄、黄昌禔、徐立纲、傅朝、胡士震[⑮]、吕云从、孙梅[⑯]、汪镛[⑰]、叶兰[⑱]、王家宾[⑲]、姚颐、罗万选、杨素

---

①《纂修四库全书档案》,第 1161 页("总阅……钱载……各记过一次。"又见于翁方纲《复初斋文集·附录与程鱼门平钱戴二君议论旧草》卷 7,钱载与戴震在四库馆关于宋学、汉学的争论,详见后文)。

②《纂修四库全书档案》,第 1090 页("吉梦熊著销去记录一次")。

③《纂修四库全书档案》,第 1469 页("总阅……钱士云记过一次")。

④《纂修四库全书档案》,第 1559 页("总阅……阿肃记过三次")。

⑤《纂修四库全书档案》,第 581 页("纂修黄寿龄、黎溢海……")。

⑥《纂修四库全书档案》,第 580 页("纂修中书田尹衡")。

⑦《纂修四库全书档案》,第 76 页("……候补司业刘亨地,编修金蓉……朱诺、萧芝、左周等十员令其作为纂修,分派办理")。

⑧司马朝军:《〈四库全书总目〉研究》,第 372 页。

⑨《纂修四库全书档案》,第 383 页("李鎔俱著授为编修……图敏……张家驹……著授为检讨,王兆泰、陈国玺、陈科鋗,俱著以部属用。此次因办理《四库全书》,需员纂校,是以散馆人数较上次少,而留馆者转多")。

⑩朱筠《编修林君墓志铭》云:"癸巳冬,筠罢使还,入为翰林,君先已授职,同在馆中,载酒相从问字甚乐。"(《笥河文集》卷 11,《丛书集成初编》,第 221 页)乾隆癸巳年为乾隆三十八年,是年《四库全书》纂修刚刚开始,林澍蕃已入馆,据此推知应为纂修馆。

⑪《纂修四库全书档案》,第 485 页(乾隆四十年十一月二十一日,谕内阁准刘纯炜在四库全书馆总校上行走)。

⑫《纂修四库全书档案》,第 635 页("查有进士候补中书吴绍澯……充为总校")。

⑬《纂修四库全书档案》,第 1120 页("总校……杨懋珩记过二十七次……缪琪记过十一次")。

⑭《纂修四库全书档案》,第 1559 页("总校……徐以坤记过四十四次……杨炤记过三十七次……潘有为记过五次")。

⑮《纂修四库全书档案》,第 75 页("于职事稍闲及候补之各京官内添派……李骏……陈林、施光辂……宋炘……王友亮……王滨……胡予襄、黄昌禔、徐立纲……傅朝……胡士震等三十二员,分司校对")。

⑯《纂修四库全书档案》,第 202 页("查本衙门咨送进士中书……吕云从、孙梅等六员均在四库全书馆校对")。

⑰《纂修四库全书档案》,第 580 页("覆校编修汪镛……记过二次")。

⑱《纂修四库全书档案》,第 592 页("分校官中书叶兰……罚俸一年")。

⑲《纂修四库全书档案》,第 631 页("分校……王家宾……错误俱各止一次")。

楠、蒋宽、吴甸华[①]、刘光第、张虎拜[②]、周厚辕[③]、潘庭筠、朱炘、汤垣[④]、曹锡龄[⑤]、嵇承志[⑥]、朱忻、程琰、康仪钧[⑦]、王锺泰、孙溶[⑧]、谷际岐[⑨]、王嘉宾、秦泉、张焘[⑩]、高中[⑪]、章宗瀛[⑫]、陈初哲、王彝宪、潘曾起、陆湘、蔡必昌[⑬]、苏青鳌、缪晋[⑭]、吴锡龄[⑮]、翁树棠[⑯]、富炎泰[⑰]、李镕、周原辕[⑱]、朱文震[⑲]、张运暹、陈梦元、郑爔、李光云、朱依鲁[⑳]

收掌官二人

敏图[㉑]、德克进[㉒]

监造官一人

永善[㉓]

以上共计91人,在第一份《四库全书》成书之前都或多或少参加过四库馆

---

①《纂修四库全书档案》,第729页("……复阅姚颐名下,或记过二次……分校……罗万选、杨素楠、蒋宽、吴甸华……借误俱各止一次")。

②《纂修四库全书档案》,第770页("覆校官博士刘光第记过三次,中书张虎拜……记过八次")。

③《纂修四库全书档案》,第812页("周厚辕……各记过一次")。

④《纂修四库全书档案》,第929页("分校……潘庭筠……朱炘……汤垣……各记过一次")。

⑤《纂修四库全书档案》,第1049页("曹锡龄著加二级")。

⑥《纂修四库全书档案》,第1064页("分校官嵇承志各记过一次")。

⑦《纂修四库全书档案》,第1111页("分校朱忻记过六次,程琰记过三次……康仪钧……各记过一次")。

⑧《纂修四库全书档案》,第1146页("分校官……王锺泰……记过四次……孙溶……记过二次")。

⑨《纂修四库全书档案》,第1152页("分校中派出……谷际岐四员")。

⑩《纂修四库全书档案》,第1161页("分校王嘉宾记过十六次……秦泉……张焘……记过二次")。

⑪《纂修四库全书档案》,第1198页("分校官高中记过六次")。

⑫《纂修四库全书档案》,第1220页("分校……章宗瀛……记过二次")。

⑬《纂修四库全书档案》,第1254页("分校……各记过十四次…… 陈初哲……各记过十二次……王彝宪……各记过六次……潘曾起……陆湘……各记过四次……蔡必昌……各记过二次")。

⑭《纂修四库全书档案》,第1389页("……苏青鳌、缪晋……各罚俸三个月")。

⑮《纂修四库全书档案》,第1423页("分校官吴锡龄记过六次")。

⑯《纂修四库全书档案》,第1424页("分校官翁树棠记过二次")。

⑰《纂修四库全书档案》,第1459页("其……富炎泰……")。

⑱《纂修四库全书档案》,第1462页("一等二十八员……李镕……二等四十二员……周原辕")。据司马朝军研究秦泉、周辕厚、苏青鳌还参加了《永乐大典》的辑佚,参见司马朝军的《〈四库全书总目〉研究》,第372页。因此,他们也应该是纂修官,《永乐大典》辑佚完毕,又参加了校勘工作。

⑲"会开四库全书馆需善校篆隶之员,奏授京员得詹事府主簿",冯金伯:《国朝画识》卷12,《朱文震》,清道光间刻本。

⑳《四库全书荟要职名表》。

㉑《纂修四库全书档案》,第231页("……翰林院孔目敏图……罚俸六个月")。

㉒《纂修四库全书档案》,第236页("该班收掌翰林院典簿德克进……")。

㉓《纂修四库全书档案》,第76页(所有办绢板、纸片、界画、装潢及饭食各项事宜,派武英殿员外郎刘惇[疑就为刘淳,见职名表]、永善经管总办)。

的工作。按清代修书惯例，“凡与纂诸臣，至告竣时，已出馆局者，仍许列衔”①。以上人员不能列入职名表的原因大约有三：一是因受处分而不能列入，如李友棠等即为此类；二是在馆时间短、职位较低、所做工作不多，因四库馆中人员庞杂，在开列职名表时被遗忘；三是一些人主要从事《四库全书荟要》的纂修工作，在《四库全书荟要》前所列的职名表中已出现，故在《四库全书总目》前的职名表中没有，如上文所列人员中陈初哲、胡士震等人，均见于《四库全书荟要》前所列的职名表中。

第一份《四库全书》完成后，又有许多人员参与了四库馆的工作，此时，《四库全书总目》虽然已经完成，但仍有校对、毁改等任务，这些人也为《四库全书》的编纂做出了不小贡献，但因入馆晚于开列职名表时间，未能列入。笔者从档案中辑出112人，曾参与过四库馆的工作（至缮善三份《四库全书》完竣）。

总校官三人

叶佩荪、章维桓、程嘉谟②

分校官四十人

李亦畴③、邵志望、刘天宠④、江涟、刘汝誉、甘立猷⑤、吴冀成⑥、徐准⑦、秦瀛煦⑧、潘鲁起⑨、雷震⑩、祁韵士、郭在逵⑪、陈本、许兆棠⑫、周炎⑬、李传燮、单可基⑭、陈煦、张谦泰、刘坚、刘堪、祝孝承、梁宝绳、胡纪勋、何天衢、席世臣、蔡本俊、戴鍌、童潜、朱文鼎、王绶长、蒋和、胡又兰、汪农、马惠、刘淇、

①《清会典事例》卷1049，《翰林院七·职掌》，第505页。

②《纂修四库全书档案》，第1792－1793页（“查有总校叶佩荪记过二百八十一次，章维桓记过二百七十五次，程嘉谟记过一百三十三次”）。

③《纂修四库全书档案》，第1671页（“分校……李亦畴……各记过十四次”）。

④《纂修四库全书档案》，第1701页（“邵志望，浙江举人……现充四库馆分校……刘天宠，陕西进士……现充四库馆分校”）。

⑤《纂修四库全书档案》，第1712页（“分校……江涟……刘汝誉各记过四次……甘立猷……各记过二次”）。

⑥《纂修四加全书档案》，第1755页（“……吴冀成各记过六次”）。

⑦《纂修四库全书档案》，第1800页（“……徐准……俱著于补官日罚俸六个月”）。

⑧《纂修四库全书档案》，第1813页（“……秦瀛煦……各记过二次”）。

⑨《纂修四库全书档案》，第1725页（“应将……编修今授贵州学政潘鲁起”）。

⑩《纂修四库全书档案》，第1728页（“雷震记过四十次”）。

⑪《纂修四库全书档案》，第1755页（“分校……祁韵士各记过八次……郭在逵……各记过二次”）。

⑫《纂修四库全书档案》，第1770页（“分校……陈本……许兆棠……各记过四次”）。

⑬《纂修四库全书档案》，第1793页（“分校……周炎……各记过二次”）。

⑭《纂修四库全书档案》，第1813页（“校录李传燮、单可基各记过二次”）。

郑槐、梁承云①、叶绍棰②

提调官七人

吴敬舆、恭泰、徐鉴、阿林、刘坤、苏保③、陆伯焜④

督催官八人

福升、德元、通源、长庆、福勒浑、常仪、六十八、松庆⑤

收掌官、监造官共二十三人

舒宁、明启、观成、倭生额、常宁、福克精额、苏楞额、长闹、依清阿、伊常阿、栢唐阿诚明、富森布、奇明、舒和兴、梁海福、王海福⑥、叶恩纶、周锡、鸣清、恒诚、良禧、达庆、谢扬镇⑦

缮签官三十一人

罗锦森、王锡奎、王鹏、金应琛、胡钰、吴鼎飏、孙衡、虞衡宝、平远、徐志晋、张经田、汪人宪、金芝源、陈昶、施源、陈景良、韦协梦、张坤、吴慕增、裘增寿、张廷召、张中正、龚协、冯桂芬、李晋塀、钱开仕、冯晟、怀沅、谢恭铭、谢文荣、田文瑄⑧

除以上人员,《四库全书》中算法类书籍曾送交钦天监校阅,医学类书籍送交太医院校阅,这些人没有在职名表中列名,档案中也无记载。此外,还有一些

①《纂修四库全书档案》,第1987页(将贡生陈煦、张谦泰,生员刘坚、刘堪、祝孝承、梁宝绳、胡纪勋、何天衢、席世臣,监生蔡本俊、戴埜、谢扬镇[又做收掌官]、童潜、朱文鼎、王绥长、蒋和、胡又兰、汪农、马惪、刘淇、郑槐、梁承云等二十二名)。

②《纂修四库全书档案》,第1852页("举人叶绍棰接办三千余册,共一万余册")。

③《纂修四库全书档案》,第1703页("臣等谨公同选派编修吴敬舆……检讨恭泰、徐鉴、庶吉士阿林、郎中刘坤,七品小京官苏保八员充作提调")。

④《纂修四库全书档案》,第1853页("又办理处提调……陆伯焜……")。

⑤《纂修四库全书档案》,第1703页("员外郎福升、德元、通源、长庆,主事福勒浑、常仪、六十八、松庆八员充作督催")。

⑥《纂修四库全书档案》,第1853页("收掌笔帖式舒宁、明启、观成、倭生额、常宁五员,均应照例各予加级。其督催、监造、收掌等官……郎中福克精额、苏楞额,员外郎长闹、依清阿……六品主事伊常阿……栢唐阿诚明,共十一员,列为一等……郎中富森布、奇明……库掌舒和兴、梁海福、王海福……列为二等")。

⑦《纂修四库全书档案》,第1703页("中书科中书叶恩纶、周锡,候补助教鸣清、候补笔帖式恒诚、良禧、候补小京官达庆、候选主簿谢扬镇八员,充作收掌")。

⑧《纂修四库全书档案》,第1867-1868页("选派缮签处费振勋[费振勋已见文]、罗锦森、王锡奎、王鹏、金应琛、胡钰、吴鼎飏、孙衡、虞衡宝等九员,悉心办理。……至专司缮签之进士平远、徐志晋、张经田三员,举人汪人宪、叶绍棰[见前文]、金芝源三员,承办四分书签、匣签,行走尤属勤勉,请亦以内阁中书用。此外,举人陈昶等十八员,行走亦俱属奋勉……臣等公同选得陈昶、施源、陈景良、韦协梦、张坤、吴慕增、裘增寿等七员,请以知县选用,举人张廷召、张中正、龚协、冯桂芬、李晋塀、钱开仕、冯晟、怀沅、谢恭铭、谢文荣、田文瑄等十一员,请以八品小京官选用")。

无官职的学者也参与了纂修工作，如清代著名学者丁杰与翁方纲等人相友好，曾在馆外参与编纂事，钱大昭年轻时游至京师，曾代人校书，总校官侍朝“延客校书，几二十辈”①。可见，当时还有许多有识之士都或多或少参与了编纂之事，他们对《四库全书》的纂修也做出了很大的贡献。② 这些人是我们无法统计的。

除编纂人员外，四库馆中还有众多的誊录、供事、杂役等。四库馆中的誊录人数，据档案载“自乾隆四十三年起至五十年春季止，前后共议叙一等誊录一千五百八十四名，二等誊录一百四十三名，内有加课一百万改为一等者四名，年限未满、中式捐纳得官给予加级者六十二名，功课已足，未经到馆议叙移付翰林院咨部存案者六十七名，外有缘事离馆、因事革退未经议叙者七百六十名，记过誊录二百二十五名”③，共计 2841 名。后续缮三份《四库全书》时，又雇用书手千余人。从缮写第一份《四库全书》始，至续缮三份《四库全书》完竣，仅誊录一项，约有四千名。关于供事的人数，据永瑢等奏“查四库全书处供事一项，上年初办时，翰林院设供事二十名，武英殿缮写处设供事十二名，《荟要》处设供事四名。聚珍版处设供事十二名，俱以次奏请荷蒙允准在案。但设立之初，止就当时应用酌量定额，未及通盘筹计，迨行之既久，实有未敷。如翰林院办书，自总裁以下官至七十馀员，各有所司之事，皆需供事供役。又《永乐大典》而外，各省送到遗书甚多，一切登记、搬贮、收发等件，分派承管，头绪纷繁，实非二十人所能了事，是以臣等于上年七月内，募选额外供事二十七名，帮助办理。又武英殿及荟要处共誊录六百馀名，校阅各官七十馀员，所有收发书籍，综核字数，登记各种档案，日久益繁，近又添有额外誊录，人数愈多，前设供事十六名仍不敷分办，臣王际华亦节次募选额外供事十三名应役。又聚珍版处刊刻木字数十万，检查排版，换篇归类，头绪更繁，现有供事亦不敷使用，臣金简亦募选额外供事

①章学诚:《庚辛之间亡友列传》,《章学诚遗书》卷 19,第 190 页。

②由于种种原因，当时许多知名学者未能直接参与《四库全书》的纂修，而是在馆外协助馆臣撰写提要或校勘书籍，这对《四库全书》编纂起了一定的推动作用，特别是，对于提高纂修官提要初稿的质量功不可没。但另一方面，我们也不能过高估计这些馆外学者的作用，首先，馆外学者利用馆内书籍不便，开馆之初，书籍可供外借，这些人可以尽可能发挥自己的作用，但后来馆中禁止书籍外借后，馆外助校者的作用恐大打折扣。其次，馆外学者阅四库馆内书籍目的不在于修《四库全书》，不少学者是对馆中罕见书籍感兴趣，为提高自身学问，而协同馆臣纂修私书。如翁方纲云:“尝相约补正秀水朱氏《经义考》序尾年月，竹垞此书纲领闳富，有资援据，所载序跋多删去末行年月，此钞胥意在省便，致使作者先后次序无所按据，予时在四库馆日钞数条，归以语君，君亦博采见闻以相证合，惜其未能竟功。”(《复初斋文集》卷 12,《丁小疋传》，第 471 页）此处应是指四库馆禁止将书籍带出馆外后，翁方纲只能在馆中抄出数条，与丁杰协商，但毕竟多有不便，最终只能半途而废。翁方纲与丁杰的私下修书完全是根据自己的学术爱好，与四库修书无涉。

③《纂修四库全书档案》，第 1928 – 1929 页。

十二名协同帮办"[1]。此折上奏于乾隆三十九年十二月初四日,当时,四库馆内正式供事48名,额外供事52名,共计100名。随着编纂事务的日益繁重,供事人员仍不敷使用,乾隆四十二年七月十一日,于敏中上奏云:"今历年办理书册日多,一切核计字数、登记档案、搬贮收发事务,倍繁于前,所有现在供事,实不敷差遣。今又办理《荟要》,次分头绪益多,尤难兼顾。臣等节次募选效力供事十数名,自备资斧,协同帮办,逐日供役,与额内无异……"[2]乾隆五十年正月二十三日,前四份《四库全书》缮校均已竣工,总裁奏:"议叙已未满供事三十三名,额缺供事三十七名、取结供事三十九名……又效力供事三十八名……"[3]从最后议叙来看,四库馆供事147人。实际上,还有些中途离馆者,总人数可能还不止此。此外,续缮三份《四库全书》时,总裁上奏:"现办二、三、四分《四库全书》,所有承办官员各有专司,断难兼顾。今添写三分,应另派提调八员,分管经、史、子集四部,每部各二员,以专责成。至收发记档及搬运书籍,分发纸张,头绪繁多,均须供事承管,应添设供事四十八名,于各部帖写书办中挑取,户部十名,刑部十名,其馀四部,每部五名,又于翰林院考取供事内挑取八名……"[4]加上前面提到147名供事,前后在四库馆担任过供事者,至少在200人以上。其他杂役人等,由于档案中没有记载,已无法统计。大致上说,四库馆总参与人数应将近五千人。

二、实际日常在馆人数

四库馆自乾隆三十八年二月辑《永乐大典》开始,闰三月,因纂修范围扩展至各省送到遗书以及内府藏书,规模扩大,人数增多,正式建起完整的修书机构,至乾隆五十二年四月续缮三份《四库全书》同时完成,前后共历时十四年余。期间编纂人员出入换补频繁,前四份《四库全书》缮写时,誊录也是五年一换,因此,四库馆中日常实际在馆人数与总人数有很大的差距。从现存档案总裁上奏人数情况,及赏四库馆物品时的人数名单,我们可以略窥实际在馆人数。

据总裁乾隆三十九年十二月初四日上奏称,"翰林院办书,自总裁以下官至七十馀员……又武英殿及荟要处共謄录六百馀名,校阅各官七十馀员"[5]。则四库馆当时实际在馆编纂者,包括武英殿在内,纂修及校阅各官共约一百五十人。

乾隆四十二年十月二十七日,军机大臣拟赏四库全书馆哈密瓜人员名单:

①《纂修四库全书档案》,第305-306页。

②《纂修四库全书档案》,第633-634页。

③《纂修四库全书档案》,第1854页。

④《纂修四库全书档案》,第1615-1616页。

⑤《纂修四库全书档案》,第305页。

"查四库全书总裁共十员,除臣等军机处行走及懋勤殿行走者著已蒙恩特赏外,徐总裁四员,酌拟每员赏瓜一圆。英廉、程景伊、嵇璜、钱汝诚,拟共赏四圆。总纂三员,拟共赏二圆。提调十二员,拟共赏四圆。总校九员,拟共赏三圆。纂修、分校及排校聚珍版之翰林、中书等官共一百二十八员,拟共赏三十圆。"①根据此份赏赐名单,实际在馆馆臣约162人,与乾隆三十九年十二月初四日相比,人数稍为增多,正反映了四库馆规模因修书的需要,人员不断增添的事实。

乾隆四十四年十月二十七日,军机大臣拟赏四库全书馆哈密瓜人员名单:"总裁十员,除臣等军机处行走及懋勤殿行走者著已蒙恩特赏外,徐总裁四员,酌拟每员赏瓜一圆。英廉、程景伊、嵇璜、金简,拟共赏四圆。总阅十员,除在懋勤殿行走及上书房行走者已蒙恩特赏外,徐总阅一员,酌拟赏瓜一圆,窦光鼐拟赏瓜一圆。总纂三员,拟共赏二圆。提调十员,拟共赏四圆。总校十一员,拟共赏三圆。纂修、分校及排校聚珍版并对音、缮签、督催等官,共一百四十五员,拟共赏十六圆。"②此次赏赐名单中,四库馆臣共计189人,其他人员较前变化不大,唯增设了总阅官,纂修官及分校人员略有增添。根据修书进程推断,其实,应是分校和总校人员增多,总阅官的添设与校对官的增多,正反映了四库馆校对工作的艰巨。

乾隆四十四年十一月十八日,军机大臣拟赏四库全书处人员果单:"总裁四员,除臣等及在懋勤殿行走者,已蒙恩特赏外,徐总裁四员,酌拟各赏苹果四个、圆果三个、石榴五个。英廉、程景伊、嵇璜、金简。总阅十一员,除在懋勤殿行走者已蒙恩特赏外,徐总阅十一员,拟每员各赏苹果四个、圆果三个、石榴五个。谢墉、周煌、达椿、钱载、胡高望、窦光鼐、李汪度、朱珪、倪承宽、吉梦熊。总纂三员,拟共赏苹果三个、圆果三个、石榴十二个。提调十员,拟共赏苹果十个、圆果十个、石榴二十一个。总校十一员,拟共赏苹果十一个、圆果十一个、石榴二十四个。纂修、分校及排校聚珍版、对音、缮签、督催等官共一百四十八员,拟共赏苹果五十一个、圆果三十个、石榴六十七个。"③此次赏赐时间距上次赏赐不足一个月,四库馆又增添4名馆臣,共计193人,这时实际在馆馆臣已达到顶峰,说明此时正是《四库全书》编纂最为紧张的时期。

乾隆四十四年十二月二十四日,军机大臣拟赏四库全书处人员果单:"总裁四员,除臣等军机处行走及在懋勤殿行走者,已蒙恩赏外,徐总裁四员,拟赏二桶。程景伊、英廉、嵇璜、金简。总阅一员,总纂三员。查总阅十一员,除在尚书

①《纂修四库全书档案》,第745页。

②《纂修四库全书档案》,第1116-1117页。

③《纂修四库全书档案》,第1127-1128页。

房、懋勤殿行走者已蒙恩赏外，馀惟窦光鼐一员，同总纂三员，拟共赏一桶。提调十一员，拟共赏二桶。总校十一员，拟共赏二桶。纂修、分校及排校聚珍版对音、缮签、督催等官共一百四十一员，拟共赏八桶。"①此次赏赐距上次仅一个多月，共计实际在馆馆臣为187人。

乾隆四十五年十一月初二日，军机大臣拟赏四库全书馆哈密瓜人员名单："总裁十员，除臣等在军机处行走及懋勤殿行走者，已蒙恩特赏外，馀总裁三员，酌拟每员赏瓜一圆。英廉、嵇璜、金简，拟共赏三圆。总纂四员，拟赏二圆。提调十一员，拟赏二圆。总校八员，拟赏一圆。纂修、分校及排校聚珍板并对音、缮签、督催等官共一百五十三员，拟共赏十二圆。"②这是《纂修四库全书档案》中所见最后一次普赏四库馆臣的名单，名单中已没有总阅官，因校对进入最后攻坚阶段，校对人员又有略有增添，但变化并不太大，总计人数为186人。

为了更加清楚日常实际在馆情况，将上述总裁上奏人员情况及乾隆赏赐馆臣物品名单情况总结如表5－1：

表5－1　四库馆日常在馆馆臣数统计表

时间	总裁	总阅	总纂	提调	总校	纂修及分校等	合计
乾隆三十九年十二月初四日							约150
乾隆四十二年十月二十七日	10	无	3	12	9	128	162
乾隆四十四年十月二十七日	10	10	3	10	11	145	189
乾隆四十四年十一月十八日	10	11	3	10	11	148	193
乾隆四十四年十二月二十四日	10	11	3	11	11	141	187
乾隆四十五年十一月初二日	10	无	4③	11	8	153	186

①《纂修四库全书档案》，第1140－1141页。

②《纂修四库全书档案》，第1227页。

③四库馆总纂一般应是两人，即纪昀与陆锡熊。其他曾任总纂者还有两人，王太岳于乾隆四十二年三月十二日被任命为总纂，同年五月二十一日，改派校《明史》，这几次赏物品中不会将王太岳列为总纂。孙士毅于乾隆四十五年五月十九日被任命为总纂，乾隆谕曰："孙士毅前在云南巡抚任内，不能参劾李侍尧，革职发往伊犁，固属咎所应得。但与本身获谴者究属有间，且其学问亦优，著加恩免其发往伊犁，令在四库全书处自备资斧效力赎罪，与纪昀、陆锡熊同办总纂事务，以赎前愆。"（《纂修四库全书档案》，第1163页）因此，前四次赏物品名单中总纂不包括孙士毅。在乾隆四十五年十一月初二日赏物品时，孙士毅入四库馆五个多月，此次总纂则包括孙士毅在内，故多出一人。那么前四次总纂本应两人，为何军机大臣称为三人呢？据笔者推断，除纪昀、陆锡熊外，还应包括陆费墀。陆费墀虽为总校，但他与其他总校并不一样，不仅在馆中职位较高，而且其职责不在校书，而在于总管书籍的收发、查看篇页及装潢等，在赏物品时，陆费墀多与纪昀、陆锡熊同等，军机大臣为统计方便也并不严格区分职务，故将陆费墀与纪昀、陆锡熊同列。其实，在其他赏赐物品时，陆费墀与纪昀、陆锡熊也多是一起并称，如乾隆四十三年二月二十九日，乾隆谕曰："至陆费墀、陆锡熊、纪昀，虽均已加恩擢用，但纂办各书，均为出力，着赏给缎匹、荷包、笔、墨、纸、砚，以示奖励。"（《纂修四库全书档案》，第785页）同日，军机大臣进呈拟赏《四库全书》总纂等员物品单称："拟赏总纂三员各一分：大卷缎二匹，小卷缎二匹，大荷包二对，小荷包二对，绢笺八张"（《纂修四库全书档案》，第786页），由此可看出，无论是乾隆皇帝，还是军机大臣均将陆费墀视为总纂。因此，赏物品名单中总纂三员，即纪昀、陆锡熊、陆费墀。四员，即纪昀、陆锡熊、孙士毅、陆费墀。

依表5－1看，四库馆中日常实际在馆馆臣，包括纂修《四库全书》处、《四库全书荟要》处及武英殿排版人员等共约180人，最多达193人。也就是说，除乾隆三十九年开馆之初馆臣约150人，人数较少外，四库馆内日常实际在馆编纂人员约180人。

前四份《四库全书》的缮写，誊录系五年一换，因此，日常实际在馆的誊录与总的誊录人数有很大的差距，以乾隆四十二年为例，据大学士舒赫德奏称："馆中謄录七百馀人。"[①]同年七月二十五日，乾隆谕称："办理《四库全书》并《荟要》二处所用謄录计六百余名。"[②]也就是说，日常实际在馆誊录在600至700间。前文已分析，日常在馆供事约百人，这样，总起来看，四库馆日常实际在馆人数，上至总裁下至供事，共计900余人。由此可看出，四库馆日常实际在馆人数与总参与人数差距相当大。

还应该注意的是，在180多位馆臣中，总裁多有其他行政事务，并不能全力办理馆务，有些总裁若随皇帝外出，则长时期内不能到馆，因此，总裁虽有10名，但真正具体负责编纂者寥寥无几。其他馆臣也并非全为专职编纂，如分校官郭炸炽虽为四库馆分校官，但仍负责太常寺事务，据《多罗质郡王永瑢等奏请郭炸炽在额外校对上效力行走折》称："据四库全书处分校，原任太常寺典簿郭炸炽呈称：'窃炽于乾隆三十八闰三月充全书处分校，现于太常寺典簿任内，因地坛神座擦污，未经预先看出，部议革职……'臣等谨查郭炸炽自奏派分校以来，尚知勤勉，校对书籍，亦颇留心。兹于太常寺典簿任内，缘事部议革职，固属咎所应得，但该员在馆行走三年，校对颇称熟手，工课亦并无贻误。"[③]据此可知，编纂人员一些系专职纂修，如纪昀、陆锡熊、戴震、周永年等人，也有些系兼职，在编纂《四库全书》同时，还负责其他事务。故四库馆内，日常实际在馆的180余人，也并非全部专职人员，还包括兼职人员在内。因此，就此180余人来说，无法全力以赴做四库馆的事务，其编纂精力也要大打折扣。

在以往的研究中，人们在述及《四库全书》的编纂时，很容易指出参与编纂的优秀学者300多人，总参与人数达4000之多。这就很容易使人产生这样的疑问：如此众多的人员，用十余年时间修的这部丛书，为何存在着许多不足之处，以至于从《四库全书》问世起，人们便开始了对《四库全书总目》纠谬、补正

①《纂修四库全书档案》，第486页。

②《纂修四库全书档案》，第641页。

③《纂修四库全书档案》，第418页。

的工作呢?[①] 实际上,所谓300多人,是指四库馆十余年间前后参与其事的总人数,这与日常实际在馆人数存在着很大的差距,在纂修过程中真正在馆撰写提要的人数并没有我们想象的那么多。由于人数少、任务重,再加上人员设置比例上的问题(下文将详细论述),出现一些错误也就在所难免了。从人数问题探寻《四库全书》的失误之处,是我们考察四库馆内总人数与实际在馆人数的意义所在。

第二节　编纂者与誊录人数比例及影响[②]

从事任何一项大的工程,各种工作人员的比例必须协调,工作才能做到有条不紊,使速度和质量都有保障。纂修《四库全书》是一项史无前例的巨大文化工程,馆内图书之繁富,参与人员之多,经历时间之长在中外古代史上都是少见的。然而遗憾的是,四库馆内人员比例却存在着严重的问题,以至于给《四库全书》的编纂带来不少问题。我们试将四库馆内人员设置情况与我国明代编纂的古代最大的类书《永乐大典》作一简单对比,其中的问题就会显现出来。从四库馆内日常实际在馆人数看,编纂人员以180人计,誊录人数以600人计,两者比例为1∶3.3。明代编纂《永乐大典》的情况,据《明太宗实录》云:"赐广孝等二千一百六十九人钞有差。"[③]又据孙承泽《春明梦余录》记载,编纂《永乐大典》:"正总裁三人,副总裁二十五人,纂修三百四十七人,催纂五人,编写三百三十二人,看详五十七人,誊写一千三百八十一人,续送教授十人,办事官吏二十人,凡二千一百八十人。"[④]这些数字虽不一定准确无误,但两条记录比较,出入并不太大,数字基本可信。按孙承泽的说法,参与编纂者799人,而誊录为1381人,比例约为1∶1.8。

那么是不是因为《永乐大典》编纂任务更为繁重,致使纂修人员较多呢?我们再比较一下《四库全书》的编纂与《永乐大典》编纂任务的轻重。

首先,《永乐大典》的编纂是从各种书籍中查出不同类目,分类抄写汇编,任务较单纯,《四库全书》的编纂则不同,四库馆臣最初的任务是要从残存的《永乐

---

①对《四库全书总目》纠谬、补正的学者和著作很多,主要有余嘉锡的《四库提要辨证》,对《四库全书总目》近500种提要进行考证;胡玉缙的《四库全书总目提要补正》,补正提要近3300多种。此外,还有李裕民的《四库提要订误》、杜泽逊的《四库提要举正》等。

②刘辰在《〈四库全书〉的校对》(《编辑之友》2000年5月)一文中,已经指出"誊校失调"。实际上,由于急于成书,四库馆中不仅校对人员与誊录失调,纂修人员与誊录的比例也很不协调。

③《明太宗实录》卷73,"永乐五年十一月乙丑"条,中央研究院历史语言研究所1962年。

④孙承泽:《春明梦余录》卷12,《笔记小说大观》影印本,台北新兴书局有限公司1983年。

大典》中辑出佚书。辑佚书,首先要判断该书是否已佚,而且辑佚过程中,还要参考其他众多书籍准确辑出,并能正确地将散存的片断黏合在一起,以恢复该书原貌。辑佚工作本身就是一项沉重而艰巨的任务,四库馆臣除辑佚外,还要撰写提要,这是较《永乐大典》增多的任务,而撰写提要就需要对该书有较全面系统的了解,看起来是一篇数百字短小的文字,但撰写好的提要是非常困难的任务。同样,办理各省送到书籍,也要从众多的书籍中挑选取舍,对不同的版本要校勘核定,并撰写提要。仅从纂修书籍来讲,《四为全书》之纂修任务并不亚于《永乐大典》。

其次,四库馆臣除了纂修《四库全书》以及《四库全书总目》外,还纂修了《四库全书考证》,并编成《四库全书荟要》,又刊刻《武英殿聚珍版丛书》,这些都是规模较大的编纂刊刻活动。

再次,馆臣不但承担着沉重的编纂书籍任务,而且还肩负禁毁、挖改书籍的重担。乾隆皇帝对毁改书籍极为重视,馆臣在编纂过程中一不小心就会因毁改不当受到乾隆皇帝的严厉处分。因此,他们在编纂《四库全书》的同时,对毁改书籍极为用心,这就分散了馆臣很大一部分精力,使编纂人员的研究磨勘又大打折扣,致使四库馆纂修人员更加不足以应付编纂任务。

通过以上比较,明显可以看出,《四库全书》的编纂较之《永乐大典》任务要重,四库馆相比《永乐大典》纂修机构,应是纂修人员多、誊录少,才符合编纂法则,但事实却恰恰相反。导致四库馆内誊录过多,主要是由于馆臣因急于抄写完毕,于是大规模招募誊录,而誊录一旦与编纂人员不协调,便会问题丛生。

首先,四库馆内人员比例失衡,给纂修工作带来不良后果。因纂修官校阅书籍难易不一,因此进展也不同,誊录一旦超过一定数量,纂出之书不敷誊录抄写,为了不使誊录抄写停顿,纂修官有时只得草率地将书交于誊录抄写,而无暇细心研磨。总纂官纪昀曾就禁毁书失误原因总结说,当初"因謄录急待领写,不能从容磨勘"①,这虽然是针对禁毁书而言,却反映了馆内誊录过多的事实。由于誊录急于誊写,使纂修官在书籍辑佚、校阅等方面过于草率。如对辑佚《永乐大典》,总裁不顾辑佚工作的艰巨性,不问书籍辑佚的难易,一味求速。在办理约一年后,总裁官于敏中称:"《永乐大典》办已年余,当有就绪,若初次所分,至今未能办得,亦觉太迟。"②在这种情况下,许多纂修官仅选内容集中、易获成效的书籍辑佚,而且所辑佚书许多只是根据《永乐大典》加以排比,未能征引其他书籍,给辑佚工作带来很大遗憾,郭伯恭评论辑轶《永乐大典》说:"以《大典》卷

①《纂修四库全书档案》,第2024页。

②于敏中:《于文襄手札》。

帙之浩繁，辑录散片，凑和成书，其难殆如集腋成裘，而督促若此，期欲速成，则所辑出之书，谓为不草率，无遗漏，其谁信之？”①再就办理各省送到书籍来说，书籍来源不一，卷帙浩繁，头绪纷杂，纂修官不但要鉴定版本、辨伪考证、撰写提要等，还兼负清理违碍书籍的任务，因而工作也是相当繁重。但总裁却要求纂修官每月至少阅看一百本，甚至一百六七十本，若不及百本，便觉得过于迟缓，“如此办法，告成无期”，“倘蒙（皇上）询及，将何以对？愚（指总裁于敏中）实惶悚之至！”②再加上受其他因素的影响，《四库全书》所收入进呈书籍，在校勘和考证等方面存在着不少缺陷。又如《热河志》是在纂修全书的同时，乾隆皇帝谕令新修的一部方志书。该书在纂修过程中，纂修官为了进一步做实际调查，“欲查各处行宫间架方向”，而于敏中则称：“惟所查各处行宫间架方向，新旧俱有，愚意窃谓可以不必此时，若细查间架方向，非亲履其地不能真灼，热河一处已不能，难一一身经目睹，他处更势有不能。况旧纂之书并未繁琐及此，何必为此费力不讨好之事。若如来单所云，细加查核，则此志书不但今年不完，即明年亦未能竟其役，且恐去成之日遥遥，莫必无此办法也。况原来谕旨，改正原稿，本因古今疆域不合，及对音字面不准，此时惟当住力于此，庶可早完，若欲节外生枝，徒自苦而无益，切勿误办也。”③陈垣对此评论说：“盖欲急于成书，不暇求备。全四库书率如此，不独一《热河志》为然。统观诸札（指《于文襄公手札》），办书要旨：第一求速，故不能不草率……”④由此可看出，有时纂修官草率纂书，并不一定是纂修官虚应官事不负责任，其中也有馆内人员设置比例失调、总裁极力督促的因素。

其次，四库馆中纂修、校对人员与誊录人数比例严重失衡给全书的校勘带来不良的后果。

一方面，由于馆内誊录人数过多，导致馆内书写底本不足以分配，为了不影响编纂进度，馆臣竟准许誊录自行捐书缮写，据陆费墀称：“捐书一事，因底本不敷发缮，而各誊录意图课额盈馀，可得优等议叙，自愿赶紧缮写。无如官书每经各处校阅，不能多领，所以乐于捐办。”⑤这些书籍都没有经过纂修官校阅，良莠混杂，许多与已校书籍版本不一，誊录私自拿来缮写，给以后的校勘增加了很大困难。另一方面，誊录人数增多，抄写虽然加速，但校对人员的压力也随之而

---

①郭伯恭：《永乐大典考》，商务印书馆 1938 年，第 159 页。

②于敏中：《于文襄手札》。

③于敏中：《于文襄手札》。

④陈垣：《书于文襄公手札后》，《陈垣学术论文集》（二），第 45 页。

⑤《纂修四库全书档案》，第 1167 页。

来，由于乾隆皇帝非常注重校对，总裁对《四库全书》校对质量也极为重视，故分校、总校不敢懈怠，这样，就出现了缮写后层层积累、来不及校对的弊端，校对人员不足也是四库馆的难题，这一问题几乎贯穿编纂过程的始终。乾隆三十八年十月，为了加强纂修质量，四库馆在分校官基础上曾设复校，以便"细加复勘"，这对于书籍的磨勘起了良好的作用，有利于提高编纂质量。但随着誊录人数的增多，校勘人员难以及时磨勘，乾隆四十年四月十五日，总裁上奏称："现在办书大局，非缮写之难，而校对之为难。约计每日所收书篇，可得六十馀万字，其各名下盈馀之字，又可得十万馀。今分校、覆校各员，多至百余人，按股详校，几于日不暇给。臣等上紧董促，尚觉所校之书，不及缮写之数。"①这样长期积压，使得馆内校对远远跟不上誊录抄写速度，于敏中上奏《四库全书荟要》缮写情形时说："臣等承办《四库全书荟要》，原拟二年半缮竣，续因书有增添，较初定几加一倍，是以展限一年。今以謄录二百人计日程功，自可如限于四十一年冬毕工，惟是缮写虽可报竣，而校对难以剋期。虽曾定有分校、覆校、核校字数章程，而亏欠累累，且所校之书，仍多亥豕，须臣等逐一签改，始克进呈，比经睿览，尚有舛误，蒙指示者不一而足，自不得不倍加详慎。是以办书以来，仅进过二千册，尚有一万册未进，亟应设法调剂，以冀早得观成。"②为了加快编纂速度，增加校对人员，于敏中提出撤去复校、添设总校的建议，据称：

查本处额设分校官二十二员，覆校官十二员。向以分校收校謄录之书，以覆校稽核分校之书，层层相监，原期毫无舛误。但行之既久，觉多一层转折，即多数日稽迟，且或分校、覆校彼此互相倚恃，反致多有挂漏。应请将《荟要》覆校通改为分校，所有謄录二百人，均匀分派，每员约管六人，则每日仅各收缮书六千字，尽可从容详校。其中謄写平常者，亦责令即行驳换，以便及时赔写。倘有仍前校对草率，稽延缺课，并缮录不如式者，臣等查出并即办理，轻则记过退缺，重则据实参奏，庶使人知谨凛，不致苟且塞责。至各分校校出之书，臣等自应逐一覆阅进呈。但书籍浩繁，目力一时难周，仍恐不能迅速。臣等公同商酌，应请添设总校二员，专司其事。凡各分校已校之书，汇交提调登册，由提调分发两总校，细加磨勘，分别功过，改正舛误，登列黄签并各书衔于上，以专责成。俟积得数百册，仍汇交提调呈送，臣等再加详核，然后进呈御览。③

①《纂修四库全书档案》，第378页。

②《纂修四库全书档案》，第488页。

③《纂修四库全书档案》，第488－489页。

由于校对人员不敷，最后只好奏请撤去复校，一并改为分校，实是无奈之举。至续缮南三阁全书时，为了保证速度，总裁又将总校撤去，仅设分校一项，以此来增加分校人数。但此次誊录由原来落第试卷内选取改为内府“发给内帑银两，雇觅书手缮写”，誊录积极性很高，书写大大加快，校勘人员不足的问题仍然十分突出，虽然总裁们到处搜罗校勘人员，但仅从在京官员中实在难以寻找，四十九年二月总裁只好奏请在生监中选取“文明理通”者充任分校①，实际上是不得已才降低了校勘人员的人选标准，这样就难免给校勘质量带来不良影响。

四库馆中人员比例失衡与《四库全书》的钦定性有直接关系。乾隆皇帝是一位好大喜功、雄才大略的皇帝，欲在文治上超过历代帝王，纂成一部中国历史上前无古人的大型丛书，使自己的“英名”流传后世。然而当他在决定编纂《四库全书》时，已届六十三岁高龄，“人生七十古来稀”，此时的他也不得不正视人世间生老病死的规律，因此迫切希望这部巨著能在有生之年纂成。故在谕旨中屡次督催馆臣，以免“汗青无日”，当第一部《四库全书》纂成时，他喜不自禁地说：“癸巳岁(1773 年)始思及依经史子集为《四库全书》，并命辑《永乐大典》中散篇成帙。然朕临御已三十余年，亦望七之岁矣，斯事体大而物博，时略嫌迟，故甲午(1774 年)联句诗有‘逢会略嫌迟岁月，就将惟亹愿观成’之句。今壬寅(1782 年)甫及十年，《荟要》两部及《全书》第一部均已蒇事，装潢贮阁。适当春仲经筵，锡宴行庆，遹观厥成，实堪喜慰尔。”②四库馆臣深知他这种急迫的心理，为迎其所好，在编纂过程中也都以求速为首务。总裁在得到乾隆皇帝允许后，便大规模地扩招誊录人员，以致馆内人员比例严重失衡，这就难免给《四库全书》的编纂带来负面影响。

受政治因素影响，急于成书，不仅是《四库全书》编纂的特点，也是历代官方修书的共性，进一步认识这些特点，对我们现实修书工作很有借鉴意义。

①《纂修四库全书档案》，第 1766 页。

②乾隆：《御制诗四集·经筵毕文澜阁赐宴以四库全书第一部告成庋阁内用幸翰林院例得近四律首章即叠去岁诗韵》诗注，卷 87，文渊阁《四库全书》影印本，第 1308 册，第 697 页。

第六章　政治引导与学术影响

——乾隆、朱筠与四库馆

第一节　乾隆与四库馆

一、乾隆编纂《四库全书》之意图

乾隆是中国古代史上较有作为的皇帝之一，他自幼聪慧，又受到良好的教育，知识广博，在政治上勤于政事，有谋有识，引领中国走过了半个多世纪。在乾隆执政期间，中国政治、经济、文化发展到了古代社会的顶峰，人口和农业产量均超过以往，成为名副其实的盛世，以往历代易造成的亡国弊端，“曰强藩、曰外患、曰权臣、曰外戚、曰女祸、曰宦寺、曰奸臣、曰佞幸，今皆无一仿佛者”①。不仅如此，乾隆还是爱好广泛、富有才华的帝王，在他身上蕴含着儒者、诗人等文人气质。这位“十全老人”，年过花甲后，不惜人力、物力编纂一部超越古今的《四库全书》，除了标榜个人的丰功伟绩外，内中有何深意，通过《四库全书》我们能否窥视乾隆皇帝晚年的心思呢？应该说，这部巨型丛书寓含了他对执政以来数十年的反思，以及为维护清朝统治长治久安的文化思考。据笔者浅见，乾隆皇帝编纂《四库全书》意图大约有以下几点。

1. 禁毁违书，防“夷夏之辨”

清朝是少数民族入主中原，自始至终对汉族总有戒备之心，“夷夏之辨”始终是困扰皇权的问题。如吕留良是明末清初著名理学家，对推动清初理学的发展起了很大的作用，清初理学家张履祥、陆陇其等都受他影响很大，但吕留良的“夷夏之辨”触及清廷的忌讳之处，因此，在吕留良去世多年后，雍正皇帝大兴文

①《清高宗实录》卷1112，“乾隆四十五年八月己未”条。

字狱，将其处以鞭尸之刑。雍正帝为消除"夷夏之辨"，还专门编撰了《大义觉迷录》辩解少数民族统治中国的合法性。虽然乾隆皇帝本人从小就浸透在汉文化中，对汉族文化的精通不逊于一般汉族学者，但他对汉族的警惕、防范比其乃祖、乃父有过之而无不及，对汉族大臣很少给予真正实权，故杭世骏批评当时巡抚尚满汉参半，而总督则无一汉人，批评清廷内满外汉，乾隆皇帝闻之，震怒，给予革职，永不叙用处分。后来，乾隆虽然起用过于敏中等一些汉臣，但基本上都是在内廷奉旨，对汉族的防范终乾隆朝无太大变化。在文化上，乾隆皇帝则欲清除传统书籍中对少数民族的蔑视，试图将"夷夏之辨"一网打尽，使之荡然无存。于是，他在即位之初，便将其父所著《大义觉迷录》列入禁书，以防越抹越黑，更容易引起人们对少数民族政权的反抗。在他的著作中也处处可见对"夷夏之辨"的批判。但在乾隆皇帝看来，以上这些带有局限性的控制，显然还远远不够，虽然历经康雍二朝的禁毁，以及他本人执政以来的努力，知识分子所热衷的"夷夏之辨"虽在政治高压下，得到了一定程度的控制，但千百年来形成的华夏正统思想散存于无数的书籍中，仍在到处流传，尤其是，江南一带多存有明末清初"违碍"著作。因此，要通过大规模的征书活动，对这些私下流通的禁书作一次全面的清查。正因为如此，当奉天巡抚上奏无书可征时，乾隆帝怒其不解"圣意"，指责奉天巡抚殊属不懂事，称："奉天风俗淳朴，本少著述流传，坊肆阮（原）无可采购，该府尹等祇应据实声明奏覆。且前降旨，原非责令各省不论有无书籍，概令设法搜罗，转乖核实之意，何必勉强摭拾，聊以塞责，实属拘泥无谓。著传谕博（卿）额等，止就单内所开书目进呈，其余不必再行访购，以致徒滋纷扰。"①言外之意，征书意在江南风俗不淳，多有"违碍"著述流传之地。在征书一年多后，乾隆皇帝发现各地官员多不理解"圣意"，竟然无一本违碍书籍送呈，于是，明谕各省督抚：

前曾谕令各督抚采访遗书，汇登册府，下诏数月，应者寥寥。彼时恐有司等因遗编中或有违背忌讳字面，惧涉干碍，而藏书家因而窥其意指，一切秘而不宣。因复明切宣谕，即或字义触碍，乃前人偏见，与近时无涉，不必过于畏首畏尾，不肯尽出所藏，朕断不肯因访求遗籍，于书中寻摘瑕疵，罪及收藏之人。若仍前疑畏，不肯尽出所藏，将来或别露违碍之书，则是有意收存，其取戾转大。所降谕旨甚明。并寄谕江浙督抚，以书中或有忌讳诞妄字句，不应留以贻惑后学者，进到时亦不过将书毁弃，转谕其家不必收

①《纂修四库全书档案》，第 34 页。

存，与藏书之人并无干涉。至督抚等经手汇送更无关碍。朕办事光明正大，各督抚皆所深知，岂尚不能见信于天下？该督抚等接奉前旨，自应将可备采择之书开单送馆，或字义触碍者，亦当分别查出奏明，或封固进呈，请旨销毁，或在外焚弃，将书名奏明，方为实力办理。乃各省进到书籍不下万余种，并不见奏及稍有忌讳之书，岂有裒集如许遗书，竟无一违碍字迹之理？况明季末造野史者甚多，其间毁誉任意，传闻异词，必有诋触本朝之语，正当及此一番查办，尽行销毁，杜遏邪言，以正人心而厚风俗，断不宜置之不办。此等笔墨妄议之事，大率江浙两省居多，其江西、闽粤、湖广亦或不免，岂可不细加查核？

……至各省已经进到之书，现交四库全书处检查，如有关碍者，即行撤出销毁。其各省缴到之书，督抚等或见其书有忌讳，撤留不解，亦未可知，或有竟未交一关碍之书，则恐其仍系匿而不献。著传谕该督抚等，于已缴藏书之家，再令诚妥之员，前去明白传谕，如有不应存留之书，即速交出，与收藏之人，并无干碍。①

乾隆征书及开四库馆的真实目的在此表露无遗，这也反映了他晚年对“夷夏之辨”恐惧的心理。

乾隆谕旨下达后，各地督抚多上报查无违碍书籍，以免意外生事。但不久，两广总督李侍尧上奏查出屈稔浈等存留屈大均书籍，乾隆抓住此事大做文章，软硬兼施，再次谕令各地督抚查缴违碍书籍，称：

据李侍尧等奏，查出屈大均悖逆诗文，粘签进呈销毁，并请将私自收藏之屈稔浈等按律治罪一摺，已明降谕旨，将屈稔浈、屈昭泗免其治罪，止将其书销毁，并再行宣示，令各及早呈报，各督抚等务当实力妥办。前此谕令各督抚遍行晓谕，如有收藏违碍之书，即及早交出，免其治罪，并以此等笔墨诋毁之事，大率江浙两省居多，其江西、闽粤、湖广亦或不免，因指名交各督抚留心查办。乃高晋、萨载、三宝皆覆奏称，查无违碍之书。今李侍尧等即从粤省查出屈大均诗文，不应江浙等省转无明末国初存留触碍书籍。岂高晋等办事不及李侍尧等之实力乎？抑江浙各藏书之家尚不能深喻朕意乎？著传谕各督抚，再行明白晓谕，此时即速呈献，尚不为晚，不过将不应收藏之书尽行销毁，杜遏邪言，以正人心而厚风俗。何可稍存观望，自贻伊

①《纂修四库全书档案》，第239－240页。

戚乎？若再隐匿不缴，后经发觉，即治以有心藏匿之罪，必不姑宽，并于该督抚等是问。①

在乾隆威慑和诱导下，各地督抚很快将查禁违碍书籍作为征书活动的重点，《四库全书》的编纂也日益倾向禁毁书的一面。在查禁毁书过程中，乾隆帝还令四库馆将应禁毁书列出一张清单来，发往全国各地，作为禁毁依据，这一任务成为四库馆的一个重点工作。

另外，在禁毁的同时，乾隆还要为后世创造出一个范本来，令后人研习，真正将“夷夏之辨”在后世永久消除，以保满族爱新觉罗氏政权长治久安，纂修《四库全书》就是乾隆皇帝实现其政治目的的重要步骤。以皇权控制学者的思想，剥夺学者们唯一拥有的“文化解释”权，达到意识形态领域的统一，乾隆为了在思想文化领域实现这一目标，可以说煞费苦心。清末，革命党人多以驱除鞑虏为号召，正是乾隆皇帝内心最担忧的事情，但仍不可避免地发生了，乾隆皇帝想以个人之力定天下之是非，显然是自不量力，终究难以逃脱失败的结局。

2.教化人心

乾隆朝虽然在政治经济方面达到了古代社会鼎盛时期，但也隐伏了严重的社会危机。乾隆晚期，由于人口急剧膨胀，远远超过了耕地面积增加的速度，人均耕地面积迅速下降，再加上土地兼并、水旱自然灾害等，时常出现人民流离失所现象。同时，吏治日趋腐败，贪污受贿之风逐渐盛行，于敏中、王亶望等人的腐败行为，使乾隆皇帝震怒，后来的和珅更是凭借皇上宠爱，有恃无恐。社会矛盾日益加剧，导致零星的抗租抗粮运动不时发生，特别是，乾隆三十九年（1774年）山东临清的王伦起义，规模较大，打破了清初以来中原长期稳定的局面，晚清激烈的社会大动荡，在乾隆朝已隐现其形。乾隆皇帝面对这种局势，一方面对人民起义给予严厉镇压，加强整顿吏治以扭转衰局，另一方面，他也深知“去山中贼易，去心中贼难”，因此，十分重视书籍的教化功能，在禁毁违碍书籍同时，又不遗余力地提倡儒家伦理纲常，对异端思想给予严厉的批判，以“正人心、厚风俗”。

从征书伊始，他就强调征书重点就是“历代流传旧书，有阐明性学治法，关系世道人心者，自当首先购觅。至若发挥传注、考核典章，旁既九流百家之言，有裨实用者，亦应备为甄择”②。同时，乾隆皇帝对程朱理学又非常推崇，早年读书时期，他就接受了福敏、朱轼、蔡世远等理学名臣的教育，其祖康熙帝独尊理

①《纂修四库全书档案》，第282－283页。

②《纂修四库全书档案》，第2页。

学对他也产生了很深的影响,乾隆五年曾谕称:“有宋周、程、张、朱子,于天人性命大本大原之所在,与夫用功节目之详,得孔孟之心传,而于理欲、公私、义利之界,辨之至明。循之则为君子,悖之则为小人。为国家者,由之则治,失之则乱。实有裨于化民成俗,修己治人之要。所谓入圣之阶梯,求道之途辙也。学者精察而力行之,则蕴之为德行,学皆实学,行之为事业,治皆实功。此宋儒之书,所以有功后学,不可不讲明而切究之也”①。后来,随着阅历的增长,以及学术环境的变化,虽然乾隆对理学的弊端有尖锐的批评,并扶持汉学的发展以挽理学之弊,但终乾隆朝,他并未公开反对程朱理学,对理学在护纲常、维人心方面的作用也始终称赞有加。因此,在征书时,他特别留意搜求有利于教化人心的理学著作,当查看到河南省进呈书籍中缺少胡煦的著作时,特谕责问河南巡抚何煟,曰:“因忆籍录该省之原任侍郎胡煦,平素究心理学,曾有着(著)述,朕所深知,单内并不见其姓名,则此外之似此遗漏者,当复不少,着传谕何煟,令其悉心搜采,并饬属实力奉行,不得以书籍无关政要,一任(傺)草塞责。”②谕中所云胡煦(1655—1736年),字沧晓,号紫弦,河南光山县人,康熙五十一年进士,官至礼部侍郎,精于《周易》,著有《周易函书》《易学须知》《篝灯约旨》等。胡煦在清代理学史上并不具特殊地位,但乾隆皇帝对其却念念不忘,由此可见,乾隆修《四库全书》对理学的重视。乾隆皇帝自称:“予搜四库之书,非徒博右文之名,盖如张子所云,‘为天地立心,为生民立道,为往圣继绝学,为万世开太平。’肯于是乎系。”③以理学著作正人心,来克服社会危机,以稳固自己的统治,为后代子孙留下一份永久的基业,这是乾隆皇帝编纂《四库全书》的另一个重要意图。

对于有伤风化、不利于纯正人心的著作,乾隆严令四库馆臣概加摒斥,如四库馆所进《迴文类聚补遗》中有《美人八咏》,乾隆阅后深为不满,谕曰:

> 昨阅四库馆进呈书,有朱存孝编辑《迴文类聚补遗》一种,内载《美人八咏》诗,词意媟狎,有乖雅正。夫诗以温柔敦厚为教,孔子不删郑卫,所以示刺、示戒也。故三百篇之旨,一言蔽以无邪。即美人、香草,以喻君子,亦当原本风雅,归诸丽则,所谓托兴遥深,语在此而意在彼也。自《玉台新咏》以后,唐人韩偓辈,务作绮丽之词,号为香奁体。渐入浮靡,尤而效之者,诗格更为卑下。今《美人八咏》内,所列《丽华发》等诗,毫无寄托,辄取俗传鄙亵之语,曲为描写,无论诗固不工,即其编造题目,不知何所证据。朕辑《四

①《清高宗实录》卷128,“乾隆五年十月己酉”条。

②《纂修四库全书档案》,第19页。

③《纂修四库全书档案》,第2721页。

库全书》,当采诗文之有关世道人心者,若此等诗句,岂可以体近香奁,概行采录?所有《美人八咏》诗,著即行撤出。至此外各种诗集内,有似此者,亦著该总裁,督同总校、分校等详细检查,一并撤去,以示朕釐正诗体、崇尚雅醇之至意。[①]

诗歌本是文学体裁,其内容广泛多样,既可以言志抒情,也可表现自然和人的美,乾隆却一定要区分出诗体是否纯正,反映出《四库全书》完全是为其统治正人心、兴教化服务的工具。

3. 反结党营私、防门户之争

朋党之争对中国历史影响很大,代表不同利益集团的官员各自经营势力,为争取政治权利而互相攻击排挤,致使朝廷决策难以形成,办事效率低下,政治腐败不堪,成为古代社会改朝换代的重要原因。清朝的朋党问题虽不如唐、明两代明显,但也存在一些问题,特别是康熙年间的索额图与明珠之争,乾隆执政初年张廷玉与鄂尔泰之争,都影响较大。唐、明两代之亡皆与朋党之争有关,这些历史上深刻的教训,使清朝历代皇帝对朋党的危害都非常敏感,康、雍、乾三朝皇帝在位期间,均不遗余力地批判大臣结党乱政。康熙在位时就对朋党之争极为反感,批评说:

近见诸臣彼此倾轧,伐异党同,私怨相寻,牵连报复。虽业已解职投闲,仍复吹求不已,株连逮于子弟,颠覆及于身家。朕总揽万机,已三十年,此等情态,知之甚悉。娼嫉倾轧之害,历代皆有,而明季为甚。公家之事,置若罔闻,而分树党援,飞诬排陷,迄无虚日。朕于此等背公误国之人,深切痛恨。自今以往,内外大小诸臣,宜各端心术,尽蠲私忿,共矢公忠。倘仍执迷不悟,复踵前非,朕将穷极根株,悉坐以朋党之罪。[②]

雍正皇帝继位后,也极力劝诫朝臣,防止结党营私,为此,他亲自撰写《朋党论》,对大臣结党给予严厉批判云:

朕惟天尊地卑,而君臣之分定。为人臣者义当惟知有君,惟知有君,则其情固结不可解,而能与君同好恶。夫是之谓一德一心而上下交,乃有心怀二三,不能与君同好恶,以至于上下之情睽而尊卑之分逆,则皆朋党之习

①《纂修四库全书档案》,第 1433 页。

②《清史稿》卷 271,《王鸿绪传》,第 10012 页。

为之害也。……宋欧阳修《朋党论》创为邪说，曰：君子以同道为朋。夫罔上行私，安得为道。修之所谓道，亦小人之道耳，自有此论，而小人之为朋者，皆得假同道之名，以济其同利之实。朕以为君子无朋，惟小人则有之，且如修之论，将使终其党者则为君子，解散而不终于党者，反为小人，朋党之风至于流极而不可挽，实修阶之厉也。设修在今日而为此论，朕必斥之以正其惑世之罪，大抵文人掉弄笔舌，但求骋其才辩，每至害理伤道而不恤。①

乾隆皇帝在初登皇位时，便首先遇到雍正朝留下的群臣果亲王允礼、庄亲王允禄、平郡王福彭以及鄂尔泰、张廷玉等各树门户，结党纷争。因此，乾隆皇帝对这些势力不时加以裁抑，在处理孙嘉淦伪造奏稿案时，警告群臣："都察院堂官、及科、道等，遇此等应行参奏之事，何以默无一言也，若置之不问，则造言生事之人，方且以为得计，而无知之官员，或且疑为实有是事，将见党援门户之风，从此而起，无所底止矣。"②同时，乾隆帝还不时以前明为例警戒大臣，他指出："明季科道恶习，专以党援抨击为务，遇事交章倾轧，而九列中又或各树私人，互相报复，固由驾驭失宜所致，而臣工中各自便其门户之私，不惜害及朝章国是，其所关于治道者甚大。"③乾隆对康熙朝的党争也极力贬斥，屡次以明珠、索额图为例，教育群臣引以为戒。当他发现于敏中在朝培养势力时，即便于敏中已经去世，仍对其打击不遗余力，以警戒后代，防止出现朋党之争的局面。

在《四库全书》编纂过程中，对四库馆纂修之书，乾隆不断加以评论，时时贬抑结党之士，如对四库馆进呈《通志堂经解》，乾隆评论说："四库全书馆进呈补刊《通志堂经解》一书，朕阅成德所作序文，系康熙十二年。计其时成德年方幼稚，何以即淹通经术？向时即闻徐乾学有代成德刊刻《通志堂经解》之事……夫明珠在康熙年间，柄用有年，势焰熏灼，招致一时名流，如徐乾学等互相交结，植党营私。是以伊子成德年未弱冠，即夤缘得取科名，自由关节，乃刊刻《通志堂经解》，以见其学问渊博……夫徐乾学、成德二人，品行本无足取，而是书荟萃诸家，典赡赅博，实足以表章六经，朕不以人废言，故命馆臣将版片之漫漶断阙者补刊齐全，订正讹谬，以臻完善，嘉惠儒林。但徐乾学之阿附权门，成德之滥窃文誉，则不可不抉其隐微，剖悉原委，俾定论昭然，以示天下后世。"④

---

①《世宗宪皇帝御制文集》卷5，文渊阁《四库全书》影印本，第1300册，第62页。

②《清高宗实录》卷71，"乾隆三年六月辛丑"条。

③《清高宗实录》卷606，"乾隆二十五年二月丁丑"条。

④《纂修四库全书档案》，第1872页。

在反对朝臣结党的同时，对于元明以来因讲学而标榜门户之风，乾隆皇帝也十分反感。在推崇程朱理学的同时，乾隆不时批评"假道学"，云："如宋元以来，辨析朱陆异同，初因讲学，而其后遂成门户，标榜攻击，甚为世道人心之害。"①又教育参加科举考试的学子云："学术首念真伪，士子读书敦行，处为良士，出为良臣，原不藉文字为标榜，自欺世盗名之徒，托言讲学，谬窃虚声，而明季东林诸人，流而为门户，为朋党，甚至莠言乱政，变易是非，实于朝常国体，世教民风，所关甚大。"②对于明代东林讲学以致酿成门户之争，乾隆极力予以贬斥，云：

> 即如东林诸人，始未尝不以正，其后声势趋附，互相标榜，糅杂混淆，小人得而乘之，以起党狱。是开门揖盗者，本东林之自取，迨明亡而后已。何取乎？帝后殉节为有光哉？鼎此邪说，不惟为明君良臣之罪人，亦实为正人君子之罪人。夫正人君子岂有不愿其国祚之久长、民物之安泰者哉！且历代名臣莫如皋、夔、稷、契、伊、望、萧、曹、房、杜、王、魏、韩、范、富、欧，是皆非讲学者也，而其致君泽民实迹，古今争诵之。汉室党人已开标榜之渐，激而致祸。即宋之周、程、张、朱，其阐洙泗心传，固不为无功。然论其致君泽民之实迹，如向之所举若而人者，安能并肩齐驱乎？而蜀、洛之门户，朱、陆之冰炭，已启相攻之渐。盖有讲学，必有标榜，有标榜，必有门户，尾大不掉，必致国破家亡。汉、宋、明其殷鉴也。夫至国破家亡，黎民受其涂炭者不可胜数，而方以死节殉难者，多为有光于古，收讲学之效，则是效也，徒成其为害，真所谓国家将亡，必有妖孽而已。③

在此，乾隆皇帝不仅严厉批评了东林党之危害，还将理学内部的程朱、陆王之争，也概加批判。盖乾隆皇帝深悉前朝弊端所在，时刻不忘前车之鉴，欲通过纂修《四库全书》，对朋党之害、门户之弊，从学术上给予清理，以永远消除此项弊端，巩固清朝统治，可谓深谋远虑。

4. 修正宋学，鼓励汉学

乾隆皇帝对程朱理学的推崇主要目的在于利用其纲常伦理，以束缚臣民的思想，在利用理学教化人心作用的同时，对理学之弊端也深有所悉，故不时予以纠正，有时表现出厌恶的态度。如乾隆十九年殿试，给学子们出题云："自宋诸

---

①《清高宗实录》卷460，"乾隆十九年四月庚寅"条。

②《清高宗实录》卷1129，"乾隆四十六年四月甲子"条。

③《御制文二集》卷18，文渊阁《四库全书》影印本，第1301册，第394页。

儒出，于是有道学之称。然其时尊德性、道问学，已讥其分涂，而标榜名目、随声附和者，遂藉以为立名之地，而大道愈晦。今欲使先圣先贤之微言大义昭如日星，学者宜何所致力欤？"[①]对程朱的某些不适合其加强君主集权的言论，乾隆帝对此多有批评，针对程颐所说"天下治乱系宰相，君德成就责经筵"的言论，乾隆皇帝直斥其"未尽善焉"。他说：

> 盖"君德成就责经筵"是矣，然期君德之成就非以系天下之治乱乎？君德成则天下治，君德不成则天下乱，此古今之通论也。若如颐所言，是视君德与天下之治乱为二事，漠不相关者，岂可乎？而以系之宰相，夫用宰相者，非人君其谁为之？使为人君者但深居高处，自修其德，惟以天下之治乱付之宰相，己不过问，幸而所用若韩、范，犹不免有上殿之相争；设不幸而所用若王、吕，天下岂有不乱者！此不可也。且使为宰相者，居然以天下之治乱为己任而目无其君，此尤大不可也。[②]

在此，乾隆一反常态，不仅对程颐言论不能苟同，而且还直呼其名"颐"，而不称"程子"，这是极罕见的对程朱理学的大不敬，若出于一般士子之口，必会视为异端，乾隆如此称呼，可见其对程朱理学某些言论之反感。对于朱熹的《名臣言行录》，乾隆皇帝也认为有标榜门户、侵犯君权之嫌。因此，到乾隆中期以后，他开始有意识地修正理学，而以汉学补救。乾隆中晚期，科举试题增加了不少考证学的内容，而理学的思辨内容大大降低。随着乾隆皇帝文治策略的调整，一大批擅长考证的学者如朱筠、纪昀、钱大昕、王鸣盛等，通过科举，得以名列朝廷之中，这说明乾隆皇帝为统治的需要，在有意识地对理学进行修正，以实学补充之。但所有的调整都是以巩固其统治为目的，在整个清代统治者始终没有真正贬低程朱理学，更没有放弃的意图，越是社会危机严重时，统治者越是感到程朱理学的重要性，进一步加强理学的教化功能，乾隆皇帝对程朱理学的批评，只是部分的修正，或有意对其加以取舍，以便于国家长治久安而已。

5. 以史为鉴

以史为鉴，是中国古代帝王治理天下的一贯传统，尤其是，在经历王朝更替之后，统治者往往要对朝代兴衰加以反思。国亡史作，为前朝修史的同时，也是吸取其灭亡教训的途径。乾隆皇帝从登上皇位始，便非常重视对以往历史经验教训的总结，大规模地纂修史书，为其统治政策提供历史借鉴。在编纂《四库全

---

①《清高宗实录》卷461，"乾隆十九年四月乙巳"条。

②《清高宗御制诗文全集·御制文二集》卷19，文渊阁《四库全书》影印本，第1301册，第402页。

书》过程中，他一面禁毁书籍，一面又对某些“违碍”或文不经传的书籍或删改或重新编纂加以利用。如明末学者、大臣们的文集多被指责为狂谬而遭到禁毁，但乾隆皇帝发现，书中又不乏朝代更替得失之论，因此，又特别注重收载这些人的政论，故诏谕曰：“若杨涟、左光斗、熊廷弼诸人，或折冲疆场，或正色立朝，俱能慷慨建议，剀切敷陈。设明之君，果能采而用之，犹不致败亡若是之极。其事距今百十余年，殷鉴不远，尤当引为炯戒，则诸人奏疏不可不亟为辑录也。除《明史·本传》外，所有入《四库全书》诸人文集，均当广为搜采，裒集成编。即有违碍字句，只须略为节润，仍将全文录入，不可删改。此事关系明季之所以亡，与我朝之所以兴，敬怠之分，天人之际，不可不深思远虑，触目惊心”①，借明臣之口揭示明朝秕政，揭示明朝灭亡的原因，又对其忠君爱国的高尚人格给予表彰，可谓一举两得。在《四库全书》编纂过程中，乾隆谕令馆臣纂修《明季奏疏》一书，包含着明确的史鉴目的，乾隆谕称：“四库全书馆节次汇进各省送到违碍应毁书籍，朕亲加抽阅。内如徐必达《南州草》所载奸商、奸珰结贿欺君诸疏，俱持论不挠，极为伉直。又如萧近高《疏草》内载其劾大珰潘相等以矿税扰民，宋一韩《掖垣封事》亦有劾东厂及税监李凤、梁永等蠹国病民诸疏，均属详明剀切……前因明季诸臣，如刘宗周、黄道周等，立身行己，秉正不回，其抗疏直谏，皆意切于匡救时艰，忠尽之忱，溢于简牍。已降旨将其违碍字句，酌量改易，毋庸销毁。因复思明自神宗以后，朝多秕政，诸臣目击国势之阽危，往往苦口极言，无所隐讳，虽其君置若罔闻，不能稍收补救之效，而遗篇具在，凡一时废弛瞀乱之迹，痛切敷陈，足资考镜。朕以为不若择其较有关系者，别加编录，名为《明季奏疏》，勒成一书，使天下万世晓然于明之所以亡，亦可垂示方来，永为殷鉴。”②又如《明朝宫史》，“其文义猥鄙，本无足观。盖明季寺人所为，原不堪采登册府”，按照乾隆初定《四库全书》选书标准，本应将其纳入禁书，但乾隆皇帝又考虑到，“有明一代秕政多端，总因奄寺擅权，交通执政，如王振、刘瑾、魏忠贤之流，俱以司礼监秉笔，生杀予夺，任所欲为，遂致阿柄下移，乾纲不振。每阅明代宦官流毒事迹，殊堪痛恨”，故而又命馆臣“依原本抄入《四库全书》，以见前明之败亡，实由于宫监之肆横。则其书不足录，而考镜得失，未始不可，藉此以为千百世殷鉴”。③ 这些书籍都是编纂《四库全书》过程中，乾隆特谕新修之书，包含了其以史为鉴的修书目的。

乾隆虽然从小生活在安静的书斋中，但其家中并不平静，其父雍正皇帝与

①《纂修四库全书档案》，第 1429 页。

②《纂修四库全书档案》，第 1006 页。

③《纂修四库全书档案》，第 1556 页。

其叔伯们腥风血雨的斗争，不免给青少年的弘历留下难以磨灭的印象。后来，已至成年的弘历，又目睹了雍正皇帝对其兄弟们残酷迫害，这些不能不令乾隆皇帝对皇子的斗争有所顾虑。虽然从雍正皇帝开始，创建了秘密建储制度，但这仍令乾隆皇帝不能放心，如何防止子孙们内部争权夺利，从历史上吸取教训，教育子孙防止内部斗争，也成了编纂《四库全书》的一个目的。乾隆在编纂《四库全书》中谕令馆臣编纂《储贰金鉴》即是为教育子孙而作，他在谕旨中说："朕历览前代建储弊，及我朝家法相承，于立储一事之不可行，已明降谕旨，宣示中外。至史册所载，因建立储贰致酿事端者不可枚举，自当勒成一书，以昭殷鉴。著皇子等同军机大臣及上书房总师傅等，将历代册立太子事迹有关鉴戒者，采辑成书。"①乾隆四十九年正月十四日，因皇长子即将得子，乾隆又警告子孙们说："朕惟深鉴于历代建储之失，是以再三宣谕，并令纂辑《储贰金鉴》一书，为万世法戒。若如洪武之泥古立储封建，以祖宗神器之重，轻为付托，岂我大清宗社万年之福乎？"②少年时的经历，至晚年仍念念不忘，利用编《四库全书》的机会，教育子孙后代共同维护皇权。

6. 宣扬盛世

乾隆皇帝本人在学术文化上有较深的功底，也热衷于编刻书籍，时时以"稽古右文"为标榜，宣称"御极之初，即诏中外搜访遗书。并令儒臣校勘《十三经》、《二十一史》，遍布黉宫，嘉惠后学。复开馆纂修《纲目》三编、《通鉴辑览》及《三通》诸书。凡艺林承学之士，所当户诵家弦者，既已荟萃略备"③。为了向后人显示自己的丰功伟绩，在位期间编纂《临清纪略》《石峰堡纪略》《台湾纪略》《兰州纪略》等记叙其镇压农民起义的"业绩"；编纂《平定准噶尔方略》《平定廓尔喀纪略》《平定两金川方略》等记载其辉煌的"武功"；编纂《大清一统志》《日下旧闻考》《皇清职贡图》《河源纪略》《皇舆西域图志》《南巡盛典》《盛京通志》等，大力宣扬大一统局面之盛。编纂《四库全书》是乾隆皇帝一个集大成之作，其用意也毫不例外。乾隆在位六十年间，大兴土木，修建圆明园、颐和园、静宜园、静明园等，又大规模扩建皇宫、北海、中南海、各地行宫，以及多处城垣、官署，修治河流湖泊无数，不仅规模宏大，而且用工精细，为历代所罕见。他又到处巡幸，宣扬盛世，一生六次至苏杭南巡，八次至泰山、曲阜等东巡，四次到盛京，五次西巡，所到之处无不陈设豪华奢靡，所有这一切都与他喜欢大规模宣扬有关。《四库全书》部头之大，中外罕见，又抄成七部，可以说是史无前例之举，

①《纂修四库全书档案》，第1749页。

②《纂修四库全书档案》，第1765页。

③《四库全书总目》卷首，乾隆三十七年正月初四日圣谕。

正是乾隆皇帝好大喜功的表现。

二、馆臣对"圣意"的揣摩与贯彻

四库馆作为一个官僚机构,馆臣们的业绩能否得到认可,官职能否得到升迁,多取决于馆臣对"圣意"的领悟及贯彻程度。四库馆中总裁、总纂等职位较高的馆臣不得不时时处处揣摩"圣意",将乾隆的编书意图融进《四库全书》中去。

1. 禁毁书

在乾隆皇帝严厉的禁毁书政策驱动下,四库馆臣对违碍书籍的禁毁、挖补不遗余力。馆臣们不仅尽心竭力地从所征集的图书中,挑选违碍书籍,还根据自己在馆中所见禁书,列出禁毁书清单,作为全国禁书的依据,使各地督抚按单清理,对清代毁书起到了推波助澜的作用。从禁毁书角度来看,将四库馆称为禁毁书的"总参谋部",毫不为过。

在开馆伊始,乾隆皇帝便谕令四库馆,"至各省已经进到之书,现交四库全书处检查,如有关碍者,即行撤出销毁"①。此后,查禁违碍书籍便成为四库馆一项重要的工作。一经发现"书内有违碍者",即"分次奏缴",但因四库馆卷帙浩繁,馆臣们仍担心有遗漏,在书籍发还各省之前,总裁英廉与总纂官纪昀共同商定,对全部书籍再加复校,于是,在前四份《四库全书》缮校最后阶段,抽调纂修官翰林戴衢亨等十三员,"将各省解送之明代以后各书,逐一覆加检阅,详细磨勘,务将诞妄字句删毁净尽,不致稍有遗漏",经过十几人一年多的复校,"共看出应行销毁书一百四十四部,应酌量抽毁书一百八十一部。臣(指总裁)同该总纂纪昀等逐加覆核,理合开具略节清单,同原书三百二十五部、二千一百二十三本,一并缴进请旨,分别销毁。至现在奉旨将明代奏疏广为搜采,裒集成编,此项书籍内间有载入奏疏之本,或有可备采录之处,臣等亦于书内详加查检,视其无有违碍者逐篇抽出,汇交尚书房,以便选录编纂,仍将所抽页数于每本上粘签声明,俟尚书房选毕交出时,再将各书原片另行缴进销毁"。② 此后,馆臣又担心"应行全毁各书,亦系从各省所进遗书中检出,恐外间未奉明禁,尚有留存,臣现在开缮清单,行知各该督抚,令其遵照严查解京销毁,毋使少有遗留。其应行抽毁之本,亦将应抽各条详悉开明知照,令其将应毁篇页严行查抽封固,一体解毁。如有原板者,将板内一并查明铲毁"③。

为了保证将违碍之书销毁殆尽,馆臣对入存目的书籍亦不放心,在《四库全

---

①《纂修四库全书档案》,第 240 页。

②《纂修四库全书档案》,第 1517 页。

③《纂修四库全书档案》,第 1551 页。

书》修完之后，对存目之书再次详细清理，但漏下《问山集》一种未送呈阅，此书仍未能逃脱乾隆的“洞鉴”，总裁奏称：“前蒙发下丁炜所著《问山集》四本，臣等详细阅看，其中字句谬妄之处，谨逐一签出呈览。查是书经两淮采进，现在《四库全书》内列入存目。前此该总纂等因存目书内恐有违碍应毁之本，呈请总裁奏明，派员覆阅办理。而是书因该馆提调遗漏送阅，是以未经列入汇奏应毁之数，应请即行撤毁，其存目之处一并扣除。并行文福建巡抚雅德查出板片，解京销毁。至从前遗漏之该提调官，应请交部议处。总纂官未经查出，亦属疏忽，应请一并交部察议。”①馆臣在查缴禁毁书上，可以说煞费苦心。

馆臣不但在馆内大规模禁毁书，而且还为乾隆皇帝出谋划策，对乾隆朝禁毁书及文字狱起着推波助澜的作用。乾隆及军机大臣有时还会特意咨询纪昀等人书籍的违碍情况，如乾隆四十七年十二月十八日，军机大臣“遵旨将《三藩纪事本末》一书其中有无违碍语句，询问总纂纪昀、陆锡熊等。据称：此书现于《四库全书》内编列存目，其中并无违碍”②。四库馆作为乾隆御用咨询机构的本色体现得淋漓尽致。

四库馆的一项重要功能就是为各省开列禁毁办法，以便各地督抚照此办理。纂修《四库全书》伊始，各地督抚多是呈进适合入选的书籍，并未按乾隆的意图搜缴违碍书籍，后经乾隆严厉督促，各地督抚为了博得乾隆皇帝的欢心，征书活动的重心遂转移到查禁违碍书方面。由于没有查缴的标准可供参考，各地督抚往往刻意搜求，凡涉及宋金元明，稍有夷、狄等字眼，不论有无违碍均一体送毁。乾隆皇帝后来感到，如此查缴下去，各地士子人人自危，将造成很大的负面影响，不仅自己的文治声誉受到影响，其统治也可能会受到南方士子的抵触，乾隆四十一年十一月十六日，命四库馆制定禁毁办法，云：

前因汇辑《四库全书》，谕各省督抚，遍为采访。嗣据陆续送到各种遗书，令总裁等悉心校勘，分别应刊、应钞及存目三项，以广流传。

第其中有明季诸人书集，词意抵触本朝者，自当在销毁之列。节经各督抚呈进，并饬馆臣详悉检阅，朕复于进到时，亲加披阅，觉有不可不为区别甄核者。如钱谦益在明已居大位，又复身事本朝，而金堡、屈大均则又遁迹缁流，均以不能死节，靦颜苟活，乃托名胜国，妄肆狂狺，其人实不足齿，其书岂可复存？自应逐细查明，概行毁弃，以励臣节而正人心。若刘宗周、黄道周，立朝守正，风节凛然，其奏议慷慨极言，忠尽溢于简牍，卒之以身殉

①《纂修四库全书档案》，第1727页。

②《纂修四库全书档案》，第1696页。

国，不愧一代完人。又如熊廷弼受任疆场，材优干济，所上封事，语多剀切，乃为朝议所挠，至使身陷大辟。尝阅其疏内，有“洒一腔之血于朝廷，付七尺之躯为边塞”二语，亲为批识云：“观至此为之动心欲泪，而彼之君若不闻，明欲不亡，得乎？”可见朕大公至正之心矣。又如王允成《南台奏稿》弹劾权奸，指陈利弊，亦为无惭骨鲠。又如叶向高为当时正人，颇负重望，及再入内阁，值逆阉弄权，调停委曲，虽不能免责贤之备，然观其《纶扉奏草》，请补阁臣疏至七十七上，几于痛哭流涕，一概付之不答，则其朝纲丛脞，更不可问而知也。以上诸人所言，若当时能采而用之，败亡未必若彼其速。是其书为明季丧乱所关，足资考镜，惟当改易违碍字句，无庸销毁。……

近复阅江苏所进应毁书籍内，有朱东观编辑《崇祯年间诸臣奏疏》一卷，其中多指言明季秕政，渐至瓦解而不可救，亦足取为殷鉴。虽诸疏中多有乖触字句，彼皆忠于所事，实不足罪，惟当酌改数字，存其原书，使天下万世，晓然于明之所以亡，与本朝之所以兴。俾我子孙永念祖宗缔造之艰难，益思兢兢业业，以祈天而永命。其所裨益，岂不更大，又何必亟毁其书乎？

又若汇选各家诗文，内有钱谦益、屈大均辈所作，自当削去，其馀原可留存，不必因一、二匪人，至累及众。或明人所刻类书，其边塞、兵防等门，所有触碍字样，固不可存，然只须删去数卷，或删去数篇，或改定字句，亦不必因一、二卷帙，遂废全部。他若南宋人书之斥金，明初人书之斥元，其悖于义理者，自当从删，涉于诋詈者，自当从改，其书均不必毁。使无碍之书，原听其照旧流行，而应禁之书，自不致仍前藏匿，方为尽善。

著四库馆总裁等，妥协查办，粘签呈览，候朕定夺。并将此通谕中外知之。①

身处皇帝身边的总裁们，马上领会乾隆皇帝的用意，在继续大规模查禁毁书的同时，对某些书作了区分，并分情况加以办理，经过认真斟酌，馆臣悉心制定出一份意见书：

此等违碍各书，凡明季狂吠之词，肆意罔悖，俱为臣子者所当发竖眦裂，其有身入国朝，为食毛践土之人，而敢于逞弄笔端，意含愤激者，尤天理所不容，自当凛遵训谕，务令净尽根株，不得使有只字流传，以贻人心风俗之害。

①《纂修四库全书档案》，第 552 – 554 页。

至若明初著作，于金元每多偏谬词，虽议论乖僻已甚，究非指斥可比，又如明人时代在嘉、隆而上，则尚属本朝龙兴以前，或其书偶述边事，大抵系指鞑靼、瓦剌、朵颜三卫等部，《明史》可证，关非干碍，即措语太涉荒唐，原不妨量予节删，不必概行全毁。

又明末福王所称年号，现在《御批通鉴辑览》内已经载入，其杨陆荣之《三藩纪事本末》并经奉旨存留，凡书内有偶涉三王称号而词气尚无违悖者，似亦当分别办理。

又如类书之分门隶事，丛书之分部标目，志传之分人纪载，及各选本之胪列诸家，俱与专系一人一事必须全毁者有异。此等遇有违碍，亦只须酌量抽毁，似毋庸因此概废其书。

又若钱谦益、屈大均、金堡、吕留良等诞悖已极，其言之散见他部者固断不容稍有留存，至在他人，情状稍轻，所有违碍之处，业将本集销毁，其诗文别见，查无触悖者，似亦不必悉事查销，用昭差等。

又如明代印本而中及庙讳字样，雍正以前印本而中及御名字样者，在当时本无豫避之理，只须于板片内敬谨缺改，似亦毋庸概将原书签摘，徒事纷纭。

又或一人而数书者，彼此原不相妨，两书而同名者，前后亦迥异。此等均须详核区分，不可彼此牵连，致乖平允。

如此分别酌办，于辟邪距诐之中，仍寓进退权衡之意，似于事理更为详慎。①

这份意见书经乾隆皇帝审阅后，又重加修订，定为《查办违碍书籍条款》，条款首先明确指出应毁书籍，如“字句狂谬，词语刺讥，必应销毁，及明季国初人诗人文集内有触悖者”，应全部销毁，一概不留，又对应毁书籍作了一些限制，规定了全毁和部分毁的区分。

一、自万历以前各书内偶有涉及辽东及女真、女真诸卫字样者，外省一体送毁。但此等原系地名，并非指斥之语，现在《满洲源流考》内亦拟考核载入，似当分别办理。如查明实止系纪载地名者，应签出毋庸拟销，若语有违碍者仍行销毁。

一、明代各书内有载及西北边外部落者，外省不明地理，往往概入应毁

①陆锡熊：《为总裁拟进销毁书札子》，《宝奎堂集》卷4，第57－58页。

之处。但此等部落，自《明史》鞑靼、瓦剌、朵颜等传所载，实无干碍。似应查明签出，勿庸拟销，若有语涉偏谬者，仍行销毁。

一、明末宏光年号，业经载入《通鉴辑览》，其《三藩纪事本末》一书载有三王年号，亦已奉旨存留。如各书内有但及三藩年号字样，而别无违碍字句者，应查明签出，勿庸销毁。

一、钱谦益、吕留良、金堡、屈大均等除所自著之书俱应毁除外，若各书内有载入其议论，选及其诗词者，原系他人所采录，与伊等自著之书不同，应遵照原奉谕旨，将书内所引各条签明抽毁，于原板内铲除，仍各存其原书，以示平允。其但有钱谦益序文，而书中并无违碍者，应照此办理。

一、吴伟业《梅村集》曾奉有御题，其《绥寇纪略》等书亦并无违碍字句，现在外省一体拟毁，盖缘与钱谦益并称江左三家，曾有合选诗集，是以牵连并及。此类应核定声明，勿庸销毁。其《江左三家诗》、《岭南三家诗》内如吴伟业、梁佩兰等诗选亦并抽出存留。

一、凡类事及纪载之书，原系门各为目，人各为传，不相连属。即有违碍，不过中间一门一传，其余多不相涉，不必因此概毁全书。应将其违碍之某门某传查明抽销，勿庸全毁。

一、各违碍文集内所有奏疏，现在遵旨将其中剀切可取者另行摘存，其全部仍应请毁外，至如专选奏议，如《经济文编》之类，专载对策如《明状元策》之类，所载多自明初为始，似亦当分别办理。应将其中有违碍字句各编查明抽毁，其余仍应酌存，以示区别。

一、凡宋人之于辽金元，明人之于元，其书内纪载事迹有用敌国之词、语句乖戾者，俱应酌量改正，如有议论偏谬尤甚者，仍行签出拟销。①

四库馆修改后的查毁书籍条款，相对总裁草拟销毁书的意见，更加具体，还提到了一些具体的应禁书籍，使条款更具备操作性。条款经乾隆皇帝同意后，发行全国，令各地督抚按单销毁，四库馆成为名副其实的禁毁书的“总参谋部”。为了将违碍书籍彻底消灭掉，总裁还奏请将禁毁书单由武英殿刊刻，据福隆安奏称：“外省查办违碍书籍，俱系解交军机处转交总纂纪昀、陆锡熊等协同各纂修逐细检阅，分别呈进，现在阅进之书，大约重本居多，续获者渐少，似于查办违碍各书已可得十之八九。今将届限满之期，恐各该处尚未编(遍)知，不能画一办理，自应将此项书通行宣布，传示周知，俾各一体凛遵，庶于查办益加严密。

①《办理四库全书档案》，乾隆四十三年四库馆查办违碍书籍条款。

……其阅过奏定之全毁、抽毁各本，实在共七百八十九种，应请摘开书目，各注明撰人姓名，汇刊成册，通行各省，令其编(遍)加晓谕，庶乡曲愚民不致冒昧收藏，自干法禁，而按目查考，搜缴更当净尽，无复稍有遗留矣。谨另缮清单一并进呈，俟发下即交与武英殿刊刻颁发。嗣后如有应毁新本，再行随时增刊续入。”[①]《四库全书》纂修过程中，禁毁书固然是乾隆皇帝的意旨，但馆臣们为迎合“圣意”，讨得其欢心，竭尽所能，他们对禁毁书的作用不可低估。

但另一方面，也应看到，征书初始，各地督抚为了表现对禁毁书的重视，讨得皇帝的欢心，便肆意禁毁，出现了滥毁书籍现象。就连乾隆皇帝也不得不承认有些书籍本不应全毁，也被呈缴销毁，禁毁书籍有过头现象，因此，他要求在禁毁书中对不同的书籍应区别对待。四库馆臣秉承“圣意”，对禁毁书作了一些规定，使各地督抚在禁毁书时有章可据，在某种程度改变了以前滥查滥缴的现象，也有一定的积极意义。

既然要区分对待，不全毁的书籍必然还要再经一道手续，对其违碍篇章、字句抽毁、挖改。馆臣们对此可谓小心谨慎，如履薄冰，生怕稍有遗漏会引火烧身。因此，宋元明清的著作，凡涉及少数民族，有“偏谬之语”的多遭抽毁、挖改。但在挖改过程中，也有揣摩“圣意”失当的时候，如北宋末年的名将宗泽，是著名抗金将领，其忠君爱国的高尚道德显然为乾隆皇帝所欣赏，但《宗泽集》内又多有“夷”“狄”字眼，馆臣按照乾隆皇帝以往的圣训，将“夷”“狄”一律挖改，却误解了“圣意”，乾隆皇帝一反常态，诏谕曰：“前日披览四库全书馆所进《宗泽集》内，将‘夷’字改写‘彝’字、‘狄’字改写‘敌’字，昨阅《杨继盛集》内，改写亦然。而此两集中又有不改者，殊不可解。夷、狄二字屡见于经书，若有心改避，转为非理。如《论语》‘夷狄之有君’、《孟子》‘东夷’‘西夷’，又岂能改易，亦何必改易！且宗泽所指系金人，杨继盛所指系谙达，更何所用其避讳耶？”[②]与此相反的是，对清初的学者，乾隆皇帝始终盯着不放，如清初学者毛奇龄，在清代学术史上具有重要地位，入清后曾应试博学宏词科，任翰林院检讨，充《明史》纂修官，可以说已经完全忠于清朝了，因此，四库馆臣将毛奇龄著作收入四十多部，对其著作并未细审，但乾隆皇帝抓住毛奇龄《词话》“清师下浙”一句大做文章，指责其文殊属悖谬，“毛奇龄系康熙年间翰林，书内著载我朝时事，理应称或大兵、王师等字样，乃指称清师抬写，竟似身事前明，未经在本朝出仕者，谬妄已极”，并将所有书内列名之总纂官纪昀、陆锡熊，总校官陆费墀、王燕绪，分校官刘源溥，

①《纂修四库全书档案》，第1693－1694页。

②《纂修四库全书档案》，第751页。

俱著交部分别议处。[①] 平心而论，毛奇龄本人在入清后，已经完全归顺，"清师"似乎并无恶意，乾隆皇帝却紧抓不放，其用意不仅在于毛奇龄一句诗词上，而是强调抽毁挖改的重点在明末清初，给馆臣们以警示，"醉翁之意不在酒"，而在于馆臣未能深悟"圣意"。何处应改、何处可不改，这全在馆臣对"圣意"的领会程度，在乾隆皇帝反复"教育"与"纠正"下，馆臣对抽毁挖改书籍的方法，越来越心领神会，宋元以后书籍，凡有"斥金""斥元"等涉及民族关系的字眼，清初学者具有民族意识的，多被抽毁挖改。

至《四库全书》编纂完竣后，乾隆在阅览《四库全书》所收李清《诸史同异录》一书时，发现语多悖谬，未能销毁，又在阎若璩的《古文尚书疏证》中发现书中所引李清、钱谦益等人文字未能删削，于是，对纪昀等人处以严厉惩罚。纪昀等也对纂修过程中自己未能"尽职"而自责，不但将《古文尚书疏证》中的引文一一删削，又提出将所有易藏违碍的书籍全部检阅一过，称："伏查《四库全书》，虽卷帙浩博，其最防违碍者多在明季、国初之书。此诸书中经部违碍较少，惟史部、集部及子部之小说、杂记，易藏违碍。以总目记计之，不过全书十分之一、二。当初办之时，或与他书参杂阅看，不能专意研寻；或因謄录急待领写，不能从容磨勘，一经送武英殿缮写之后，即散在众手，各赶功课，臣无从再行核校。据今李清、阎若璩二书推之，恐其中似此者尚或不免。现在虽奉旨派员详校，但诸书杂阅不能专力于明季、国初，又兼校讹字、脱文、偏旁、行款及标记译语，亦不能专力于违碍。至交臣核定，臣惟查所签之是非，是所未签更不能遍阅，恐终不免尚有遗漏。臣中夜思维，臣虽年过六旬，而精力尚堪校阅，且诸书曾经承办，门径稍熟，于违碍易于查检。不揣冒昧，仰恳皇上天恩，予臣以悔罪自赎之路，准将文源阁明神宗以后之书，自国朝列圣御纂、皇上钦定及官刊、官修诸编外，一概责臣重校。凡有违碍即行修改，仍知会文渊、文津二阁详校官画一办理，臣俱一一赔写抽换，务期完善无疵。"[②]《四库全书》修完之后，抽毁书籍活动并没有停止，经纪昀等人的"主动请缨"，许多参与编纂的官员都被安排到各藏书地，去进一步修整书籍，主要是对违碍书籍的清理。在禁毁书过程中，乾隆皇帝自然负主要责任，但馆臣们为讨得皇帝的欢心，在仕途上能进一步得到升迁，推波助澜，尽其所能毁灭书籍，在历史上扮演了不光彩的角色，理应遭到后人的讥评。

2. 尊汉抑宋与持平汉宋

馆臣身处皇帝身边，不时聆听"圣谕"，对皇帝的心思最为了解，乾隆言语之

---

①《纂修四库全书档案》，第1668页。

②《纂修四库全书档案》，第2024页。

中所流露出对程朱理学不满，欲以汉学纠其偏谬，当然难逃馆臣慧眼。在编纂《四库全书》时，尊汉抑宋，一方面是当时学风所致，另一方面也是馆臣贯彻“圣意”的产物。

纪昀作为四库馆总纂官，是一个热衷于考证学的学者，曾上奏请求科举考试时以《春秋》命题，“俱以《左传》本事为文，参用《公羊》、《谷梁》之说”，并认为“士子不读《左传》，不能成文，亦足以劝经学而裨文风”[①]，乾隆皇帝很快就采纳了纪昀的意见，在科举考试中使汉学得以推广。馆臣们在乾隆皇帝的默许下，在编纂《四库全书》过程中，对宋明理学的一些弊端也给予批评。大体上说，馆臣对宋学的批评基本上集中在以下几点：

①批评其臆断空疏。宋学长于思辨，注重阐发义理，是其长处，但在流传过程中，形成了游谈无根、束书不观的恶习，清初学者对此深恶痛绝，将其视为明朝灭亡的重要原因。乾隆皇帝重视实学，对宋学的此种弊病时时提出批评。四库馆臣多对汉学青睐有加，趁机在《四库全书总目》中对宋学大加讥讽。如批评明陈仁锡云：“是书大抵据文臆断之处多，而研究古训之处少”[②]，批评宋元学者治《易》空疏臆断，称“自王弼《易》行，汉学遂绝，宋、元儒者类以意见揣测，去古浸远”[③]。引用《与汪真卿书》批评朱熹以后道学家不读书而空谈玄理，云：“朱子尽取群贤之书，析其同异，归之至当，使吾道在宇宙，如青天白日，万象灿烂，莫不毕见。然自是以来，三尺之童，即谈忠恕；目未识丁，亦闻性与天道，一变而为口耳之弊。盖古人之学，以所到之深浅，为所见之高下，所言皆实事，今人之学，所见虽远而皆空言。”[④]责难宋学流传过程中所形成的空疏之风，是四库馆臣对宋学批评的一个重点。

②批评其门户之见。在理学发展过程中，形成了朱陆两派互相论说辩难的局面，双方各立门户，党同伐异，逐渐陷入势同水火的门户对立中。清代学者对宋儒的门户之见，甚为不满，馆臣在乾隆皇帝的授意下，更是大胆地对门户之见给予严厉抨击。《四库全书总目·凡例》云：“自宋至明，凡说经讲学论文，皆各立门户，大抵数名人为之主，而依草附木者嚣然助之。朋党一分，千秋吴越，渐流渐远，并其本师之宗旨亦失其传，而仇隙相寻，操戈不已，名为争是非，而实是争胜负也。人心世道之害，莫甚于斯。”[⑤]四库馆臣对宋、元、明时学者互相攻击

①《清国史》卷17，《纪昀传》，第806页。

②《四库全书总目·易经颂》卷8，第99页。

③《四库全书总目·周易述》卷6，第67页。

④《四库全书总目·师出文集》卷168，第2248页。

⑤《四库全书总目·凡例》卷首。

现象极为不满，在提要中对门户之争多有批评，如《四库全书总目》云：

考私家记载，惟宋、明两代为多。盖宋、明人皆好议论，议论异则门户分，门户分则朋党立，朋党立则恩怨结。恩怨既结，得志则排挤于朝廷，不得志则以笔墨相报复。其中是非颠倒，颇亦荧听。然虽有疑狱，合众证而质之，必得其情，虽有虚词，参众说而核之，亦必得其情。①

对于宋学的朱、陆之争而渐启门户之见，《四库全书总目》也批评道："迨托克托等修《宋史》，以道学、儒林分为两传，而当时所谓道学者又自分二派，笔舌交攻。自时厥后，天下惟朱、陆是争。门户别而朋党起。恩仇报复，蔓延者垂数百年。明之末叶，其祸遂及于宗社，惟好名好胜之私心不能自克，故相激而至是也。圣门设教之意其果若是乎？"②从清初始，有许多学者痛陈明末门户之争导致亡家灭国，四库馆臣对标榜门户而危及国家的学术流弊最为痛恨，称："大抵门户构争之见，莫甚于讲学，而论文次之。讲学者聚党分朋，往往祸延宗社。操觚之士，笔舌相攻，则未有不乱及国事者。盖讲学者必辨是非，辨是非必及时政，其事与权势相连，故其患大。"③四库馆臣将批评宋学的门户之争与国家安危联系起来，对门户之争作了总的清算。嘉道以降，很多学者能汉宋兼采，朱陆并重，消除门户之见，也得益于四库馆臣的提倡。

③批评其教条僵化。自元明始，程朱理学在历代帝王扶持下，逐渐定于独尊地位，科举考试以四书命题，使理学得到前所未有的发展。但与此同时，学人将其视作万世不变的真理，不再作学理上的讨论，出现了宗朱、述朱，教条僵化的弊端，程朱理学渐失活力，转而成为士子步入仕途的阶梯，对此现象馆臣深为不满，批评《书义断法》："书首冠以'科场备用'四字，盖亦当时坊本为科举经义而设者也。其书不全载经文，仅摘录其可命题者载之。逐句诠解，各标举作文之款要，盖王充耘《书义矜式》，如今之墨程，而此书则如今之讲章。后来学者揣摩拟题，不读全经，实自此滥觞。录而存之，知科举之学流为剽窃，已非一朝一夕之故。"④四库馆臣本着学以致用的理念，对宋学因科举考试而教条僵化的弊端给予严厉批评，欲以实学补充之，以达到国强民富的政治目的。

在批评宋学的同时，馆臣对汉学的征实，赞美有加。《四库全书总目·凡

①《四库全书总目·史部总叙》卷45，第611页。
②《四库全书总目·儒家类序》卷91，第1193页。
③《四库全书总目·集部总叙》卷148，第1971页。
④《四库全书总目·书义断法》卷12，第152页。

例》明确指出："说经主于明义理，然不得其文字之训诂，则义理何自而推。论史主于示褒贬，然不得其事迹之本末，则褒贬何据而定……今所录者，率以考证精核，论辨明确为主，庶几可谢彼虚谈，敦兹实学。"①在撰写提要过程中，不时打击宋学，赞扬汉学，如《经稗》提要云：

> 自郑玄淹贯六艺，参互钩稽，旁及纬书，亦多采摭，言考证之学者自是始。宋代诸儒，惟朱子穷究典籍，其余研求经义者，大抵断之以理，不甚观书，故其时博学之徒，多从而探索旧文，网罗遗佚，举古义补其阙。于是汉儒考证之学，遂散见杂家笔记之内，宋洪迈、王应麟诸人，明杨慎、焦竑诸人，国朝顾炎武、阎若璩诸人，其尤著者也。夫穷经之要，在于讲明大义，得立教之精意，原不以搜求奇秘为长。然有时名物训诂之不明，事迹时地之不考，遂有凭臆空谈，乖圣人之本旨者。诸人于汉学放失之余，捃摭而存一线，亦未始非"饩羊"之遗也。②

又称赞汉代大儒，曰：

> 两汉经学，号为极盛，若许若郑，尤皆一代通儒，大敌相当，输攻墨守，非后来一知半解，所可望其津涯③。

对于汉学著作，即便是一鳞半爪、吉光片羽，也视若珍宝，如南宋王应麟辑《郑元易注》一卷，其后人附刻《玉海》之末，馆臣评曰："虽残章断句，尚颇见汉学之崖略，于经籍颇为有功。"④

但是，也应该看到，四库馆臣对宋学的批评是有限度的，其批评用意也并非无的放矢。四库馆臣作为皇帝身边的臣子，早已领悟到乾隆皇帝欲以汉学补宋学之偏的意图，因此，一方面尊汉抑宋，另一方面又能对汉学、宋学的长处均加以宣扬，以有益治世。这一点在《四库全书总目》中多有体现，如《四库全书总目》对经学的总结云：

> 经禀圣裁，垂型万世，删定之旨，如日中天，无所容其赞述，所论次者诂

①《四库全书总目·凡例》，卷首。

②《四库全书总目·经稗》卷33，第437页。

③《四库全书总目·驳五经异义》卷33，第423页。

④《四库全书总目·新本氏周易》卷1，第5页。

经之说而已。自汉京以后，垂二千年，儒者沿波，学凡六变……要其归宿，则不过汉学、宋学两家互为胜负，夫汉学具有根柢，讲学者以浅陋轻之，不足服汉儒也，宋学具有精微，读书者以空疏薄之，亦不足服宋儒也。消融门户之见，而各取所长，则私心祛而公理出，公理出而经义明矣。盖经者非他。即天下之公理而已。①

这一段精彩的论断基本上表达了馆臣编纂《四库全书》对经部所持观点。《四库全书总目》对宋学的批评仅是针对其弊端而言，对朱熹等人，《四库全书总目》并不贬抑，而是极力赞扬其义理之学，处处将之与后来的理学家区分开。如《四库全书总目》对朱熹的《仪礼经传通解》评论说：

凡《家礼》五卷、《乡礼》三卷、《学礼》十一卷、《邦国礼》四卷，共二十三卷，为四十二篇，中缺《书数》一篇，《大射》至《诸侯相朝》八篇，尚未脱稿。其卷二十四至卷三十七，凡十八篇，则仍前草创之本，故用旧名《集传集注》，是为《王朝礼》，中缺《卜筮》一篇，目录内《践阼》第三十一以后，序说并缺，盖未成之本也。所载《仪礼》诸篇，咸非旧次，亦颇有所厘析。如《士冠礼》三屦本在辞后，乃移入前，《陈器服章》加宿、加冠等辞本总记在后，乃分入前各章之下；末取《杂记》“女子十五许嫁笄”之文，续经立“女子笄”一目。如斯者不一而足，虽不免割裂古经，然自王安石废罢《仪礼》，独存《礼记》，朱子纠其弃经任传，遗本宗末，因撰是书以存先圣之遗制。分章表目，开卷了然，亦考礼者所不废也。②

虽然《四库全书总目》对《仪礼经传通解》篇次混乱、割裂古经提出批评，但仍对该书“存先圣之遗制”予以辩解，从文献价值及思想意义给予充分肯定。

朱熹的《伊洛渊源录》以二程为中心，记述道学发展始末，成为后世纂修理学史的重要依据，同时也开启了宋学内部的门户之争。四库馆臣虽然对南宋以后标榜门户之风甚是厌恶，但并没有累及朱熹，《四库全书总目》评曰：

书成于乾道癸巳，记周子以下及程子交游门弟子言行。其身列程门而言行无所表见，甚若邢恕之反相挤害者，亦具录其名氏，以备考。其后《宋史》道学、儒林诸传多据此为之。盖宋人谈道学宗派，自此书始，而宋人分

①《四库全书总目·经部总序》卷1，第1页。

②《四库全书总目·仪礼经传通解》卷22，第280－281页。

道学门户，亦自此书始。厥后声气攀援，转相依附。其君子各执意见，或酿为水火之争，其小人假借因缘，或无所不至。叶绍翁《四朝闻见录》曰："程源为伊川嫡孙，无聊殊甚，尝鬻米于临安新门之草桥。后有教之以干当路者，著为《道学正统图》。自考亭以下，剿入当事姓名，遂特授初品，因除二令。又以轮对改合入官，迁寺监丞，是直以伊洛为市矣。"周密《齐东野语》、《癸辛杂识》所记末派诸人之变幻，又何足怪乎？然朱子著书之意，则固以前言往行矜式后人，未尝逆料及是。儒以《诗》、《礼》发冢，非《诗》、《礼》之罪也。或因是并议此书，是又以噎而废食矣。①

显然，四库馆臣认为，《伊洛渊源录》虽导致后世门户之见，但朱熹著书本意在于矜式后人，而后人遂酿门户之争，非朱熹所料。同样，对《近思录》，四库馆臣评论说："朱子之学，大旨主于格物穷理，由博反约，根株《六经》，而参观百氏，原未暖暖姝姝守一先生之言，故题词有曰：'穷乡晚进有志于学，诚得此而玩心焉，亦足以得其门而入矣。然后求诸四君子之全书，以致其博，而返诸约焉，庶乎其有而尽得之。若惮烦劳，安简便，以为取足于此而止，则非纂集此书之意。'然则四子之言，且不以此十四卷为限，亦岂教株守是编，而一切圣经贤传束之高阁哉！"②

《四书章句》是朱熹的代表作，对后世影响深远。从《四库全书总目》对这部书的评价中，很明显地体现出四库馆臣对宋学及朱熹的态度。《四库全书总目》云：

《论语》自汉文帝时立博士，《孟子》据赵岐题词，文帝时亦尝立博士，以其旋罢，故史不载，《中庸说》二篇见《汉书·艺文志》，戴颙《中庸传》二卷、梁武帝《中庸讲疏》一卷，见《隋书·经籍志》，惟《大学》自唐以前无别行之本。然《书录解题》载司马光有《大学广义》一卷、《中庸广义》一卷，已在二程以前。均不自洛闽诸儒始为表章，特其论说之详，自二程始，定著《四书》之名，则自朱子始耳。原本首《大学》，次《论语》，次《孟子》，次《中庸》。书肆刊本以《大学》、《中庸》篇页无多，并为一册，遂移《中庸》于《论语》前。明代科举命题，又以作者先后，移《中庸》于《孟子》前，然非宏旨所关，不必定复其旧也。《大学》古本为一篇。朱子则分别经传。颠倒其旧次，补缀其阙文，《中庸》亦不从郑注分节，故均谓之"章句"。《论语》、《孟

①《四库全书总目·伊洛渊源录》卷57，第804－805页。
②《四库全书总目·近思录》卷92，第1210页。

子》融会诸家之说，故谓之“集注”，犹何晏注《论语》裒八家之说称“集解”也。惟晏注皆标其姓，朱子则或标或不标，例稍殊焉。《大学章句》，诸儒颇有异同，然所谓诚其意者以下并用旧文，所特创者不过补传一章，要非增于八条目外。既于理无害，又于学者不为无裨，何必分门角逐欤？《中庸》虽不从郑注，而实较郑注为精密。盖考证之学，宋儒不及汉儒，义理之学，汉儒亦不及宋儒，言岂一端，要各有当，况郑注之善者，如“戒慎乎其所不睹”四句，未尝不采用其意，“虽有其位”一节，又未尝不全袭其文。观其去取，具有鉴裁，尤不必定执古义相争也。《论语》、《孟子》亦颇取古注，如《论语》“瑚琏”一条与《明堂位》不合，《孟子》“曹交”一注与《春秋传》不合，论者或以为疑，不知“瑚琏”用包咸注，“曹交”用赵岐注，非朱子杜撰也。又如“夫子之墙数仞”，注“七尺曰仞”，“掘井九仞”注“八尺曰仞”，论者尤以为矛盾。不知七尺亦包咸注，八尺亦赵岐注也。是知镕铸群言，非出私见。苟不详考所出，固未可概目以师心矣。大抵朱子平生精力殚于《四书》，其判析疑似，辨别毫厘，实远在《易本义》、《诗集传》上，读其书者要当于大义微言求其根本。明以来攻朱子者务摭其名物度数之疏，尊朱子者又并此末节而回护之，是均门户之见，乌识朱子著书之意乎？①

在此，四库馆臣明确提出汉儒精考证、宋儒长义理的观点，并指出读朱熹之书应从“微言大义”求其根本，后来的门户之争，均未能真正理解朱熹著书的原意，体现了四库馆臣的持评之论。

当然，四库馆臣对朱熹并非如孔子、孟子一样，无一字异论。朱熹是理学集大成者，备受统治者推崇，所注四书成为后世科举考试的依据，导致理学弊端丛生，因此，《四库全书总目》对朱熹态度有时也会附带批评之语。这也正体现了四库馆迎合乾隆皇帝既贬抑理学，又要利用理学治世的心态。

再从尊汉学角度来看，《四库全书总目》虽然有不少对汉学的赞颂之词，但也不乏对汉学的批评。

如批评顾炎武所著《唐韵正》云：“概名曰正，于义未协，是则炎武泥古之过，其偏亦不可不知也。”②

批评惠栋“其长在博，其短亦在于嗜博，其长在古，其短亦在于泥古也”③。

批评陆奎勋逞其博辨，“虽间有辨正精核之处，而以爱奇嗜博，反掩其所长，

①《四库全书总目·四书章句》卷35，第461－462页。

②《四库全书总目·唐韵正》卷42，第569页。

③《四库全书总目·左传补注》卷29，第380页。

较毛奇龄之说经又变本加厉者矣”[①]。

批评朱鹤龄：“学问淹洽，往往嗜博好奇，爱不能割，故引据繁富，而伤于芜杂者有之，亦所谓武库之兵，利纯互陈者也”[②]。

批评徐文靖：“文人爱奇嗜博，不加详考，遂至颠倒是非。”[③]

……

《四库全书总目》在重视考证同时，对汉学的弊端也有清醒的认识，馆臣对汉学的缺陷也给予了严厉批评，其目的即在于充分发挥汉学、宋学的长处，挖掘儒学治世的功能。无论是尊汉抑宋，还是对汉学宋学的批评，均表现出四库馆臣学术为政治服务的倾向，体现了乾隆的治世理念。

《四库全书总目》作为一部钦定的官修书籍，不同于一般私家著作，内中蕴含了乾隆皇帝以学术服务于政治的理想，故馆臣无论对宋学的批评，还是对汉学的尊崇，都有的放矢，也就是要立足于学术的发展有利于稳定社会秩序、有利于保持国家长治久安、有利于满族政权永固不衰的立场上，这才是乾隆皇帝所要达到的目的，而馆臣也确实按照“圣意”，并结合当时社会的发展对以往学术的发展作了一个总结。当乾隆皇帝还没有放弃程朱理学的教化功能时，馆臣不可能对程朱理学所建的纲常伦理基本框架有任何的批判，所能批判的只是乾隆皇帝所不满的某些流弊而已，对汉学的尊崇也限于其征实一面。清代的考证学虽然主张通过文字音韵训诂，以通六经，而达圣人之道，但这只是从事考证学者的口号和理想。汉学家所孜孜不倦地考证出来的大量成果，大多只是能破前人空凿臆断之说，使古籍恢复原本面貌，并没有人能够建立起一套伦理学说与程朱理学来抗衡，当然戴震除外。众所周知，戴震的哲学理论，不但没有得到帝王的认可成为官方指导思想，就是其生前好友也多不理解。当时，统治者所能做的就是，取宋学、汉学之长，而互补其短，既要加强束缚人民的纲常伦理，又要消除长期以来形成的门户之见，这就是《四库全书总目》在乾隆皇帝授意下，所欲达到的目的。

3. 崇圣道、敦实学

从征书开始，乾隆便强调征书的重点，称“有阐明性学治法，关系世道人心者，自当首先购觅”[④]，这也为日后馆臣纂修《四库全书》定下了基本原则。因此，《四库全书总目》对儒家经典推崇备至，大力宣扬伦理纲常。在乾隆皇帝的

①《四为全书总目·陆堂诗学》卷18，第229页。

②《四库全书总目·诗经通义》卷16，第206页。

③《四库全书总目·皇极经世考》卷110，第1449页。

④《纂修四库全书档案》，第2页。

督责下，馆臣将关羽以前的谥号统统改为“忠义”，以彰其志节。岳飞抗金的事迹在民间早已是妇孺皆知的故事，但乾隆皇帝不满其抗金的字眼，因此，《四库全书》中对岳飞忠君报国大加宣扬，但却抹去抗金事迹。对明末忠君之臣，也褒奖有加，对投降清朝的明末将领，反另眼相待，明显透露出乾隆皇帝欲行教化、正人心的修书目的。

为了达到崇圣道的目的，四库馆臣对儒家经典、正史推崇备至，对其他各家则极力排斥。在选录书籍时，馆臣称：“今所采录，惟离经叛道，颠倒是非者，掊击必严，怀诈挟私荧惑视听者，屏斥必力。”①在撰写提要时，虽然大多数馆臣偏重考据，但在乾隆皇帝的授意下，他们并不是仅埋头于清理学术，而是本着学术对治世是否有用的观念来看待以往学术的发展，如《四库全书总目》评诸子各家学说云：“夫学者研理于经，可以正天下之是非，征事于史，可明古今之成败，余皆杂学也。”②与此同时，对背离“圣道”者不惜笔墨，给予严厉打击，如明末学者李贽不以孔子之是非为是非，成为馆臣眼中的“异端”分子，《四库全书总目》评《藏书》曰：

> 贽书皆狂悖乖谬，非圣无法。惟此书排击孔子，别立褒贬，凡千古相传之善恶，无不颠倒易位，尤为罪不容诛。其书可毁，其名亦不足以污简牍。特以贽大言欺世，同时若焦竑诸人，几推之以为圣人，至今乡曲陋儒，震其虚名，犹有尊信不疑者，如置之不论，恐好异者转矜创获，贻害人心，故特存其目，以深暴其罪焉。③

在打击儒家内部异端的同时，馆臣对与儒家争衡的佛道两家也严加排斥，《四库全书总目》谓：“二氏之书，必择其可资考证者，其经忏章咒，并凛遵谕旨，一字不收。”④可见，馆臣为维护儒学独尊地位的良苦用心。

对于本在民间广为流传的“倚声填调”之作，馆臣本以为既无违碍，又相传已久，不妨兼收，却违背了“圣意”，在乾隆皇帝的怒斥声中不得不“一概屏斥”。馆臣也为此感叹，“仰见大圣人敦崇风教，厘正典籍之至意，是以编辑虽富，而谨持绳墨，去取不敢不严”。⑤

---

①《四库全书总目·凡例》卷首。
②《四库全书总目·子部总叙》卷91，第1191页。
③《四库全书总目·藏书》卷50，第702页。
④《四库全书总目·凡例》卷首。
⑤《四库全书总目·凡例》卷首。

清代学风以“黜虚崇实”为尚，尤其是，清初学者无论是尊程朱理学，还是重陆王心学，大都对明代空疏学风甚为痛恨。此后，演变为乾嘉考证学，其一大特点即“注重征实”，故乾隆皇帝也对实学表现出很高的兴趣，因此，《四库全书总目》表现出强烈的崇实学的特点。如《四库全书总目》宣称：“夫儒者之学，明体达用。道德事业，本无二源，岐而两之，殊为偏见。”①《四库全书总目》将儒学归结为“明体达用”，充分表现了馆臣经世致用的强烈意向，对以往经世名臣、大儒都给予了充分肯定。评宋代范仲淹云：“[范仲淹]贯通经术，明达政体，凡所论著，一一皆有本之言……行求无愧于圣贤，学求有济于天下，古之所谓大儒者，有体有用，不过如此。”②对清初大儒孙奇逢虽然某些观点不能苟同，但对其实行实用的思想却赞叹不止，称：“盖奇逢之学，兼采朱陆，而大本主于穷则励行，出则经世，故其说如此，虽不一一皆合于经义，而读其书者，知反身以求实行实用，于学者亦不为无益也。”③又如对清初颜李学，《四库全书总目》在反对其偏激之词的同时，又对其征实之学极为赞叹，评《存学编》说：“大旨谓圣贤立教，所以别于异端者，以异端之学空谈心性，而圣贤之学则事事征诸实用，原无相近之处，自儒者失其本原，亦以心性为宗，一切视为末务，其学遂于异端近，而异端亦得而杂之，其说于程朱、陆王皆深有不满，盖元生于国初，目击明季诸儒崇尚心学，放诞纵恣之失，故力矫其弊，务以实用为宗。”④又称赞李塨：“盖塨之学，出于颜元，务以实用为主，故于程朱之讲习，陆王之证悟，凡不切立身经世者一概谓之空谈。”⑤凡此等等，给世人以明确的价值取向，以求世人能“崇实黜虚”，达到巩固皇权的目的。

在崇实思想影响下，《四库全书总目》对关系国计民生的著作也极为关注，评明代朱潮曰：“至家居三十余年，于民生国计切切不忘，集中所载南洋水利之议，山寇海寇之防，皆指陈利病，斟酌时宜，委曲以告当事，不以罢黜而膜视，抑又难矣！”⑥又称赞明代史鉴“留心经世之务”，所作文章“究悉物情，练达时势，多关于国计民生”。⑦ 相反，对于空谈不习时务之徒，馆臣对其给予严厉抨击，批评南宋南宫靖一“以道学之盛衰，定帝王之优劣，而一切国计民生，皆视为末务，

①《四库全书总目·守令懿范》卷61，第858页。
②《四库全书总目·文正集》卷152，第2041页。
③《四库全书总目·四书近指》卷36，第476页。
④《四库全书总目·存学编》卷97，第1275页。
⑤《四库全书总目·论语传注》卷37，第494。
⑥《四库全书总目·天马山房遗稿》卷172，第2319页。
⑦《四库全书总目·西村集》卷171，第2307页。

视靖一原书尤迂而寡当矣”①。四库馆臣继承了清初学者的征实经世思想，将清初学者经世内容，由封建、井田、学校等理想，变成治理河务、救济灾荒有关国计民生的内容，从某种程度上说，也是对清初经世思想的继承。

再从《四库全书总目》目录的变化来看，更加明显体现出馆臣崇圣道、重实学的思想。试比较《七略》《隋书·经籍志》《明史·艺文志》《四库全书总目》的变化。

《七略》〔汉〕

辑略（辑与集同）

六艺略：易、书、诗、礼、乐、春秋、论语、小学

诸子略：儒、道、阴阳、法、名、墨、纵横、杂、农、小说

兵书略：兵权谋、兵形势、兵阴阳、兵技巧

术数略：天文、历谱、五行、蓍龟、杂占、形法

方技略：医经、经方、神仙、房中

诗赋略：歌诗、赋（屈原等）、赋（陆贾等）、赋（孙卿等）、杂赋

《隋书·经籍志》〔唐〕

经部：易、书、诗、礼、乐、春秋、孝经、论语（尔雅、五经总义附）、小学、谶纬

史部：正史、古史、旧事、职官、仪注、刑法、霸史、杂传（鬼神附）、地理、谱系、簿录、杂史、起居注

子部：儒、道、法、名、墨、纵横、杂、农、小说、兵、天文、历数、五行、医方

集部：楚辞、别集、总集

道经部：经戒、服饰、符录、房中

佛经部：经、律、论

《明史·艺文志》〔清〕

经部：易、书、诗、礼、乐、春秋、孝经、诸经、四书、小学

史部：正史（编年在内）、杂史、史钞、故事、职官、仪注、刑法、传记、地理、谱牒类

子部：儒家、杂家、农家、小说家、兵书、天文、历数、五行、艺术（医书

①《四库全书总目·小学史断》卷89，第1174页。

附)、类书、道家、释家

集部:别集、总集、文史

《四库全书总目》[清]

经部:易、书、诗、礼、春秋、孝经、五经总类、四书、乐、小学

史部:正史、编年、纪事本末、别史、杂史、诏令奏议、传记、史钞、载记、时令、地理、职官、政书、目录、史评

子部:儒家、兵家、法家、农家、医家、天文算术、术数、艺术、谱录、杂家、类书、小说家、释家、道家

集部:楚辞、别集、总集、诗文评、词曲

从目录来看,《四库全书总目》很明显体现了尊崇儒学而贬低诸子学的思想。从汉武帝独尊儒术后,儒家著作日益非富,而诸子之学相对衰弱,到清代,非儒家著作已受到严重打击,《明史·艺文志》将名、墨诸家等统统编入杂家,以便更突出儒家,排斥其他一切非儒家思想,已有将诸子思想一网打尽的意味。余嘉锡指斥这一做法说:"最误者莫如合名、墨、纵横于杂家,使《汉志》九流十家顿亡其三,不独不能辨章学术,且举古人家法而淆之矣。"①至编纂《四库全书总目》时,四库馆臣继承了这一做法,并解释说:"今但就四库所储,择其稍古而近理者,各存数种,以见彼法之梗概,其所未备,不复搜求。盖圣朝编录遗文,以阐明圣学明王道者为主,不以百氏杂学为重也。"②根据这一原则,《四库全书》的编纂不但继承了《明史·艺文志》汇名墨为杂家的目录编排法,而且将其位置向后大大推移。至此,诸子之学在目录学中位置已降至极点。虽然馆臣对此解释说:"衰周之季,百氏争鸣,立说著书,各为流品,《汉志》所列备矣。或其学不传,后无所述,或其名不美,人不肯居。故绝续不同,不能一概。后人著录,株守旧文,于是墨家仅《墨子》、《晏子》二书,名家仅《公孙龙子》、《尹文子》、《人物志》三书,纵横家仅《鬼谷子》一书,亦别立标题,自为支派,此拘泥门目之过也。黄虞稷《千顷堂书目》于寥寥不能成类者,并入杂家。杂之义广,无所不包,班固所谓'合儒、墨,兼名、法'也。变而得宜,于例为善。今从其说,以立说者谓之'杂学',辨证者谓之'杂考',议论而兼叙述者谓之'杂说',旁究物理、胪陈纤琐者谓之'杂品',类辑旧文、涂兼众轨者谓之'杂纂',合刻诸书、不名一体者谓之'杂编'。"③看似较为合理,实反映了馆臣欲打

①余嘉锡:《余嘉锡说文献学》,上海古籍出版社 2001 年,第 69 – 70 页。

②《四库全书总目·凡例》卷首。

③《四库全书总目·杂家类序》卷 117,第 1563 页。

击一切非儒学著作的意图。四库馆臣在贬低名墨诸子之学同时，却将兵、法、农、医的位置大大前移。兵家为生聚训练之术，多有宜权谋运用，在巩固边防、开拓疆土、维护大清统治方面，有着不可替代的作用。尽管兵家著作中“词不害理”而可著录者仅20部，但仍列为一家，并置于仅次儒家的位置。农、医的特点是“致用”而不“涉政”，“济民”而不“立说”，这种浓重的实用色彩极容易淡化人们对思想的兴趣，自然备受统治者的青睐，因此，便把这些实用而无异端思想的书籍置于前列。四库馆臣对此解释说：

> 儒家尚矣，有文事者有武备，故次之以兵家。兵，刑类也，唐、虞无皋陶，则寇贼奸宄无所禁，必不能风动时雍，故次以法家。民，国之本也。谷，民之天也，故次以农家。本草、经方，技术之事也，而生死系焉，神农、黄帝，以圣人为天子，尚亲治之，故次以医家。重民事者先授时，授时本测候，测候本积数，故次以天文算法。以上六家，皆治世者所有事也。百家方技或有益，或无益，而其说久行，理难竟废，故次以术数。游艺亦学问之余事，一技入神，器或寓道，故次以艺术。以上二家，皆小道之可观也。《诗》取多识，《易》称制器，博闻有取，利用攸资，故次以谱录。群言岐出，不名一类，总为荟稡，皆可采摭菁英，故次以杂家。隶事分类，亦杂言也，旧附于子部，今从其例，故次以类书。稗官所述，其事末矣，用广见闻，愈于博弈，故次以小说家。以上四家，皆旁资参考者也。二氏，外学也，故次以释家、道家终焉。夫学者研理于经，可以正天下之是非，征事于史，可以明古今之成败，余皆杂学也。然儒家本六艺之支流，虽其间依草附木，不能免门户之私，而数大儒明道立言，炳然具在，要可与经史旁参。其余虽真伪相杂，醇疵互见，然凡能自名一家者，必有一节之足以自立，即其不合于圣人者，存之亦可为鉴戒。①

乾隆中晚期时，虽然表面上清朝处于盛世之期，其实已是盛极而衰，社会风气也日益败坏，而考证学者多有退隐著述之偏爱。清中期学者多有从仕途中急流勇退者，或丁忧后退隐，或以疾病为名归隐，退隐著述成为清代一个奇怪现象。② 面对此种情境，乾隆亦略有察觉，他通过编纂《四库全书》弘扬有利于满族统治的思想，贬抑不利的思想。在乾隆的示意下，四库馆臣大力宣扬关注民

---

①《四库全书总目·子部总序》卷91，第1191页。

②如朱筠丁忧后曾欲退隐，作名山大川游，未能成行。周永年中进士后，曾欲退隐山林研治三礼，钱大昕、王鸣盛、姚鼐都是中途回籍后，不再复出。

生的价值取向，提倡经世思想，也是对社会安危的一个思考。《四库全书》之编纂试图从学术角度为社会弊病开出一个药方来，以求清政权的长治久安。

第二节 朱筠与四库馆

一、朱筠与乾嘉学术

朱筠（1729—1781 年），字竹君，又字美叔，号笥河，北京（顺天府）大兴县人。早年随父生活在陕西盩厔县（今陕西省周至县），九岁时全家移居京师。他早年便博学多才，曾在刘统勋幕下修《盛京志》，乾隆十九年（1754 年）中进士，历任翰林院编修、日讲起居注官、翰林侍读学士、协办内阁学士批本事。乾隆三十六年，被任命为安徽学政，以某生欠考事落职，降调，入四库馆充当纂修官，办理各省送到遗书，并总纂《日下旧闻考》。生平博闻宏览，家中藏书万卷，考证宗汉学，行事遵程朱，提携后生，不遗余力。尽管朱筠没有留下对后世影响较大的专著，但他以自己高尚的人格魅力和热情的学术追求，对当时学术风气影响很大，主要体现在以下几个方面。

1. 尊汉学，重视文字训诂

朱筠生活在一个汉学日益兴盛的时代，他顺应时代潮流，每到一处大力推扬汉学，尤其重视小学在治学方面的重要性。由小学通经而理解儒家的道，这是乾嘉时期考据学家们治学的共同特点，朱筠是这一治学宗旨的重要倡导者之一。他称赞许慎的《说文解字》云：

> 盖其发挥六书之指，使百世之下，犹可以窥见三古制作之意者，固若日月之离天，江河之由地。其或文奥言微，不尽可解，亦必明者之有所述，师者之有所授，后学小生，区文瞯见，不得妄议已。①

章学诚评朱筠说："先生于学无所不窥。取给为文，咸得大旨，不名流别，听治专家，至于文字训诂、象数名物、经传义旨，并主汉人之学。"②朱筠之子朱锡庚序《笥河文集》云："昔者先子有言曰：文无常律，唯求其是，又曰：有意为文，绝非真文。故集中之文，不越考古记事二端，而不为辩论。夫考古者，经之遗也，记事者，史之职也，不为辩论者，六艺而外，有述无作也。尝谓经学不明，良由训诂

---

①朱筠：《说文解字叙》，《笥河文集》卷 5，《丛书集成初编》本，第 70 页。

②章学诚：《朱先生墓志铭》，《章学诚遗书》卷 16，第 150 页。

不通，通经必先识字，庶几两汉诸儒所讲之经可以明，而后世望文生义之弊绝。欲仿扬雄训纂，而撰纂诂。又谓学者不通古音，无以远稽古训，故刘熙释名，因声求诂，扬子方言，遍历輶轩，可以异域之言，而证近正之训，亦可以殊方之声，以推往古之音，庶几周秦、汉魏音声递变之故可以通。"①为了对汉学方法加以推广，朱筠著有《十三经文字同异略》，以规范学子在研求经文时文字的使用。同时，朱筠还打算将全部儒家经典的校记与所有经书注释编为一书，使学者们遵循经文文字，但这一理想并未实现。后来，阮元继承了朱筠未竟之志，主持编纂的《十三经注疏校勘记》和《经籍纂诂》即是朱筠当年的设想。钱大昕在《经籍纂诂序》中说："谓治经必通训诂，而载籍极博，未有汇成一编者。往岁休宁戴东原在书局实创此意。大兴朱竹君督学安徽，有志未果。"②王引之也说："曩者，戴东原庶常、朱笥河学士皆欲纂集传注以示学者，未及成编。"③为了能使学子们在科举考试中规范文字，形成重视研究文字的风气，朱筠处处以汉学教导学子，在安徽学政任上，他刊布《说文解字》训导学子，教育士子以小学为入学之基，通过文字训诂通经，避免空疏无谓之谈，他说：

余试士之文谓之经义，所以说五经及四子书之义也。按说经始于汉初……今汉儒之书颁在学宫者，则有毛苌氏、何休氏、赵岐氏、郑康成氏，其书见传于世者，则有许慎氏，诸生不读许氏书无以识字，不读毛、何、赵、郑氏书无以通经，诸生应使者试，为文不如此，其求合于诏令清真雅正正这指者盖难矣。夫清真者，非空疏之谓，雅正者，非庸肤之谓，诸生将求免于空疏庸肤，以仰符诏旨，其必不能外乎识字以通经矣。④

此外，朱筠还通过考试取士，来弘扬汉学学风，他在《安徽试卷序》中说：

诸生之为文，当法唐正义之所以疏经及传笺注解者而后可，欲法之则凡于经之天地、山水、宫室、器用、衣服、鸟兽、草木、虫鱼之详悉皆当周知，而先之训诂，然后其于经之义秩然、粲然、怡然、涣然也。使者来江南岁试且一周矣。其所以面与诸生谆谆言之者，通经与识字而已。⑤

---

①朱锡庚：《笥河文集·序》，卷首。

②钱大昕：《经籍纂诂序》，《潜研堂文集》卷24，《四部丛刊》本。

③王引之：《经籍纂诂序》，《王文简公文集》卷3，《续修四库全书》第1490册，第385页。

④朱筠：《劝学编序》，《笥河文集》卷5，第78－79页。

⑤朱筠：《安徽试卷序》，《笥河文集》卷5，第77页。

孙星衍记述道：

> 先生以南宋已来，说经之学多蹈虚，或杂以释氏宗旨，明儒学无渊源，矫枉不得其正，又牵于制义声律，而经学放绝焉。国朝顾炎武、阎氏若璩，虽创通大义，惠氏士奇父子抱残守缺，而响学者尚未殷盛，先生以为经学本于文字训诂，又必由博反约。周公作《尔雅》、《释诂》居首，保氏教六书，《说文》仅存，于是刊布许氏《说文》于安徽以教士。①

朱筠不仅在安徽一省推广《说文解字》，他还特意上奏朝廷，仿汉代熹平、唐代开成故事，择儒臣校正十三经文字勒石太学。在奏折中说：

> 朴学未尽，每阅数卷，俗体别字，触目皆是，其尤甚者瑕不分，谄莫辨，据旁著处，适内加商，良由经训之未深，以致字体之罔定。江南且然，何况小者，其何以识字通经，由乡会两试进应殿廷之对乎？臣窃惟书契之作，圣人所以治百官而察万民，《周礼》、《汉律》，童子试诵，职在小学。汉熹平中，诏蔡邕等书石经，立太学门外，观视笔写，至于填塞街陌，传为盛事。晋唐以后，代有石经，而开成之刻，现在陕西，究经之士，奉为依据，然则欲多士字体之正，非本经文以示之难，或不可缺……臣愚以为，圣人文德、武功，美备之后，必将著金楱，缕玉版，用式于典谟，以一同文之治。矧六籍所垂，学官弟子朝夕诵法者，敢请敕下儒臣，取十三经正文，依汉许慎《说文》，梁顾野王《玉篇》，唐陆德明《释文》，核定点画，选择翰林中书之工书者，以清、汉二体书书之，摹勒上石，刊于国子监之壁，永永昭示万世，行见多士益将踊跃于变于文思之化，鸿都之书，不足道也。②

朱筠本欲以朝廷之力推广汉学，将文字训诂融入作为“抡才大典”的科举考试中，使学子从小便重视考证，将汉学由少数精英学者推广到社会中去。因为这涉及清廷文化导向，乾隆皇帝虽然对汉学有一定的好感，但终究事关体大，乾隆皇帝对朱筠的这一奏请批道：“候朕缓缓酌办。”此后，未见付诸实行，但朱筠的意见却在当时学者中产生了很大影响。

2. 重视文教

朱筠在重文字训诂的同时，也推崇前辈先贤以行教化、正风尚。在安徽学

---

①钱仪吉(辑)：《碑传集》卷41，第381页。

②朱筠：《笥河文集》卷1，第1页。

政任上，“锐然以兴起斯文为己任，搜罗逸献遗文，扬清激浊，表章风化，一切破崖岸而为之”①。同时，朱筠还特别留意表彰地方先贤大儒、节妇孝子，以教化人心，改变社会风气。江永、汪绂是清代前期的有名大儒，两人不仅学识渊博，著作等身，而且品行高尚，江永虽“家贫故，其居乡，尝援引《春秋传》丰年补败之义，劝乡人输谷若田，设立义仓。行之三十年，一乡之人不知有饥”②，汪绂则“明体达用，刚大直方”③，多为后人称赞。朱筠在安徽将此两位徽籍大儒，祀于紫阳山，“至期，盛陈驺道，躬奉木主以登祠堂，匍伏祭奠成礼，维时观者千余人，咸感激有泣下者”，“其乡有二人方以童生就考，既与礼观，乃幡然出其箧而弃之，曰：是不可以言学，吾乃今知所以学矣。径以其行笷易书数束而去，学官追之不得”。④ 此外，朱筠还亲自撰写了《婺源县学士汪先生墓表》对汪绂品操称扬甚备。这些举措对皖歙朴学风气的兴盛、伦理道德的强化起了重要作用。

二、朱筠与《四库全书》的编纂

1. 首倡开馆校书，《四库全书》策划者

朱筠在安徽学政任上所奏《谨陈管见开馆校书折子》，直接导致了《四库全书》的编纂，现将朱筠的奏折详录如下：

一、旧刻抄本，尤当急搜也。汉唐遗书存者希矣，而辽、宋、金、元之经注文集，藏书之家尚多有之，顾现无新刻，流布日少。其他九流百家，子余史别，往往卷帙不过一、二卷，而其书最精。是宜首先购取，官抄其副，给还原书，用广前史艺文之缺，以备我朝储蓄之全，则著述有所原本矣。

一、金石之刻，图谱之学，在所必录也。宋臣郑樵以前代著录陋缺，特作二略以补其失。欧阳修、赵明诚则录金石，聂崇义，吕大临则录图谱，并为考古者所依据。请特命于收书之外，兼收图谱一门，而凡直省所存钟铭碑刻，悉宜拓取，一并汇送，校录良便。

一、中秘书籍，当标举现有者，以补其余也。臣伏思西清东阁所藏，无所不备。第汉臣刘向校书之例，外书既可以广中书，而中书亦用以校外书，请先定中书目录，宣示外廷，然后令各举所未备者以献，则藏弃日益广矣。臣在翰林，常翻阅前明《永乐大典》。其书编次少伦，或分割诸书以从其类，然古书之全而世不恒观者，辄具在焉。臣请敕择其中古书完者若干部，分

①章学诚：《朱先生别传》，《章学诚遗书》卷18，第176页。

②徐世昌等：《清儒学案·慎修学案》，中华书局2008年，第2092页。

③徐世昌等：《清儒学案·双池学案》，第2234页。

④钱仪吉（辑）：《碑传集》卷49，第1388页。

别缮写，各自为书，以备著录。书亡复存，艺林幸甚！

一、著录校雠，当并重也。前代校书之官，如汉之白虎观、天禄阁，集诸儒校论异同及杀青。唐宋集贤校理，官选其人，以是刘向、刘知几、曾巩等，并著专门之业。列代若《七略》、《集贤书目》、《崇文总目》，其书具有师法。臣请皇上诏下儒臣，分任校书之选。或依《七略》，或准四部，每一书上，必校其得失，撮举大旨，叙于本书首卷，并以进呈，恭俟乙夜之披览。臣伏查武英殿原设总裁、纂修、校对诸员，即择其尤专长者，俾充斯选。则日有课，月有程，而著录集事矣。①

细研朱筠的奏折有如下三个特点：第一，扩大搜书范围，由原来仅限于搜集民间藏书，进而扩展到从《永乐大典》中辑佚遗书，以至延伸到金石图谱。这样，便使所搜书籍范围较以前大大扩展。此后纂修《四库全书》，所著录书籍来源有三，一是辑《永乐大典》所得；一是各省及私人进呈书籍；一是内府藏书，这种模式基本是采用了朱筠的建议。尤其是，四库馆臣从《永乐大典》中辑出遗书500余部，均为举世罕见或已经佚失的，对后世影响很大，大都被收入《四库全书》之中。金石图谱，原也并不在搜书范围之内，由于朱筠的建议，《四库全书》中收录了大量的金石学著作。据统计，金石著录部数36部，276卷；谱类著录部数25部，201卷。② 这就大大丰富了《四库全书》的内容。第二，朱筠指出了搜书的重点，在于寻查各家所藏旧本、抄本，此后大规模的征书活动对此也的确相当重视，从各地藏书家征得不少罕见之本，为纂修《四库全书》提供了许多好的版本，大大提高了《四库全书》的价值。第三，著录、校雠并重，并作出提要。在此之前的征书仅是汇集天下之书的意图，并没有提及对书籍的校勘、作出提要事宜。虽然乾隆三十七年谕中提到“先将各书叙列目录，注系某朝某人所著，书中要旨何在，简明开载，具折奏闻，候汇齐后令廷臣检核，有堪备阅者，再开单行知取进”。③ 但很明显，这种办法是为了避免所收书籍的泛滥重复而已。而朱筠的奏折已明确提出依内府与外来书籍互校，并具体提出了编纂目录的设想，成为构思《四库全书总目》第一人。同时也为纂修《四库全书》提供了方法和步骤。此后，《四库全书》纂修过程首先汇集书籍，集中力量进行校勘，然后作出提要置于卷首，这基本上是按照朱筠建议进行的，并取得了不凡的成绩。因此，从提出设想、确定方法角度来看，朱筠才是《四库全书》的最初策划者。

---

①《纂修四库全书档案》，第20－21页。

②任松如：《四库全书答问》，载于《民国丛书》，上海书店1989年，第158、160页。

③《四库全书总目·圣谕》卷首。

2. 搜书、献书，直接参与

朱筠能提出辑《永乐大典》，并扩大搜书范围，并非偶然。他对搜集图书、金石文字等极感兴趣，仅是对于金石遗文的搜集，自汉唐及元明，就“不下千通”。乾隆下诏征书后，初始未引起各地督抚重视，朱筠却“欣然谓得其志，且曰：此为非常盛典，必当人用专长，书明识职，然沿流溯本，可得求古人大体而窥天地之纯”。[①] 由此可见，他对征书活动的热情同其他督抚不同，完全是出自个人的兴趣爱好。他任安徽学政后，便留心购访，每到一处，咨询访问，不遗余力。并让学馆生员列举各自所见书籍，“无论抄本、刻本，取送校阅”。[②] 我们试比较一下作为学政的朱筠与巡抚上奏搜书情况，可以看出朱筠搜书、献书出于本性，而不是因乾隆皇帝的督促。乾隆三十七年十一月二十五日，朱筠上奏搜书情形时说：

臣职忝文学，自去冬抵任以来，即准部札，接奉前旨，留心购访，及臣按试各属，一县一州随处谘询，并饬学官诸生，各举闻见所及，无论刊本、抄本，取送校阅。其陆续买到及访闻现有其书可采录者，若安庆则有方以智《通雅》、方中德《古事比》、方中履《古今释疑》，徽州则有江永《礼经纲目》、《周礼疑义》、戴震《考工记图》、《屈原赋注》，宁国则有梅鼎祚《算学全书》、施闰章《愚山集》、吴肃公《街南集》及《阐义》，太平则有徐文靖《竹书统笺》、《山河两戒考》，凤阳则有曹楷《闵子年谱》，颍州则有《刘体仁集》，六安则有连山斗《周易辨画》，卢州则有合肥知县张佩芳《陆贽奏议纂注》诸书，并皆潜心服古，说有依据，足成一家之言、可备甄择。其余前代故书，尚俟渐次网络，以期充备。[③]

在其他省份尚无大规模征书之时，朱筠在不到一年的时间，便搜集到能成一家之言，可备甄择书籍 17 种，足见其搜书之勤，且其积极搜书、献书出于天性，并非政治压力下的举措。同时，安徽巡抚也上奏搜书情况，奏折云：

据布政使杨魁详覆：安省八府五州，行据池州、宁国、太平、颍州、六安、泗州、滁州、和州、广德十府州咸称，所属并无名宿望著有成编，无从购送。惟安庆属之柚城县原任翰林院编修叶酉著有《诗经拾遗》、《春秋究遗》二

①朱锡庚：《笥河文集·序》卷首。
②朱筠：《笥河文集》卷 1，第 2 页。
③《纂修四库全书档案》，第 23 页。

部，徽州府属之绩溪县购有宋时汪晫纂辑《曾子子思全书》一部，又婺源县贡生江永著有《礼经纲目》、《周礼疑义》二部，卢州府属之合肥县现任知县张佩芳有唐臣陆贽《翰苑集注》一部，现在呈送督臣汇奏。①

同是安徽省，两人征集图书竟有如此差别。开四库馆后，安徽献书583种，位居全国第四，被著录128种、存目199种。② 朱筠在安徽学政期间对安徽的征书也起了很大作用。

不仅如此，朱筠还积极将个人藏书献于四库馆，朱筠在奏折中说："臣自幼授书，籍隶辇下，岁时喜购旧刻逸编，积之三十年，家中间有善本。恭逢我皇上求书盛典，亦愿以蠡酌管辉，上资海日。臣自奉命来南，家中故籍，现嘱臣门人吏部主事程晋芳、礼部主事史积容两家收贮。臣程晋芳现在四库全书馆与充纂校之事。臣谨即记忆所有经史之外，宋元集部略多，凡得四十余种，开单呈览，伏祈皇上可否即以臣所开单付馆，令臣程晋芳等检取校录，其可用者附入全书。"③朱筠私人献书37种，被著录12种、存目4种，这在私人献书中是较多的一位，著录《四库全书》种数在全国私人献书中居于第十三位。④

乾隆三十八年，朱筠因考生欠考捐贡事，而被免职。但乾隆认为"朱筠学问尚优，加恩授翰林院编修，在四库全书馆行走"。⑤ 这样朱筠便直接参与了《四库全书》的纂修活动，主办各省采进遗书，并总纂《日下旧闻考》。《日下旧闻考》由清初学者朱彝尊《日下旧闻》一书改纂而成。原书"博采史乘，旁及稗官杂说，荟萃而成，视《帝京景物记略》、《燕都游览志》诸编，较为赅备，数典者多资之。第其书详于考古，而略于核实，每有所稽，率难征据"⑥。乾隆对此书一直很重视，开馆伊始，就谕令四库馆总裁选派专人改编此书，命名为《日下旧闻考》，并命于敏中、王际华总其事，而于敏中作为总裁官，主要负责体例的制定，以及监督、抽阅等，并不直接参与具体纂修。朱筠入四库馆后，除办理各省送到遗书外，还总纂《日下旧闻考》。朱筠擅长经学、小学，精于考据学，随身携带《日下旧闻》二十余年，对书多有考证。总纂《日下旧闻考》后，不但利用四库馆大量的典籍对书进行考证补订，还行文各衙门，咨查它们各自的方向、地名、房间、规模，以及有无石刻、碑碣、古迹等情况，取得了很大成绩，使原书的篇幅由42卷

①《纂修四库全书档案》，第25页。

②郭伯恭：《四库全书纂修考》，载于《民国丛书》，上海书店1989年，第263页。

③《纂修四库全书档案》，第114页。

④郭伯恭：《四库全书纂修考》，第263页。

⑤朱珪：《竹君朱公神道碑》，载于《笥河文集》卷首。

⑥《纂修四库全书档案》，第129页。

增至160卷，不仅内容充实，资料丰富，考证详晰，而且编次合理，成为总结、反映北京情形的最大、最完全的地方志专著。在任安徽学政之前，曾充当《平定准噶尔方略》纂修官，该书也被收入《四库全书》之中，其中包含了朱筠的心血。

3. 学术思想方面的间接影响

从现有资料来看，朱筠的性格有三个特点：一是不喜阿谀奉承；二是喜欢游山玩水；三是提携后生，不遗余力。朱筠早年即以优异的学问品行备受学者们的称赞，章学诚曾记述了一段他与刘统勋的故事：

> 故大学士诸城刘文正公，方以列卿供奉内廷，秉枢要，馆先生于邸第。朝议讨论典章制度，文正有所咨访，先生辄举所学以对，每见采用，其意有不合，固执以争，必伸所见然后已。文正性严毅，凡所论白，虽同列不敢轻易往复，先生独执经生之守，无所唯阿，文正亦虚衷纳焉。后官翰林，文正已历首揆，遇事执争如故。①

朱筠与刘统勋早年交往甚密，但朱筠任职以后，却与刘统勋始终保持一定距离，“一日遇朝，文正呼之曰：‘不念老夫耶？’先生曰：‘今某已服官，非公事不敢见贵人，惧人之议其后也。’文正叹息称善”②。朱筠这种刚直不阿的个性，深得学者们的欣赏，学人争相与之交往，再加上他顺应当时学风，极力提倡汉学，重视小学的作用，其引领学风的地位逐渐奠定。

朱筠在丁忧之后，本欲隐退游历名山大川，后其弟朱珪被召见，因乾隆皇帝特意询问朱筠在家的情形，经朱珪推荐，只得又出任官职。朱筠的这种性格决定了他在政治前途上不会有大的发展，但在学术上却发挥了引领学风的作用。姚名达认为“他的确是乾嘉朴学的开国元勋，亦即朴学家的领袖”。③ 姚名达之所以给予朱筠如此高的赞誉，主要是由于他为朱筠作年谱后，发现朱筠对同时代、后代的许多著名考据学家有重要影响，在学术上有渊源关系。乾隆中期，考证学者主要有两大群体，一个群体是北方学者，以北京为中心，如朱筠、纪昀、翁方纲等，此外，还有许多是在京做官的博通之士；另外一个群体则是南方学者，主要集中在安徽及江、浙一带。朱筠在这两大群体的学者中均有很大的影响，北方如纪昀、翁方纲均是朱筠的好友，对朱筠的学术赞同不置异词，南方学者不管是否是科第出身，也无论其性格是否合群，都能得到朱筠的帮助提携。朱筠

①章学诚：《朱先生别传》，《章学诚遗书》卷18，第176页。

②李威：《从游记》，《笥河文集》卷首。

③姚名达：《朱筠年谱》，《民国丛书》本，第3页。

生在北方，又做过安徽学政，这就使得他在沟通两大知识群体方面起到了极大作用。北京作为帝都，每至科举之时，都会聚集许多人才，朱筠非常注意与这些人的交往，李威记述说："都下为人文荟萃之薮，遇顺天乡试、礼部会试时，四方至者尤盛，先生每于揭晓前，邀名士五六人为主，广招通人才俊应试者，择日大会于陶然亭，开筵剧饮，分韵赋诗，一时品藻视为优劣。"在南方任职期间，朱筠也与许多知名学者有密切来往，据李威称："先生在东南，广延知名士居幕下，四方学者争往归焉。"①

《四库全书》的纂修与清代考据学有着密切的关系，南北两大知识群体均有参与，其中多有朱筠的门生故旧，朱筠对于其门生弟子的影响也间接影响到《四库全书》的纂修。就四库馆员来说，很多都和他有着非同一般的关系，总纂官陆锡熊，提调官刘谨之、刘种之，协勘官程晋芳、任大椿、梁上国都是他的弟子，其他如纂修官戴震、邵晋涵，分校官王念孙在入馆前都曾在他的幕府，深受他的影响。这些都是对《四库全书》做出巨大贡献的人。古代作过学政或主持过考试的官员，因考官与考生的关系而以师生称呼的人很多，他们一般没有多大学术渊源。而一些幕僚、门客可能仅是为生计而来，与幕主学术未必有关系。但朱筠则不同，他"提倡风雅，振拔单寒，虽后生小子一善行及诗文可喜者，为人称道不绝口，饥者食之，寒者衣之，有广厦千间之概。是以天下才人学士从之者如归市"。② 他从安徽学政任上归来后，正值《四库全书》纂修期间，众多知名学者群聚京城，朱筠家中更是高朋满座，其学生李威记述道："先生自安徽学政罢归，燕闲无事，旦日坐椒花吟舫，朋友门生，及四方问字之士踵接于门，阍者不能尽通，听其自入，宾位不足，常有循栏坐者，先生笑语酬酢，竟日无倦容。"③四库馆中许多学者都因他的扬誉而成名，以史学家邵晋涵与朱筠的关系为例，我们对此可窥见一斑。

劭晋涵对史学十分精通，在史学考证方面做出了很大成就，从《永乐大典》中辑出《旧五代史》被收入《四库全书》中，《四库全书总目》中史部提要初稿大多出于他的笔下。在他未中进士之前，便与朱筠有密切来往。乾隆三十六年，朱筠同刘同勋主考会试，主考官刘同勋拿一试卷给朱筠看，朱筠便指出："此余姚邵晋涵，故知名士"，打开一看，果然不错。刘同勋问其原因。朱筠回答道："今士之绩学者，某莫不与之游，读其文，知其学，如观其面，宁或失之耶？"④此

①李威：《从游记》，《笥河文集》卷首。

②江藩：《国朝汉学师承记》，中华书局 1983 年，第 68 页。

③李威：《从游记》，载于《笥河文集》卷首。

④李威：《从游记》，载于《笥河文集》卷首。

后，邵晋涵因不得志，入馆前很长时间生活在朱筠幕府。朱筠对小学非常重视，他认为做学问首先要精通文字，然后才能去做考据学，在他的劝导下，邵晋涵作《尔雅正义》，对学术发展做出了一大贡献。此后，邵晋涵能入四库馆，虽为刘同勋所保举，实得益于朱筠的大力举荐。邵晋涵尝称：

> 晋涵自二十岁得失血疾，束书不观者数年，忆初得见于撷英书屋，蒙教以郑注之精粹，汉易之源流，退即取其书而读之，叹为不易之论。自去冬远道相依，追随朝夕，屡承明训，复理绪言转有遗其颠末者，岂非晋涵不知好学，将终于暴弃无成乎？私心惶惧，愿从此专一思虑，肆力遗经，或可稍副先生之期望也。①

再如王念孙深明六书七音之旨，精于考据学，为当时出类拔萃的学者，后为《四库全书》分校官，入四库馆之前曾因事在天长避祸。慕名朱筠能为人排忧解难，"跋涉往见，先生敬礼之，时从问字质疑，未尝以前辈体貌自居，飞书当路，护持其家尽力"②，不仅解决了王念孙一时之忧，对其学术的发展也是一个促进。

朱筠不仅对弟子门生多有提携，而且还能兼收并蓄，与各种学者友好相处。如四库馆纂修官戴震学识渊博，为《四库全书》的纂修做出了巨大贡献，但他是一个"兀傲不群，好雌黄人物"，一般学者很难与之相处，唯有朱筠与他相处甚好，"在先生幕中，独于先生无间言"。③ 同戴震性格相似的学者汪中，也是如此，虽然才学冠绝大江南北，但他孤傲不群、好诋议人，多遭人非议。只有与朱筠在一起时，"乃负笈从先生游，先生亦礼遇之有加，歉然常若弗及之也"。④再如姚鼐是主张宋学的学者，而朱筠则是考据学家，但两人关系很好，朱筠去世后，姚鼐作文怀念，对朱筠盛赞有加。

朱筠这种提携后生，对各种学者兼收并蓄、宽容大度的作风的确培养了不少人才，推动了清代考据学的发展。《四库全书》的学术成果实际上与朱筠有密切的关系。

①邵晋涵：《与朱笥河学士书》，《南江文钞》卷8，《续修四库全书》第1463册，第478页。

②李威：《从游记》，载于《笥河文集》卷首。

③江藩：《国朝汉学师承记·朱笥河先生》，中华书局1983年，第68页。

④李威：《从游记》，载于《笥河文集》卷首。

第七章　四库馆臣的学术共性

第一节　四库馆臣的理性意识与经世思想[①]

四库馆内人才济济，前后参与其事的三百多人大都是当时知名学者，众多学者聚集一堂，个个意气风发，谈经论学，研讨磨勘。在长达十余年的时间中，馆臣们凝聚集体之智慧，造就了中国古代史上一座不朽的文化丰碑。这座文化丰碑虽然包含了乾隆的思想，具有钦定性，但众多馆臣，特别是纂修官能长期合作，最终完成这部巨作，除了遵从乾隆的意旨外，也反映了他们的学术具有共性的一面，并非汉宋之争，势同水火。笔者认为四库馆中起主要作用者，都能理性地看待汉宋之争，其思想蕴含着经世思想，这就是他们的一个共同点，而这一点与乾隆的编纂意图也多有吻合。大致上说，四库馆内以擅长经学者为多，研求经学者又分为"尊汉抑宋"的重考证学者和"考订衷于义理"学者，此外，还有陆锡熊、邵晋涵等擅长史学者，人数虽不多，但也很具有代表性。下面，试将这些学者的学术大旨加以分析，以见其学术上的共性。

一、尊汉抑宋、重考证学者

这类学者在四库馆中占据大多数，这一类学者以纪昀、戴震、朱筠为首，他

①在探讨馆臣们学术上的共性时，笔者有意避开以《四库全书总目》为研究依据，原因在于《四库全书总目》的纂修是一个复杂的过程。到目前为止，有人将《四库全书总目》归于纂修官集体的结晶，有人将其归功于纪昀一人，有人则将其归于乾隆。提要的初稿虽由各纂修官们提供，但经过纪昀、陆锡熊修改之后，已经无法完好地体现纂修官们的思想。但也不能将其归于两位总纂官，一方面他们在修改、润色时充分吸收了分纂官的初稿，并非完全是自己的成果；另一方面，他们还要充分考虑乾隆的意图，这又使《四库全书总目》深受皇权的影响。因此，我个人认为《四库全书总目》并不能完全代表四库馆臣学术上的共同特征。

们大都尊崇考据学,反对宋明理学。不过,至乾隆中晚期,清代考据学已走过了一百多年的历程,这些考据学精英们,已经对汉、宋两派的利弊有了更加理性的认识,他们的学术思想并非“重汉轻宋”一句话所能简单容括的。

纪昀的生平及对《四库全书》的贡献我们在前面已经述及。他不仅学识渊博,而且喜欢与学者们吟诗联对,又因其官职之故,在四库馆中影响较大。纪昀作为汉学派中一位主力干将,有着强烈的尊汉抑宋倾向,他在《阅微草堂笔记》中或自编故事,或借助他人之口,对空言性理的道学家大加讥讽。从《阅微草堂笔记》看,纪昀对宋学家的批评主要表现在以下几个方面:

第一,批评宋学不通训诂、曲解经义。如他记述一则故事云:

> 相传有塾师,夏夜月明,率门人纳凉河间献王祠外田塍上。因共讲《三百篇》拟题,音琅琅如钟鼓。又令小儿诵《孝经》,诵已复讲。忽举首见洞门双古柏下,隐隐有人。试近之,形状颇异,知为神鬼。然私念此献王祠前,决无妖魅。前问姓名。曰毛苌、贯长卿、颜芝,因谒王至此。塾师大喜,再拜,请授经义。毛、贯并曰:“君所讲,适已闻,都非我辈所解,无从奉答。”塾师又拜曰:“《诗》义深微,难授下愚。请颜先生一讲《孝经》可乎?”颜回面向内曰:“君小儿所诵,漏落颠倒,全非我所传本。我亦无可著语处。”俄闻传王教曰:“门外似有人醉语,聒耳已久,可驱之去。”余谓此与爱堂先生所言学究遇冥吏事,皆博雅之士,造戏语以诟俗儒也。然亦空穴来风,桐乳来巢乎?①

纪昀在《阅微草堂笔记》中所记内容多是以神鬼故事寓人间之事,对一些戏言传说,也记下来反思其问题。这篇寓言中称,道学家所信奉之经典,漏落颠倒,与先圣旨意不符,从侧面突出了通过考证学校勘古籍、恢复古本原貌的重要性,同时也反映出宋学臆断空疏远离了儒家原典,是对先圣经学的歪曲理解。

第二,宋学家空谈性理、不务实事。理学之空谈,在明末清初之际已受到学者们的严厉抨击,至清中期从事考据的学者也多是以此批评理学。纪昀在《阅微草堂笔记》中记载了许多这样嘲笑道学家空谈性理的故事。如他在《阅微草堂笔记》中讲述了这样一则故事:

> 武邑某公,与戚友赏花佛寺经阁前。地最豁厂,而阁上时有变怪,入夜

---

①纪昀:《阅微草堂笔记》卷2,《滦阳消夏录(二)》,上海古籍出版社1980年,第22页。

即不敢坐阁下。某公以道学自任，夷然弗信也，酒酣耳热，盛谈《西铭》万物一体之理，满座拱听，不觉入夜。忽阁上厉声叱曰："时方饥疫，百姓颇有死亡。汝为乡官，既不思早倡义举，施粥舍药；即应趁此良夜，闭户安眠，尚不失为自了汉。乃虚谈高论，在此讲民胞物与。不知讲至天明，还可作饭餐，可作药服否？且击汝一砖，听汝再讲邪不胜正。"①

第三，批评宋儒凭空臆断，不能实事求是。《阅微草堂笔记》云：

"六合之外，圣人存而不论。"然六合之中，实亦有不能论者。人之死也，如儒者之论，则魂升魄降已耳。即如佛氏之论，鬼亦收录于冥司，不能再至人世也。而世有回煞之说，庸俗术士，又有一书，能先知其日辰时刻与所去之方向，此亦诞妄之至矣。然余尝于隔院楼窗中，遥见其去，如白烟一道，出于灶突之中，冉冉向西南而没。与所推时刻方向无一差也。又尝两次手自启钥，谛视布灰之处，手迹足迹，宛然与生时无二，所亲皆能辨识之。是何说欤？祸福有命，死生有效，虽圣贤不能与造物争。而世有蛊毒魇魅之术，明载于刑津。蛊毒余未见，魇魅则数见之。为是术者，不过瞽者巫者，与土木之工。然实能祸福死生人，历历有验。是天地鬼神之权，任其播弄无忌也。又何说钦？其中必有理焉，但人不能知耳。宋儒于理不可解者，皆臆断以为无是事。毋乃胶柱鼓瑟乎？李又聃先生曰："宋儒据理谈天，自谓穷造化阴阳之本；于日月五星，言之凿凿，如指诸掌。然宋历十变而愈差。自郭守敬以后，验以实测，证以交食，始知廉、洛、关、闽，于此事全然未解。即康节最通数学，亦仅以奇偶方圆，揣摩影响，实非从推步而知。故持论弥高，弥不免郢书燕说。夫七政运行，有形可据，尚不能臆断以理，况乎太极先天，求诸无形之中者哉。先圣有言：'君子于不知，盖阙如也'"。②

《阅微草堂笔记》借助这些有关生死的哲学问题，以及一些离奇的故事，向宋学家发难道："宋儒动言格物，如此之类，又岂可以理推乎？"③说明征实之学的重要性。

第四，批评宋儒门户之争。《阅微草堂笔记》云：

①纪昀：《阅微草堂笔记》卷4，《滦阳消夏录（四）》，第71页。

②纪昀：《阅微草堂笔记》卷4，《滦阳消夏录（四）》，第76－77页。

③纪昀：《阅微草堂笔记》卷5，《滦阳消夏录（五）》，第97页。

嘉祥曾映华言：一夕秋月澄明，与数友散步场圃外。忽旋风滚滚，自东南来，中有十馀鬼，互相牵曳，且殴且詈。尚能辨其一二语，似争朱、陆异同也。门户之祸，乃下彻黄泉乎！①

批评朱陆门户之争者，在清代已并不鲜见，但以此种方式，给予门户之争严厉批评者，却极为少见。

第五，抨击伪道学。《阅微草堂笔记》记：

有两塾师邻村居，皆以道学自任。一日，相邀会讲，生徒侍坐者十余人。方辨论性天，剖析理欲，严词正色，如对圣贤。忽微风飒然，吹片纸落阶下，旋舞不止。生徒拾视之，则二人谋夺一寡妇田，往来密商之札也。②

又记：

李孝廉存其言：蠡县有凶宅.一耆儒与数客宿其中。夜闻窗外拨剌声，耆儒叱曰："邪不干正，妖不胜德。余讲道学三十年，何畏于汝！"窗外似有女子语曰："君讲道学，闻之久矣。余虽异类，亦颇涉儒书。《大学》扼要在诚意，诚意扼要在慎独。君一言一动，必循古礼，果为修己计乎？抑犹有几微好胜者在乎？君作语录，龂龂与诸儒辩，果为明道计乎？抑犹有几微好胜者在乎？夫修己明道，天理也。近名好胜，则人欲之私也。私欲之不能克，所讲何学乎？此事不以口舌争，君扪心清夜，先自问其何如，则邪之敢干与否，妖之能胜与否，已了然自知矣。何必以声色相加乎？"耆儒汗下如雨，瑟缩不能对。徐闻窗外微哂曰："君不敢答，犹能不欺其本心。姑让君寝。"③

可以说这部笔记小说之作，矛头直指宋明理学的弊端，尤其对以道学自任、不以理学约束自身言行、不务实事、空谈性理批评甚为严厉。这些与《四库全书总目》的学术思想恰相吻合。

但纪昀对宋学并非盲目地排斥，而是能够较为理性地看待汉宋之争，在反

①纪昀：《阅微草堂笔记》卷12，《槐西杂志（二）》，第264页。
②纪昀：《阅微草堂笔记》卷4，《滦阳消夏录（四）》，第78页。
③纪昀：《阅微草堂笔记》卷4，《滦阳消夏录（四）》，第78页。

对宋学流弊的同时,对汉学的弊端也有较清醒的认识。他在批评一些汉学家时道:“儒者日谈考证,讲‘曰若稽古’,动至十四万言。”①对读书泥古、不加深思者也加以批判,在《滦阳消夏录(三)》中讲:

[刘羽冲]性孤僻,好讲古制,实迂阔不可行……偶得古兵书,伏读经年,自谓可将十万。会有土寇,自练乡兵与之角,全队溃覆,几为所擒。又得古水利书,伏读经年,自谓可使千里成沃壤。绘图列说于州官。州官亦好事,使试于一村。沟洫甫成,水大至,顺渠灌入,人几为鱼。

纪昀论曰:“泥古者愚,何愚乃至是欤!”②可见,他对考据学仅埋头训诂、一味崇汉的弊病也深有所悉。因而,他在学术上能持平汉宋,这是纪昀学术思想的一个重要方面。他评论汉宋两学派说:

余撰《四库全书·诗部总叙》有曰:宋儒之攻汉儒,非为说经起见也,特求胜于汉儒而已。后人攻宋儒,亦非为说经起见也,特不平宋儒之诋汉儒而已……平心而论,《易》自王弼始变旧说,为宋学之萌芽。宋儒不攻《孝经》,词义明显。宋儒所争,只今文古文字句,亦无关宏旨,均姑置弗议。至《尚书》、《三礼》、《三传》、《毛诗》、《尔雅》诸注疏,皆根据古义,断非宋儒所能。《论语》、《孟子》,宋儒积一生精力,字斟句酌,亦断非汉儒所及。盖汉儒重师传,渊源有自,宋儒尚心悟,研索易深。汉儒或执旧文,过于信传。宋儒或凭臆断,勇于改经。计其得失,亦复相当。③

而且称赞纪昭所注《毛诗广义》“能持汉学、宋学之平”④,赞许李东圃“于汉学、宋学两无所偏好,亦无所偏恶”⑤。

邵晋涵评纪昀学术说:

今观先生之论著,而知经训递推,务宣圣绪,原其树义所发端,而祛其末流之弊。汉学、宋儒本末兼该,指归则一,而不容以歧视也。史以征实,

①纪昀:《阅微草堂笔记》卷5,《滦阳消夏录(五)》,第92页。

②纪昀:《阅微草堂笔记》卷3,《滦阳消夏录(三)》,第49页。

③纪昀:《阅微草堂笔记》卷1,《滦阳消夏录(一)》,第10页。

④纪昀:《逊斋易述序》,《纪文达公遗集》卷8,《续修四库全书》第1435册,第340页。

⑤纪昀:《周易义象合纂序》,《纪文达公遗集》卷8,第340页。

闻见异辞，堪资互证，是非所在，因事考言，而无取乎幽险之泛，引溪刻之寻求也。子家则分委疏端。皆可发明道术。集部则兼收并储，惟在言之有物，而切戒其竞于党？以及僻固浅陋者之大言术以自文也。持以和平，折衷至当，所谓论定千秋而不为一时计者乎？①

邵晋涵的评论是较为恰当的，正因为纪昀对汉、宋之学有如此理性的认识，才会成为四库馆总纂官。简单地将纪昀定为尊崇汉学反对宋学，是一种武断的结论。

另外，纪昀虽偏重考据学，但他并不埋头于"故纸堆"中，而具有很强烈的经世致用的思想。除编纂《四库全书》外，纪昀留传于世的主要著作就是《阅微草堂笔记》，这部笔记小说看似累记荒诞不经故事的清闲之作，然细究内中意蕴，却富含深意。除了辨汉宋之是非外，就是要达到警世劝善的目的。乾隆中期，虽称盛世，但社会弊病已渐露端倪，于敏中之结党营私，和珅之骄横贪婪，再加上他本人在仕途上的坎坷经历，面对社会上日益增多的不良现象，使他不得不对世事有所深思。如他借一士人之口劝诫那些热衷于仕宦之人云：

仕宦热中，其强悍者必怙权，怙权者必狠而愎；其孱弱者必固位，固位者必险而深。且怙权固位，是必躁竞，躁竞相轧，是必排挤。至于排挤，则不问人之贤否，而问党之异同；不计事之可否，而计己之胜负。流弊不可胜言矣。是其恶在贪酷上，寿且削减，何止于禄乎？②

同时，在书中对忠孝仁义又大加宣扬，凡不忠不孝者，必遭天谴。而那些忠义之士，则鬼神敬之。纪昀在一则故事后论曰：

余谓忠孝节义，殁必为神。天道昭昭，历有验证。此事可以信其有。即曰一人造言，众人附和，"天视自我民视，天听自我民听"。人心以为神，天亦必以为神矣，何必又疑其妄焉。③

此外，还有劝人行善、戒色、戒盗以及同情妇女等等，不再一一赘述。纪昀

①邵晋涵：《纪晓岚先生七十寿序代》，《南江文钞》卷7，第468页。
②纪昀：《阅微草堂笔记》卷5，《滦阳消夏录（五）》，第88页。
③纪昀：《阅微草堂笔记》卷5，《滦阳消夏录（五）》，第89页。

自称所作《滦阳消夏录》“小说稗官，知无关于著述，街谈巷议，或有益于劝惩。”①在整部《阅微草堂笔记》中处处充满了对现实问题的关怀。汪德钺说：“［吾师］平生讲学，不空持心性之谈，人以为异于宋儒，不知其牖民于善，坊民于淫，拳拳救世之心，实导源于洙泗。即偶为笔记也，以为中人以下，不尽可与庄语，于是以卮言之出，代木铎之声，乍视之，若言奇言怪，细核之，无非寓惩劝以发人深省者。”②盛时彦也称：“先生诸书，虽托诸小说，而义存劝戒，无一非典型之言。”③纪昀自谓：“余校录《四库全书》，子部凡分十四家，儒家第一，兵家第二，法家第三，所谓礼乐兵刑，国之大柄也。农家、医家旧史多退之于末简，余独以农家居四，而其五为医家，农者民命之所关，医虽一技，亦民命之所关，故升诸艺术上也。”④两相较证，则纪昀经世思想脱颖而现，绝非空言。

戴震学问渊博，尤精经学，堪称当时考据学之领袖人物。戴震的思想早年与晚年有很大的不同⑤，早年的他以义理推崇宋学，以名物制度推崇考据学。论学道：

> 古今学问之途，其大致有三：或事于理义，或事于制数，或事于文章。事于文章者，等而末者也……圣人之道，在六经。汉儒得其制数，失其义理；宋儒得其义理，失其制数。⑥

此番言论，与纪昀持平汉宋如出一辙，同时也证明了此时的考据学派对汉宋两派确有较为理性的认识。但戴震不满于考据学派只吃桑叶不吐丝的弊端，考据学派所谓尊汉儒便是理解了圣人之道也无法使他认同，故“闻道”便成了他晚年的一个中心话题，他曾多次提及这一点，说：

> 今之博雅能文章善考核者，皆未能志乎闻道，徒株守先儒而信之笃，如南北朝人所讥，‘宁言周、孔误，莫道郑、服非’，亦未志乎闻道也。⑦

---

①纪昀：《阅微草堂笔记》卷1，《滦阳消夏录(一)》，第1页。

②汪德钺：《纪晓岚师八十寿序》，转引自周积明《文化视野下的〈四库全书总目〉》，中国青年出版社2001年，第70页。

③盛时彦：《阅微草堂笔记·盛跋》卷18，第472页。

④纪昀：《济众新编序》，《纪文达公遗集》卷8，第356页。

⑤关于戴震的学术分期，详可参考钱穆的《中国近三百年学术史》第八章，商务印书馆1997年，第344－358页；胡适的《戴东原的哲学》，载于《胡适文集》，北京大学出版社1998年，第250－253页。

⑥戴震：《戴震集·与方希原书》，上海古籍出版社1980年，第189页。

⑦戴震：《戴震集·答郑丈用牧书》，第186页。

又说：

治经先考字义，次通文理，志存闻道，必空所依傍。汉儒故训有师承，亦有时傅会，晋人傅会凿空益多。宋人则恃胸臆为断，故其袭取者多谬，而不谬者在其所弃。我辈读书原非与后儒竞立说，宜平心体会经文，有一字非其的解，则于所言之意必差，而道从此失。①

因此，他作《原善》《绪言》《孟子字义疏证》，阐述自已由训诂所通之“道”。戴震于乾隆三十八年被举荐入四库馆，此时距他去世仅有四年的时间，正是其“闻道”高潮之时，虽然他以名物制度为当时学者所器重，但他一旦突破不谈性理的界限，考据学家们也不能理解他了。章学诚说：“凡戴君所学，深通训诂，究于名物制度，而得其所以然，将以明道也。时人方贵博雅考订，见其训诂名物，有合时好，以谓戴之绝诣在此。及戴著《论性》、《原善》诸篇，于天人理气，实有发先人所未发者，时人则谓空说义理，可以无作。是固不知戴学者矣。”②此中的“时人”即指当时考据学派人物。戴震突破程朱的义理学说，就连考据学派都无法接受，当然更无法体现到乾隆皇帝钦定的《四库全书》之中了。但戴之思想却体现了他对汉学弊端的进一步认识。与纪昀相比，两人同样能理性地看待汉学宋学的利弊，不同的是纪昀采取了持平汉宋的态度，而戴震则进一步突破程朱理学，阐述了戴氏义理之学。

戴震虽以训诂名物制度震绝一时，又独树一帜，另创义理，但他既没有埋头训诂，也没有流于空言心性，言论中不乏经世思想。他论学说：“君子或出或处，可以不见用，用必措天下于治安。”③又对毕沅说：“国之本莫重于民，利民病民之本莫重于吏，有一念及其民，则民受一念之福。察吏者，恻隐之实之至于民者也。”④段玉裁在贵州玉屏县任职时，戴震给他的信中说：“想（贵州玉屏县）风气未开，未必不可施教化也。”⑤尤其可贵的是，针对理教对人的迫害，他不遗余力地给予揭露和批判：

呜呼！今之人其亦弗思矣！圣人之道，使天下无不达之情，求遂其欲

①戴震：《戴震集·与某书》，第187页。

②章学诚：《书朱陆篇后》，《章学诚遗书》卷2，第16页。

③戴震：《戴震集·与某书》，第187页。

④戴震：《戴震集·送巡抚毕公归西安序》，第209页。

⑤戴震：《戴震集》附录，第490页。

而天下治，后儒不知情之至于纤微无憾，是谓理。而其所谓理者，同于酷吏之所谓法。酷吏以法杀人，后儒以理杀人，浸浸乎舍法而论理死矣，更无可救矣！……古人之学在行事，在通民之欲，体民之情，故学成而民赖以生。后儒冥心求理，其绳以理，严于商、韩之法，故学成而情不知，天下自此多迂儒。及其责民也，民莫能辨，彼方自以为理得，而天下受其害者众也。①

针对宋儒以理压人、抑制人的情欲，他大声疾呼："人死于法，犹有怜之者；死于理，其谁怜之？"②这是多么悲愤的呼声和反抗！而纪昀在《阅微草堂笔记》中则记有这样一则故事：

饮食男女，人生之大欲存焉。干名义，渎伦常，败风俗，皆王法之所必禁也。若痴儿騃女，情有所钟，实非大悖于礼者，似不必苛以深文。余幼闻某公在郎署时，以气节严正自任。尝指小婢配小奴，非一年矣，往来出入，不相避也。一日，相遇于庭，某公亦适至，见二人笑容犹未敛，怒曰："是淫奔也！于律奸未婚妻者，杖。"遂亟呼杖。众言："儿女嬉戏，实无所染，婢眉与乳可验也。"某公曰："于律谋而未行，仅减一等。减则可，免则不可。"卒并杖之，创几殆。自以为河东柳氏之家法，不是过也。自此恶其无礼，故稽其婚期。二人遂同役之际，举足趑趄；无事之时，望影藏匿，跛前疐后，日不聊生。渐郁悒成疾，不半载内，先后死。其父母哀之，乞合葬。某公仍怒曰："嫁殇非礼，岂不闻耶？"亦不听。后某公殁时，口喃喃似与人语，不甚可辨，惟"非我不可"、"于礼不可"二语，言之十馀度，了了分明。咸疑其所见矣。夫男女非有行媒，不相知名，古礼也。某公于孩稚之时，即先定婚姻，使明知为他日之夫妇。朝夕聚处，而欲其无情，必不能也。"内言不出于阃，外言不入于阃"，古礼也。某公僮婢无多，不能使各治其事；时时亲相授受，而欲其不通一语，又必不能也。其本不正，故其末不端。是二人之越礼，实主人有以成之。乃操之已蹙，处之过当，死者之心能甘乎？冤魄为厉，犹以"于礼不可"为词，其斯以为讲学家乎？③

纪昀其实是通过故事对理教杀人予以揭露。从这一点看，戴震与纪昀都是针对社会现实而发，只不过表达方式不同而已。

①戴震：《戴震集·与某书》，第188页。

②戴震：《戴震集·孟子字义疏证上》，第275页。

③纪昀：《阅微草堂笔记》卷23，《滦阳续录五》，第534－535页。

二、“考订衷于义理”派

这一学派以翁方纲、程晋芳为首①,他们在考据学上都有不小的成绩,因此,江藩在《汉学师承记》中将程晋芳列入了汉学家。但翁、程都是在尊崇程朱理学基础上谈考据学的,这一点与纪昀、戴震等人有很大区别。

翁方纲精心汲古,博学多闻,对金石学尤其擅长,在四库馆中负责纂修各省送到遗书。翁方纲处在一个为考据学所笼罩的时代,但他极尊服程朱之学,又能兼采考据学之长,更能反映四库馆臣对学术发展的理性认识。翁方纲虽然生活在考据学日益兴盛的时代,他本人也对金石文字等表现出极大的兴趣,但他并不拘泥于考证,相反则以尊程朱理学为信条,他说:

> 经术至宋儒而阐发义理日益精密,实则与考证训诂本一事也。河南二程子实启正学之脉,而今之考经义者,必欲曲辨二程子未尝师事周子,又必谓太极图出于陈希夷,又或因辨陆象山、王阳明之学派而转谓程朱有涉于二氏,此皆嗜琐嗜博之徒,非说经之正也。②

他在尊服程朱理学的同时,却并不盲目推崇,对宋元之后的理学弊病也深有所悉,说:“明代士大夫习气喜为党同伐异之论,稍有可假之端,则科道诸曹哗然,文章辨难逢起,横议滋而门户立,朋党众,而权奸炽,自古为学为文之害及世道人心者,莫甚于此。”③在尊宋学的同时,翁方纲对其发展过程中的弊端并不回护,同当时的考证学者一样,对宋明学者的门户之争等给予严厉批评,持论较为公允。当时在四库馆中,戴震倡导考据学,与专尊宋学的钱载发生了激烈的冲突,翁方纲对程晋芳评论说:

> 昨萚石(钱载)与东原议论相诋,皆未免于过激。戴东原新入词馆,斥詈前辈,亦萚石有以激成之,皆空言无实据耳。萚石谓东原(戴震)破碎大道,萚石盖不知考订之学,此不能折服东原也,训诂名物岂可目为破碎?学

---

①对于翁方纲是汉学家还是宋汉家,目前在学术界尚有争议。认为是汉学家的,主要以他从事金石考证的成绩而论;认为他是宋学家的主要依据他尊崇程朱,反对戴震而论。笔者认为,在乾嘉时期,有许多学者都像翁方纲一样,既同宋学家一样尊崇理学,又实际上从事着考据的活动。他们不像汉学家绝口不谈义理,又反对戴震独创义理,尤其是,乾嘉时期的学者多政府官员,受官方统治思想的影响更是如此。应该说,这样的学者在乾嘉时期人数不少。我们现在强行将当时的学者划一汉宋之线,并非科学的方法。故本书试将翁方纲等难以汉宋划分的学者,划为“考订衷于义理”派,他们的思想更适合统治者的需要,与《四库全书总目》的思想也很接近。

②翁方纲:《跋中州文献册》,《复初斋文集》卷3,第377页。

③翁方纲:《陈白沙先生集序》,《复初斋文集》卷3,第371页。

者正宜细究考订诂训，然后能讲义理也。宋儒恃其义理明白，遂轻忽《尔雅》、《说文》，不几渐流于空谈耶？况宋儒每有执后世文字习用之义，辄定为诂训者，是尤蔑古之弊，大不可也。今日钱、戴二君之争辩，虽词皆过激，究必以东原说为正也。然二君皆为时所称，我辈当出一言持其平，使学者无歧惑焉。①

在翁方纲看来，宋儒空谈心性的弊端，正好可以由清代的考据学弥补，不言考据者实际上并没有真正理解义理之学，讲考证的同时也要讲义理，考证以义理为归宿，这才是真正的治学之途。至于仅拘泥于音韵训诂的考据学者，则是嗜异、嗜博的沽名钓誉之徒，并不是真正的考据学家。为了进一步阐明自己的观点，翁方纲作八篇《考订论》，反复论说考订要以衷于义理为主，背离程朱理学者即违背了经学的本义。他说：

考订之学以衷于义理为主，其嗜博嗜琐者非也，其嗜异者，非也，其矜己者非也，不矜己、不嗜异、不嗜博嗜琐，而专力于考订，斯可以言考订矣。考订者对空谈义理之学而言之也，凡所为考订者，欲以资义理之求是也。而其究也，惟博辨之是炫，而于义理之本然反置不问者，是即畔（叛）道之渐所由启也。②

若以考据衷于义理而论，翁方纲与戴震之"闻道"则有共同之处。他们都明白考据学绝口不谈义理的弊端，对考据学派一些人专门以嗜博为能都极为反感，戴震也曾说"学贵精，不贵博，吾之学不务博也"，"知得十件而都不到地，不如知得一件却到地也"。③ 可见只要能摆脱过激情绪的偏见，以理性的意识去看待学术的发展，无论何种学派都会有共同的结论。但对于如何去纠正汉宋两学派的弊端才算是真正的治学门路，翁戴两人就有了很大的分歧。戴震要通过自己的考据而自创一种超脱宋学的义理，而翁方纲却认为经学发展到宋已经十分精密，宋学与考证训诂本非二途，考据所遵循的义理就是程朱之学。翁方纲说：

考订之学何以专系之经也，曰：考订者为义理也，其不涉义理者，亦有时入考订，要之，以义理为主也。学者束发受书，则由程朱以仰窥圣籍，及

①翁方纲：《附录与程鱼门平钱戴二君议论旧草》，《复初斋文集》卷7，第419页。

②翁方纲：《考订论上之一》，《复初斋文集》卷7，第412页。

③戴震：《戴震集·附录》，第489页。

其后见闻稍广，而渐欲自外于程朱者，皆背本而务末者也。是亦因宋后诸家专务析理，反置《说文》、《尔雅》诸书不省，有以激成之，吾今既知朴学之有益博综考订，勿蹈宋后诸家之弊，则得之矣，而岂敢转执考订以畔(叛)正路乎?①

又说：

考订者，订正之订，非断定之定也；考订者，考据考证之谓，非断定之谓。如曰考定，则圣哲作之也，非学者所敢也。②

在翁方纲看来，精于考证者并不是能断定是非，而是考而不定，考证之学目的就是防止明末以来的空疏学风。他在论考证时指出："有训诂之考订，有辨难之考订，有校雠之考订，有鉴赏之考订。古之立言者，欲明义理而已，不知后之人有考订也。古之为传注者，欲明义理而已，不知后之人有考订也。"③因此，他认为："圣言早已具矣，特未明著其为考订言之耳。盖尝反复推究，上下古今，考订家之所以然，具于此三言矣，曰多闻，曰阙疑，曰慎言。三者备，而考订之道尽于是矣。"④翁方纲所论考证学者所应具备的三个方面，是他长年做考证学所积累的经验，有一定的合理性，如"多闻""阙疑"与戴震、钱大昕等人不谋而合，"慎言"虽也是考证学者应有之意，但因翁方纲在考证时过于尊信程朱，故与戴震的"空所依傍"在考证的归宿问题上产生了很大的分歧。而且翁方纲对于义理完全由典章制度中求得也不赞同，他说：

东原固精且勤矣，然其曰圣人之道必由典制名物得之，此亦偶然一二事言之可矣。若综诸经之义，试问《周易》卦、爻、彖、象，乘承比应之义，谓必由典制名物以见之，可乎？《春秋》比事属辞之旨，谓必由典制名物见之，可乎？即《尚书》具四代政典，有谟训诰誓之法戒存焉，而必处处由典制名物求之，可乎？即《诗》具征鸟兽草木而有忠孝之大义，劝惩之大防，必尽由典制名物求之，可乎？圣门垂教，《论语》其正经也，《论语》、《孟子》必以典

①翁方纲：《自题校勘诸经图后》，《复初斋文集》卷6，第408页。
②翁方纲：《考订论下之三》，《复初斋文集》卷7，第417页。
③翁方纲：《考订论中之一》，《复初斋文集》卷7，第414页。
④翁方纲：《考订论下之二》，《复初斋文集》卷7，第416页。

制名物求之，可乎？《孝经》以典制名物求之，可乎？①

翁方纲的观点并非完全没有道理，清代考据学虽然极为发达，但并没有明确通过考证典制名物所理解的"道"，包括钱大昕这样出色的考证学者，也只是作细微的考证，而于微言大义很少谈及，戴震的义理学探索又得不到同时代学者的赞同。特别是一些人云亦云的学者，随潮流而动，并无明确的考证目的，故翁方纲又说："若近日之元和惠氏、婺源江氏，以及戴君之辈，皆毕生殚力于名物象数之学，至勤且博，则实人所难能也。吾惟爱之重之，而不欲劝子弟朋友效之。"②意即考证学不关人心世道，不利于维护人心道德。从这一点来看，翁方纲对考证学的认识是较为深刻的。

翁方纲对考证学的尊重是建立在"衷于义理"前提下的，对于戴震突破程朱，在义理上另辟蹊径，翁方纲实在无法容忍，挥笔驳之曰：

近日休宁戴震一生毕力于名物象数之学，博且勤矣，实亦考订之一端耳。乃其人不甘以考订为事，而欲谈性道，以立异于程朱，就其大要，则言理力诋宋儒，以谓理者是密察条析之谓，非性道统挈之谓，反目朱子性即理也之训，谓入于释老真宰真空之说，竟敢刊入文集，说理字至一卷之多。③

针对戴震援引《周易》和《乐记》作为自己"理"论的依据，翁方纲对此开展了针锋相对的反驳。戴震将《易·系辞》中的"天下之理"的"天理"，解释为事物之分理、文理、条理，而不是宋儒所谓的抽象的"理"。翁方纲反驳说：

《易》曰："《易》简而天下之理得矣，天下之理得而成位乎其中矣"，试问，《系辞》传此二语非即性道统挈之理字乎？成位乎其中者，谓易道也，则人之性即理，无疑者也。对上贤人之德、贤人之业，则此句理字以人所具性道统挈言之，更无疑也。此处正承天地定位而言。《易》之成位乎其中，岂暇遽以凡事之腠理、条理言耶？此不待辨而明者也。再则又引《乐记》"天理灭矣"，《乐记》曰："人生而静，天之性也，感于物而动，性之欲也。物至知知，然后好恶形焉。好恶无节于内，知诱于外，不能反躬，天理灭矣"，此句天理对下人欲，则天理即上所云天之性也，正是性即理也之义。而戴震

①翁方纲：《附录与程鱼门平钱戴二君议论旧草》，《复初斋文集》卷7，第419页。
②翁方纲：《附录与程鱼门平钱戴二君议论旧草》，《复初斋文集》卷7，第419－420页。
③翁方纲：《理说驳戴震作》，《复初斋文集》卷7，第418页。

转援此二文以谓皆密察条析之理，非性即理之理，盖特有意与朱子立异，惟恐人援此二文以诘难之，而必先援二经语以实其密理条析之说，可谓妄矣。①

虽然翁方纲与戴震在对待程朱理学方面有很大矛盾，看似翁戴之间不共戴天，但仔细分析，实则是两人对学术如何进一步发展的探讨。翁戴两人学术之争不同于与钱（钱载）戴之争。钱载是只尊程朱理学，对考证学概加驳斥，而翁方纲则是充分看到两者之利弊，认为汉宋两学，专尊一门，则弊病百出，这一点与纪昀、戴震的观点也相似。戴震早年也是遵守尊程朱、重考据治学道路的，与翁方纲的观点较为相似，后来因不满考证学"只吃桑叶不吐丝"，而创建一套自己的"理"论。翁戴两人在重考据基础上，一尊程朱之学，欲以考据补其流弊；一以考据为基础，独创"义理"学说。两人都能不拘于一派，这才是最可贵之处。

翁方纲在热衷于金石书画的同时，对经世之学也非常重视，强调征实之学的重要性，论学说：

天下之学，务实而已矣，古今之学适用而已矣，今有煎金者，其金最良，或次良，极而杀之，至于最下之金，然皆金也。夫且或多其铢两以准之，则下者可以跻于高次良者，可以跻最良矣。有人焉，操铜运铅锡以假为金，则有司得穷治之矣，何者，物征于实，实征于用也。②

翁方纲治学衷于程朱之学，其目的在于人心国家之计，使学有所本，在此又强调征实之学，反映了翁氏经世思想之所在。

程晋芳早年师从清代知名学者刘大櫆学古文，因推服刘蕺山（刘宗周）学说，故以蕺园自称。后来受朱筠、戴震等人影响遂"治经，究心训诂"③，在考证经学方面有很大成绩，于《易》《书》《诗》《礼》皆有撰述。程晋芳治学虽宗汉学方法，但他对汉宋学的弊端有清醒的认识，持论与翁方纲多有相同。他论当时学风云：

海内儒家昌言汉学者，几四十年矣。其大旨谓：唐以前书皆寸珠尺璧无一不可贵，由唐以推之汉，由汉以溯之周秦，而九经史汉注疏为之根本，

①翁方纲：《理说驳戴震作》，《复初斋文集》卷7，第418页。

②翁方纲：《拟师说二》，《复初斋文集》卷10，第436页。

③江藩：《国朝汉学师承记》卷7，第111页。

宋以后可置勿论也。呜呼！为宋学者未尝弃汉唐也，为汉学者独可弃宋元以降乎？然而学士大夫相率而趋，同辙合途莫有异者，何也？余尝静而思之有二故焉。曰天也、人也。天之道，气运往复而已矣，自明中叶以后，士人高谈性命，古书束高阁，饱蠹蝉，其所教人应读之书，往往载在文集，真所谓乡塾小儒，抱兔园册子者，足令人喷饭也。物极则反，宜乎今之儒者得唐以前片言只字不问其理道如何，而皆宝而录之，讨求而纂述之，此非往复之道乎？若夫人心之巧，则又有暗与事合者，唐以前书今存者不多，升高而呼，建瓴而泻水，曰：我所学者古也，致功既易，又足以动人，若更浸淫于宋以来七百年之书，浩乎若涉海之靡涯，难以究竟矣。是以群居坐论，必尔雅、说文、玉篇、广韵诸书之相砺角也，必康成之遗言，服虔、贾逵末绪之相讨论也。古则古矣，不知学问之道果遂止于是乎？又其甚者因考据字义，而旁及于金石文字，夫金石文字之足以资助史学，夫人而知之矣，然不过订日月、校职官、证琐事，而于制度，云为安危治乱之端，其所系者终小欧阳子固尝笃好之，然亦其才力有余，偶一旁及耳，迨赵德甫而所见益浅矣，人之精神诣极果能如欧阳子耶？抑将以赵氏自限也？劳劳终日，惟外之求，而不知身心性命之所在，试之以事，而颠顿茫昧鲜不陨越，临之以恐惧患难，而失所操持，由其玩物丧志，在平时故了无肆，应曲当之具，以此为儒，果足为程朱供拚扫役乎？然则有志之士必不为俗拘，不泥古，不遗今，博学而反求诸约，养心而不蔽于欲，卓然为儒大宗，岂必专守一家，龈龈小夫之诮哉？①

因此，针对当时极为兴盛的考据学风，他竭力反对考据学派只重视研究方法，而忽视研究过程中所应包含的核心内容，认为："古之学者日以智，今之学者日以愚。古之学者由音释训诂之微，渐臻于诗书礼乐广大高明之域。今之学者琐琐章句，至老死不休。"②对于考据学派中突破程朱之学者，更是无法容忍，为了论证自己的学说，他作七篇《正学论》，极力尊崇程朱之学。他说：

士生三代以下，不获亲承洙泗之微言，与冉、闵、游、夏之徒弦歌讲肄其间，诚足恨矣。而九经具在，四子之说咸存，凡为学之次第咸可考而知也。况两宋以来诸大贤程功序进之方，修己治人之法，不爽毫厘，而为学者多忽之，何也？夫古人为学皆用以自治其身心，而识不广，闻不博，则何以讲求

---

①程晋芳：《正学论四》，《勉行堂文集》卷1，《续修四库全书》本，第1433册，第293页。
②程晋芳：《正学论四》，《勉行堂文集》卷1，第293页。

于三才万物之故，以得其序而证其是非，而反之于约，藏之于密，以之应家国天下事，而出之吾心而裕如乎哉？然则处则为大儒，出则为大臣，未有剖事与心为二，剖学与行为二者也。由汉及唐，孔孟之真传不显，而学行合一默与古合者亦代不乏人，及宋贤出而圣学大明，修齐治平之理较然为一。如周、程、张、游、杨、李、朱子诸人，既小试之事而无不治矣，使大用之而有不胜任者哉？自是以降，守程朱正脉者四百年中且数百人，其尤著者数十人，其立身行事，皆所谓俯仰无愧者，而其末流亦往往有迂拘濡缓之诮，此则学者不及之弊，而非孔孟程朱之过也。……即以我朝论，潜庵、稼书、伯行诸公距今才数十年耳，其流风馀韵犹有及见之者，盖不独私淑已也。①

在反对学者泥于考据的同时，对宋学的弊端，程晋芳也并不回护。在他看来，程朱之学并非"其解经论学为无可是正也"，然"其操心也纯，其制行也严，其措诸事也明而有伦，是以其身为百世师，而人亦是知二帝三王之道之可贵而可从，虽其解经论学或合或离，而不以道统之而谁归乎"。他反对颜元、李塨对于程朱之学的发难，并不是不知道颜李学说"主于切实，指近于日用事物之间"，而是因为他们"自视太高，视程朱太卑，若己之说行，而程朱之说斯可以尽废，斯则近于好争胜而忘先儒功力之大矣"，并非"程朱无一可议，而颜李卒无可取也"。② 对于程晋芳的观点是否合理我们暂且不论，仅以他对汉宋两派优缺点的认识和评价来看，确能以理性的意识去把握当时学术的特点。

又如，清初许多学者面对故国河山的沦丧，多怀着激愤的心情，将明亡的原因归结到理学家空谈心性上，甚至讥王阳明心学为禅，认为王学实导致明朝灭亡。对此，程晋芳说："实不知，明之亡由其君不亲政事，士大夫以势利侵乡党，柄政者不恤民隐，骄佚之气召祸乱，非尽讲学之过也"③，持论较为公允。故清代学者赵怀玉称赞程晋芳"于学无所不通，早岁穷经，为诗古文，不傍门户，卓然轨于中正"④，实非过誉之词。对程晋芳考据"衷于义理"的学术特点，翁方纲对之赞美有加，云：

新安程编修蕺园，少以文名江南，乾隆壬午始官京师。予与接席赋诗，目为淹雅者流耳。后十年，予自粤东归，始与深交，往复劘切者十有二年，

①程晋芳：《正学论一》，《勉行堂文集》卷1，第291页。
②程晋芳：《与家绵庄书三》，《勉行堂文集》卷3，第323页。
③程晋芳：《明儒学案跋》，《勉行堂文集》卷5，第348页。
④赵怀玉：《勉行堂文集五经说序引》，《勉行堂文集》卷首，第285页。

尝叹其博综经史，诗文撰述皆所易几，而独其笃守程朱，为后学所宜矜式也。君束发时，读蕺山刘念台人谱，见其论守身事亲大节，辄心慕之，故以蕺园自号，其后综核百家，出入贯串于汉宋诸儒之说，未始不以程朱为职志也。著《正学论》七篇，反复于体用博约之际，尝与友人书，谓宋儒讲太极、河洛，牵入麻衣、希夷之说，又以郑卫为淫诗，其它小误处间亦有之，大者止如是，至于天道、人纪、节心、制行，务为有用之学，百世师之可也。古人一饮一食，必祭先啬、先农，是不忘本，吾侪被服儒素亦思其源安在，而敢自异乎？①

程晋芳在经世致用上也有不少论见。乾嘉时期有许多学者热衷于考据，动辄言经训诂，以为只有研经才能通古圣人贤人之心志，对经世之学确实多有忽视。而程晋芳却提出不同的见解。他反对空讲理论而不务实的治学方法，解释所作《正学论》说：

余故欲士君子讲正学，勿事空言以蹈古人践形，惟肖之义，有作之必有应之，庶足以辅国家协和之治于无穷也。②

程晋芳对程朱的尊崇并非为其争道统，而是出自正人心、纯风俗的目的，在治学上反对学术研究不利于社会发展的内容。如对《古文尚书》，阎若璩已证其伪，言之凿凿，定千年疑案，于学术贡献尤大，程晋芳抱着实事求是的学术态度，对《古文尚书》之伪也完全信服，但他反对因《古文尚书》之伪而将其废除，说：

梅氏晚出书，元明诸贤虽间一辨之，而未极，其致我朝阎伯诗、程绵庄、惠定宇辈出，始抉摘无遗蕴，虽以西河之博识多闻，为之奋臂大呼，莫能翻已成之案也。然近儒沈果堂谓是书必不能废，余独有取乎其言，以为匪特不能废，亦不可废也。盖其书虽成于襞绩之功，针线之迹显，然而一一皆有自来，如《说命》诸篇，气象矜贵，言皆有物，士生宋明以降，凡六代三唐诗文小集片纸只字，犹或珍袭之，况其汇辑三代以前嘉言懿训，联珠贯壁而出之，而遂视同土苴，可乎？特其不足信而能贻弊者，亦有数端，前人固已详

①翁方纲：《皇清诰授奉政大夫翰林院编修加四级蕺园程先生墓志铭》，《复初斋文集》卷14，第479页。

②程晋芳：《正学论一》，《勉行堂文集》卷1，第291页。

辨之，学者要当分别观之，且不宜与伏书相混耳。[1]

从程晋芳的言论中不难看出，他对《古文尚书》的态度完全是出于教化人心，不因其为伪书而废之，这也是其经世思想的重要方面。翁方纲也称："今日读此经，知有古文篇数之概足矣，其果孰为真古文，更千万世孰能起而复理之，亦更不必于此间再下断语耳。"[2]与程晋芳的态度如出一辙，可见"考订衷于义理"学派对学术功用的态度。

程晋芳对当时士子学习的内容也深为不满。明清时期，以八股取士，学者为了猎取功名，埋头于八股文中，而不知有用之学，对此，程晋芳说：

古之君子置身于仁义道德之途，其强固清明，固足以为人上矣。而出其余，艺如射御之类，又足以备国家之用，而捍患御侮焉。此所谓有用之学也。盖天之生人，同以五行之秀，畀之，而气质之偏，多愚少智，愚者好争乐斗，弱肉而强食，智者与物无竞，日处于逊让弗遑，及一旦有事，而智者之才力又足以胜，好争乐斗者之凶顽，则蚩蚩之氓，安得不拱手服也。古者出必以车，战亦以车兵之及，远者无过于射，故六艺射御居其二，自乡党学校以达庙庭，兴贤校士，饮燕朝聘，祭祀之事，无不用射，岂惟不贯革是尚，与应节之美哉？盖将以致之于实用也。春秋之时，士大夫承先王文教之余，其服诗书者是人，其习武勇者亦是人，故列国纷争，犹足以保其疆土，迨汉以降，文武之事渐分，至宋而学人益趋于弱，然校射之事或间代举行，朱子犹私习射于射圃，明初试文士，尚考之以射，四百年来文人褒衣矩步，悍强武力，悉付之武科与召募之徒，于是诗书之业，第为歌咏太平之具，承洙泗之流者，有游夏之雍容，而无冉有、季路之操执戈矛者矣。

夫古之兵事、射御为先，其后无车而上骑，又有铳炮诸战法，使真儒出而筹之，则当如古法所以教射御者，教之必不使其束手旁观，自谢不敏也。且铳炮击刺之事，或有未遑，而弓马之事，岂士大夫所宜诿谢乎？我国家承平百四十年，所以教习八旗者，文武并用，盖古法也。北方之学者，以及边省文儒，犹或有兼习弓马者，东南文士，则专以词章吟咏为事，一遇盗贼，卒起则色变，手颤口噤不能动，而犹俯视一切诩诩自得，以为吾学先儒之道者也。噫！先儒之道固若是其葸乎，或曰张子房貌若妇人，佐汉灭楚，孔明纶巾羽扇坐车中指挥，亦扶蜀数十年，士何必以技勇称，曰：子房孔明将将之

①程晋芳：《尚书古文解略序》，《勉行堂文集》卷2，第303页，

②翁方纲：《古文尚书序辨序二》，《复初斋文集》卷1，第358页。

才也，苟无其才，则游之于艺，近卫一身，远备国家之用，不亦可乎！然则骑射之事，亦笃古学道之徒所必不可废者也。①

又说：

二帝三王之道，莫备于书。自天文、舆地、职官、乐律、礼制、刑罚之大者皆在焉，由其道则治，反其道则乱，得其片言微义，皆足以措天下于磐石之安，而绵翼子孙于世世，要其大旨，不过二端：知人安民而已。非淳德允元则不能知人，人不知则民无自而安，而安民之要未有过于省刑薄税者也。②

研经训诂不为研究而研究，得其大旨，而行之于世，获利于民，其拳拳经世之心，溢于言表。

但程晋芳的经世思想，与清初学者大不相同，他着眼于现实问题的解决，关心的是国计民生，而非社会的变革，因此，他对清初学者的经世思想亦不以为然。如程晋芳论《日知录》说：

由明以上迄于秦汉，儒家者流学博而精，所见者大坐而言，可起而行者，殆无几人，惟亭林及黄子梨洲于书无所不通，而又能得古圣贤之用心，于修己治人之术独探其要，其所论述，实有可见诸行事者，然不患其书不传，患在后之人以为言言可信，将悉举而行之，更易成宪，日趋于综核烦琐而不觉，是又不可不辨也。亭林欲以米绢易银，行均田，改选法之数者，有必不能行，有行之而必不能无弊，其可行者，惟学校、贡举耳，虽然岂易言哉？不徐徐有以易之，鲜有不溃败决裂者。梨洲则必欲复封建、井田，此则童孺皆知其不可矣。真儒不世出，而同时并生，言可为后世法，犹或错杂纰缪若是，后之人其何赖焉。古之名臣如萧、曹、丙、魏、房、杜、韩、范辈，其读书正，不必若后儒之多，且精而知天下之不可妄动也，则相与优游宁谧之，以无事为治，而天下卒无不治，譬之人身劳勚，倦饥之余，闭关习静，屏退私欲，使从容舒展，而百病可除，苟无以养之，虽日服补益之剂，而劳勚不休，则病犹未减也，况施之攻伐之剂哉？王荆公方正，学皆以信古太深，自是太过误人家国，此吾辈所宜慎也。至其所论正人心、厚风俗、省刑、薄敛、练

①程晋芳：《正学论七》，《勉行堂文集》卷1，第296页。

②程晋芳：《尚书今文释序》，《勉行堂文集》卷2，第303页。

武、修文，则自唐虞三代以还，万世由之，而无弊者也。太原阎伯诗有《补正日知录》一卷，所见者犹小，余故论定之，毋使不善读书者以两先生为口实焉。①

清中期与清初社会形势已大不相同，学者对经世思想内涵的理解也发生了重大变化。程晋芳不再将顾炎武、黄宗羲等人所提倡的社会变革视为根治社会的良法，相反，他主张稳定社会，所谓“正人心、厚风俗、省刑、薄敛、练武、修文”都有关民生之计、社会稳定，这也代表了当时学者的经世观。

三、史学家

四库馆中也有少数精通史学的学者，主要以陆锡熊、邵晋涵为代表。

陆锡熊于乾隆三十八年四库馆开时，与纪昀同时被荐为总纂官，在馆十年间为《四库全书》的纂修做出了巨大贡献。陆锡熊受当时考据学风的影响，对史书多有考订，所作《炳烛偶钞》皆考核史书误文，“多论《史记》、《两汉》，其外仅《晋书》二条，《宋书》一条，《南史》一条，《隋书》一条，《金史》一条，考证甚核，于地理之学尤精”②。

陆锡熊在考订史书的同时，对当时的治学风气有清醒的认识，他既注重文字训诂在治学中的地位，又强调义理之学对学者的作用，尝称：

士子自髫年搦管，日事丹铅，岂可白首纷如书名未述，总在详稽字画，细核部分，辨析毫芒，折衷古今，洞悉乎谐声会意之原，方不悖乎主敬正心之训。③

又云：

惟言为心声，而制举之文，代圣贤立言，其醇驳正诡之故，尤将因文以见端焉，故必导源于经，取材于史，博涉乎训诂之繁，而精华绎乎义理之旨，则其文虽不名一格，而其人之性情心术无不各有以肖之。④

四库馆对学术发展的理性意识，在陆锡熊身上体现得非常明显，这一点与

①程晋芳：《读日知录》，《勉行堂文集》卷4，第331页

②李慈铭：《越缦堂读书记》，辽宁教育出版社2001年，第561页。

③陆锡熊：《饬禁书写俗文别字以正小学示》，《宝奎堂集》卷6，第72页。

④陆锡熊：《浙江乡试录后序》，《宝奎堂集》卷7，第82页。

纪昀也极为相似，正因为如此，才能保证两人共同合作，主持《四库全书》纂修大业，在其他馆臣协助下，完成《四库全书总目》这一不朽之作。

陆锡熊治学以考据为主，但他不是拘泥于考订字句的学究，他治史书即包含了明确的以史资治的目的。因此，在他的言论中，多强调经、史并重，也以此教导后生，尝云：

> 夫为学以穷经为首，而经师授受，实本专门，将溯源流，必资古义。诸生先当潜心注疏，穿穴诸家，详辨训诂，博稽名物，然后折中儒说，以睹指归精洽，一经旁通，六籍苟臻贯串，必舆甄嘉，至史学与经并重，体用相资，诸生方欲学古入官，而故事茫如，将何以练习典章，扩充识见，即以行文而论，亦未尝不可得其精意，羽冀微言，愿研经之余，时宜览史，使者当随便面行询问，倘或不能置对，定加处罚，他如比偶之篇，上施廊庙声律之什，首重赓飏，诸生勉为，华国之才，亦当究心钜制，略识体裁，毋为率尔操觚，自甘寒陋。若夫唐宋古文，家弦户诵，非以剽拟为工，总在辨其波澜，参其气息，径途有别，法度无殊，果能熟读深思，何患作文不归淳雅。①

陆锡熊对史学的功用不仅是空口臆说，在其考证史书的过程中，还特别注重于经世致用之学，至晚年“益覃心经济之学，取杜氏《通典》、马氏《通考》，合以本朝会典，如食货、农田，盐漕、兵刑诸大政，溯其因革，审其利弊，口讲手画，侃侃然可以见诸施行”②，吴锡麒称陆锡熊“恒讷然不出于口，及其纵论古今水利、兵刑、食货诸大事，数其利弊，又如掌上缧纹，始知其经济之大，非可独于文字求之”③。另外，他还参与了《通鉴纲目》、《契丹国志》（原系南宋叶隆礼著，四库馆臣将其改编而著录《四库全书》）、《胜朝节殉诸臣录》、《唐桂二王本末》、《河源纪略》、《历代职官表》等书的纂修，并为《日下旧闻考》代定体例。此外，“《钦定皇朝通典》、《通考》诸书由先生发其端也”④。从这些来看，陆锡熊应该是当时一位较有见识的史学家，可惜没有留下其他史学著作，可以窥其大体。

邵晋涵于经史无所不通，在考据学方面取得了很大的成绩。在朱筠的影响下，穷十年精力作《尔雅正义》，“凡三四易稿而始定，今承学之士多舍邢（邢叔明）而从邵矣”。在四库馆中被“总裁倚为左右手”，《四库全书》史部提要多出

①陆锡熊：《晓谕诸生示》，《宝奎堂集》卷6，第69页。

②王昶：《都察院左都御史陆公锡熊墓志铭》，《宝奎堂集》卷首。

③吴锡麒：《〈宝奎堂集〉序》，《宝奎堂集》卷首。

④李元度：《陆耳山先生事略》，《国朝先正事略》卷42，第120页。

其手,从《永乐大典》中辑佚《旧五代史》,“会粹编次,其阙者采《册府元龟》诸书补之,由是薛史复传人间”①。邵晋涵身在考据学阵营中,则不能不受其影响,然而他治学并不以贪奇嗜博为能,作《尔雅正义》称:“此书苦心,不难博证,而难于别择之中,能割所爱耳,而外人竟有病其略者,斯事所以难言。”②博取而守约,此与戴震的“学贵精,而不贵博”之说,却又不谋而合,这正为当时考据学派精英们的共同趋向。

邵晋涵治学非常注重文字训诂的作用,尝称“夫诂训者,读书之本也。孝友者,立身之本也”③。将训诂视为读书之本,反映了当时社会的学风。但邵晋涵并没有沉溺于训诂之中不能自拔,对宋学也较为欣赏,在《孝廉蒋君家传》中称其“诠释经言,多阐前人所未发,顾不喜为帖括家言,好取宋儒书,反复研讨,务得其旨,归期于不言而躬行”④。又如他对“诚”字,非常推崇,云:

> 窃尝谓:“大儒之学必本于诚,诚既立而束躬,莅官敷政之道悉以贯之。”苏子瞻有言,“驭之以术,则民疑,设之以诈,则民欺,笼之以智,则民匿”。其意是则不本于诚者,可暂于一时,而必不能持之于久,事变之多端也。遭际之不可预期也,惟诚者,有其常,而事莫不顺其常。⑤

邵晋涵批评当时学者划分汉宋两派云:

> 余以为,易道广大,汉宋未尝不出于同源也。河、图之数,本乾凿度九宫之法,论太极者发端于郑康成,演卦变者滥觞于虞翻,后先相望,理本一揆。自宋以后,诸儒私为绝学,矜为创得,转启后人之疑议。夫言易祇求不悖于易而已,岂必判汉、宋若鸿沟哉?⑥

邵晋涵不仅仅是一个考据学者,而且还是一个有史学思想、史学理论、史学方法的史学家。章学诚尝论:“史学不求家法,则贪奇嗜琐,但知日务增华,不过千年,将恐大地不容架阁矣。君(邵晋涵)抚膺叹绝,欲以斯意刊定前史,自成一

---

①钱大昕:《日讲起居注官翰林院侍讲学士邵君墓志铭》,《潜研堂文集》卷43,《四部丛刊》本。

②章学诚:《邵与桐别传》,《章学诚遗书》卷18,第177页。

③邵晋涵:《洪筱洲先生六十双寿序》,《南江文钞》卷7,第459页。

④邵晋涵:《孝廉蒋君家传》,《南江文钞》卷9,第505页。

⑤邵晋涵:《鸿胪寺卿刘先生寿序》,《南江文钞》卷7,第471页。

⑥邵晋涵:《周易辨画序》,《南江文钞》卷6,第434页。

家。时议咸谓前史榛芜，莫甚于元人三史，而措功则宋史尤难，君遂慨然自任。”①据其弟子章贻选所述，邵晋涵先参考了大量的资料，撰写《南都事略》，以上续王称的《东都事略》②，并欲将所写一代宋史定名为《宋志》。邵晋涵自述其写宋史宗旨云：

> 宋人门户之习，语录庸陋之风，诚可鄙也，然其立身制行，出于伦常日用，何可废耶？士大夫博学工文，雄出当世，而于辞受取与，出处进退之间，不能无箪豆万钟之择。本心既失，其他又何议焉。此著宋史之宗旨也。③

此番宏论，既表达了他修宋史的宗旨，又暗示了他对当时学风的认识。再结合纪昀等“持平汉宋”，翁方纲等“考订衷于义理”的思想，四库馆臣学术共同趋向大体可知矣。由于邵晋涵体弱多病，去世较早，未能完成修宋史这一愿望，但他的史学思想却可以通过他所作的《四库(史部)提要稿》略窥一二。《史记提要》云：“世尝讥史迁义法背经训，而称其文章为创制，岂得为通论哉？”若无史识，如何又能有此洞鉴呢？他对史书体例也有极深的认识，《汉书提要》云：“《汉书》始改《史记》之项羽本纪、陈胜世家为列传，自应居列传之首，岂得移在诸王之后？……王莽之势成于元后，史家微意寓焉，若移外戚传，次于本纪，是恶知史法哉。”对史书的优劣，他也独具慧眼，如《魏书提要》云：“收以修史为世所诟厉，号为秽史，今以收传考之，则当时投诉或不尽属公论，千载而下，可以情测也……李延寿以唐臣修《北史》多见馆中坠简，参校异同，多以收书为据，其为收传论云：勒成魏籍，委而有章，繁而不芜，成存实录。于是秽史之谤可以一雪矣。”其他如《后汉书提要》“史以纪实”，《新唐书提要》认为史书应“载事务实，而不轻褒贬，立言扶质，而不尚挦扯”等均反映了其非凡的史学见识。④

不仅如此，邵晋涵治史学，不仅重视考证，还继承了浙东史学经世的学风：“尤以浙东三先生为宗，每上下古今，凡政治得失，人才消长，君子小人之元黄水火，皆能抉其弊之所由始，与害之所由终，尤熟于前明掌故，于朋党、奄祸及唐鲁二王起兵始末，口讲手画，往往出于正史之外，每语一事，辄亟称三先生不置。盖其学之所本，又心仪其人，而欲取以为法者也。岂徒以旁通训诂，方名象数及

①章学诚：《邵与桐别传》，《章学诚遗书》卷18，第177页。

②《东都事略》作者亦有写为“王偁”的，本书参考了余嘉锡《四库提要辨证》(中华书局1980年，第269－270页)，写为“王称”。

③章学诚：《邵与桐别传》，《章学诚遗书》卷18，第177页。

④以上均引自邵晋涵：《南江文钞》卷12，《四库提要稿》，《续修四库全书》本。

草木虫鱼之多识，谓足尽先生也哉?”①对明末学者刘宗周，邵晋涵极为推崇，敬慕之情溢于言表，云：

> 乾隆三十八年夏开四库全书馆，四方大吏甄采书籍进呈，上览蕺山《刘子遗书》，嘉其立朝蹇谔，致命遂志，卓然为一代完人，所撰经说及文集，悉著录文渊阁。四十年冬，诏表彰明末殉节诸臣，特赐谥曰忠介，晋涵备员纂修官，得先读温谕，具书于册。窃谓公之学，本于意诚，诚至则无不格，故能系社稷之重，折佥壬之心，树名义之防，熄佛老之焰，虽遏抑于末季，而百余年后，得邀昭代圣主之知，语所云躬行有得者，公实允之矣。②

邵晋涵去世后，章学诚痛心地说：“昊天生百才士，不能得一史才，生十史才，不能得一史识，有才有识如此，而又不佑其成，若有物忌者然，岂不重可惜哉!”③仅以此来看，说乾嘉学术仅有考证没有思想，恐怕不免武断了。

总之，明末清初，在中国学术史上学风发生了巨大的转变，学者们怀着无限悲愤的心情，痛思故国沦丧的根源，一转宋明理学而为考据学。至四库馆开，此种学风已历百余年，一些优秀的学者摆脱了偏激情绪，开始能理性地看待汉宋之争，尽管内部仍矛盾重重，但在理性地认识了汉宋两派的优缺点之后，这种争论已并非纯汉宋之争，而带有探讨学术如何进一步发展的意味了。总观其言论，他们更多的则是反对门户之见，反对汉学宋学的流弊。同时，这些精英们还富有经世致用的思想，不过此时的经世致用却已经不同于清初学者的经世思想了，清初学者以恢复故国为出发点，多带有对政治制度的批判，而四库馆臣在继承中国传统的经世致用思想基础上，意在维护清朝政权以造福于当代。以现在观点来看，清初学者的思想固然更为可贵，但在清朝刚刚建立，尚处在方兴未艾之际，他们的思想绝不可能实现，只能是一种在野的呼声而已。至清中期，社会稳定，学者早已接受了满族政权，也清醒地认识到，清初学者的社会变革思想是完全行不通的。他们在从事考证学的同时，对有关国计民生的经世之学表现出极大兴趣，其言论多围绕着稳定社会、有利民生的话题，这是清中期经世之学不同于清初的另外一种表现形式。而四库馆臣这种理性意识和经世思想，正迎合了统治者的需要，使得《四库全书》这部官修巨著能得以问世，考据学也因此走出了知识分子群体的狭小范围，一变而成为官方认可的学术，可以与宋学在政

①李元度：《邵二云先生事略》，《国朝先正事略》卷35，第24页。

②邵晋涵：《刘忠介公像赞》，《南江文钞》卷9，第494页。

③章学诚：《邵与桐别传》，《章学诚遗书》卷18，第177页。

治地位上分庭抗礼的学术。

笔者在研究过程中曾长期困惑于以下两个问题：

一是汉学派在四库馆占据了大多数，但《四库全书总目·凡例》云："濂、洛、关、闽之道学，定论久矣，无庸更赘一语"，又《四库全书总目·儒家类序》云："今所录者，大旨以濂洛关闽为宗，而依附门墙，藉词卫道者，则仅存其目"，倘若四库馆臣真是一味尊汉抑宋，那么濂、洛、关、闽之道学的地位如何在《四库全书总目》中体现？其实，终有清一代，程朱理学在官方的学术地位并没有发生根本变化，尽管乾隆对宋学的弊端深为不满，多有批评之语，但他没有改变从康熙以来重视程朱理学治世的功能，对汉学的提倡只是为补宋学之缺陷，而不是代替之。科举考试中，"四书"及其朱熹的集注，仍是学子们的参考书目，馆臣在纂修《四库全书》之时，若过于贬低程朱，岂不与政治意识形态相抵触？

二是长期以来人们提到考据学，便认为学者们埋头于"故纸堆"中不问世事，然而《四库全书总目》中却带有强烈的经世实用的思想[①]，这又当何解释呢？若四库馆臣真的没有经世思想，那么这些纂修官怎能编纂出如此关注社会发展的《四库全书总目》，就无法予以解答。

通过对四库馆臣学术思想分析不难发现，《四库全书总目》在重汉轻宋的同时却能融合汉宋，并具有经世思想，绝非空穴来风，除了与其钦定性有关外，四库馆臣的学术走向，则是造就《四库全书总目》这两个特点的内在原因。

第二节 "六经尊服郑，百行法程朱"

——四库馆臣的潜规则

上一节我们提到，四库馆臣多能够理性地看待汉宋学术之优劣，但在如何处理汉宋学术时，馆臣仍有争论。学术争论是学术发展的前提，馆臣的争论代表了清中期学者对当时学术进一步发展的思考与探索。不过，在争论的同时，四库馆臣在处理汉宋学术时仍有共同之处。据笔者浅见，馆臣大多对"六经尊服郑，百行法程朱"遵循不悖，下面试就这一看法略作浅述。

"六经尊服郑，百行法程朱"一语本为吴县惠氏家一副门联，楹联中所说服、郑，即指东汉两大儒——服虔、郑玄。服虔，字子慎，古文经学家，撰有《春秋左氏传解谊》《春秋左氏膏肓释痾》《春秋汉议驳》等，所注《春秋左传》为郑玄所赞

---

①关于《四库全书总目》的经世思想，详可参考周积明的《文化视野下的〈四库全书总目〉》；黄爱平的《〈四库全书总目〉的经学观与清代中叶的学术走向》，载《中国文化研究》1999年春之卷1期，又载于《两岸四库学——第一届中国文献学学术研讨会论文集》，台湾学生书局1998年。

同，对后世影响很大。郑玄，字康成，东汉末年著名经学家，他融合今古文经，以古文经为主，遍注群经，使经学进入一个“小统一时代”。以服、郑并称，代表了考据学，也就是治经遵循汉儒的治学方法，因为清初考据学主要集中在经部，后来扩及其他，因此，后来不光治经遵汉儒方法，而且治其他书籍也是遵循汉学治学路径。程、朱，即指北宋理学家程颢、程颐兄弟和南宋的朱熹。二程是宋明理学的奠基人，而朱熹则是集大成者，他们代表了宋学，“百行法程朱”意即日常行为规范要遵守程朱理学的要求，这是指日常行事，并非指程朱的学理。惠氏楹联本意在于，从事考证时尊崇汉代古文经学，而道德行为上遵守宋明理学的准则。这副对联内容虽简单明了，却寓意深远。后来，考据学日益鼎盛，考证学者遍布朝野，四海之士皆以考证为能，但大致仍遵循惠氏楹联，即便是考据学发展到顶峰时期，极力表彰考据学的江藩也表示对此深信不疑。江藩说“本朝为考据学者，始于元和惠氏，红豆山房半农人手书楹帖云：‘六经尊服郑，百行法程朱’，不以为非，且以为法，为考据学者背其师承何哉！”①足见这副楹联对乾嘉学者的影响力。当然，不同时期，学者对此理解也有不同，吴派考据学家多遵汉崇古，对服郑治经严行不悖，而皖派以求是为目标，对尊服、郑的含义有所调整，即通过考据学治学方法求孔孟本意，不是严格尊汉，而在于求“是”。在日常行为道德上，除了戴震等另有独特的思想外，其他一般仍是遵守“法程朱”的原则，并无逾越。

《四库全书》的编纂正值考据学兴盛时期，馆臣“尊汉抑宋”势所必然，这已成为两百余年来学者的共识，但清代考据学基本上是一种治学方法，而不是日常行事的规范，统治者所看重考据学的不是能教化人心、规范人们的行为道德，而在于考据学的征实，不尚空谈，可以纠正宋明理学长期发展过程中形成的弊端。而学者们看重汉学的则是通过汉儒治经方法能恢复先秦经书原貌，理解先圣本意，而对宋学，大多数学者也无意推翻其伦理道德。因此，四库馆臣在治学方法上倾向考据学，在日常行为上对程朱理学的“制行”仍遵行不悖。

在四库馆总纂官纪昀身上，就很明显体现出“六经尊服郑，百行法程朱”的特点。纪昀在学术上“尊汉”前人论述已备，兹不赘述，在行事上我们看一下他是如何“法程朱”的。纪昀自称“三十以前，讲考证之学”，但在讲考证学的同时，又对宋明理学提倡的“诚”推崇备至，曾以周敦颐的“诚，五常之本，百行之源也”为题，论说“诚”在日常行为中的重要性，字里行间洋溢着对理学的赞美之情，他说：

①江藩：《国朝宋学渊源记》，第154页。

天下有各见之端，而所管摄之者则无二；天下有至变之势，而所以纲维之者则有常。盖其动而著也，皆一理之所分，故其散而殊也，皆一理之所贯。圣人之至德要道，其蕴于心而见于身者，虽不可以一事尽，而要必操其至一以图之诚，以至一之中固不一者，所莫能外也。故周子特明其说曰："诚，五常之本，百行之源也"。

……

夫诚之理一存，而五常百行皆莫外者，不可以想见也耶？盖五常皆性之见端而诚者，性之所以为性；百行皆心之运行而诚者，心之所以为心，天理浑然，至圣之道也。祛妄存真，希圣之功也，其所为斤斤相示也，意良深矣。

此有得于《中庸》之旨乎？诚也者，中也；五常、百行所谓和者也。抑有得于夫子之意乎？诚也者，一也；五常、百行，所谓贯者也。圣诚而已矣，非有得于圣道之深者也，乌能为是言哉！朱子以为直接孔孟之传，不虚也。①

三十岁以前的纪昀，一方面做考证学，另一方面坚持"朱子为直接孔孟之传"，明显体现出惠氏楹联所述治学尊汉、行为道德遵宋的内容。三十岁后，纪昀步入仕途，更多的是揣摩"圣意"，但始终对考据学表现出极大兴趣，对程朱理学也遵行不悖。纪昀晚年位居高位，多次主持作为国家"抡才大典"的科举考试，在用人取士上，纪昀根据皇帝对文化政策的调整，严格执行尊理学、重考据学、倡实学的方针，因此，在乾隆四十九年考据学如日中天之际，纪昀向乾隆皇帝汇报会试录取情况却说：

夫设科取士，将使分治天下之事也。欲治天下之事，必折衷于理，欲明天下之理，必折衷于经。其明经与否不可知，则以所言之是非醇驳，验所学之得失，准诸圣贤以定去取，较他途尚为有凭，而学者求工经义，不得不研思于经术，藉以考究古训，诵法先儒，不涉于奇衺之说，于民心士习，尤为先正其本原。经义一法，至今不变，明体达用之士，亦时时挺出于其间，职是故也。今之所录，大抵以明理为主。其逞辨才，骛杂学，流于伪体者不取，貌袭先正而空疏无物，割剥理学之字句，而脰饤剽窃，似正体而实伪体者，亦不取，期无戾于通经致用之本意而已。②

①纪昀：《纪晓岚文集·诚五常之本百行之源也论》卷7，河北教育出版社1995年，第129、130页。

②纪昀：《纪晓岚文集·甲辰会试录序》卷8，第148页。

文中纪昀明确提出"欲治天下之事,必折衷于理"的命题,所录人才以"明理为主",但此时,尚没有明确指出理为何理,只是按照考证学者一般的说法,"理寓于经",故求理"必折衷于经"。从他录取的标准来看,基本做到持平汉宋。十年后,纪昀又主持会试,则将治经尊汉儒、制艺尊宋儒直接揭示出来。他说:

……至经义之中,又分二派,为汉儒之学者,沿溯六书,考求训诂,使古义复明于后世,是一家也;为宋儒之学者,辨别精微,折衷同异,使六经微旨,不淆乱于群言,是又一家也。国家功令,五经传注用宋学,而十三经注疏亦列学官。良以制艺主于明义理,固当以宋学为宗,而以考据学补苴其所遗,纠绳其太过耳。如竟以订正字画,研寻音义,务旁征远引以炫博,而义理不求其尽合,毋乃于圣朝造士之法稍未深思乎。

夫古学,美名也;崇奖古学,亦美名也。名所集而利随焉,故弋获者有之;利所集而伪生焉,故割剥谶纬,掇拾苍雅,编为分类之书,以备剿说之用者亦有之。试官奉天子之命,其职在于正文体,幸承简任,不敢不防其渐也。是以臣等所录,惟以平正通达,不悖于理法为主;而一切支离涂饰,貌为古学者,概不录焉。①

纪昀作为考据学发展的推动者,在考证学者中有很高的威望,对考据学的发展影响很大。前文我们已经分析指出,纪昀对汉学宋学的弊端深有所悉,能够理性地看待学术发展,持平汉宋,但并没有说明他是如何处理汉宋关系的。在上面这段话中,纪昀明确揭示出"制艺主于明义理,固当以宋学为宗,而以考据学补苴其所遗,纠绳其太过耳",作为四库馆总纂官,却对"六经尊服郑,百行法程朱"如此折服,可以想见当时学者的大致情况。

在四库馆中较有影响的朱筠、朱珪也同样遵循惠氏楹联的宗旨。朱筠在四库馆的影响,我们前面已有论述。朱珪是朱筠的弟弟,兄弟二人在乾嘉学坛上都是很有影响的人物,故被后人称为大兴二朱,称誉兄弟二人为"乾嘉间主持风会之人,宜当世奉为泰山北斗也"②。大兴二朱的看法对当时及后人影响很大,在四库馆中也是具有代表性的人物。

朱筠在安徽学政任上,不但广搜金石文献,积极为四库馆献书,而且还大兴文教,表彰前贤,将江永、汪绂二人"祀诸紫阳山,合食于朱子"③。很明显,朱筠

①纪昀:《纪晓岚文集·丙辰会试序录》卷8,第149页。

②徐世昌等:《清儒学案·大兴二朱学案》,第3027页。

③钱仪吉:《碑传集》卷49,第1392页。

的用意在于以江、汪为楷模，教育学子，这一活动本身也寓含着朱筠对世人学问道德的期望。非常有趣的是，被朱筠所拥戴的两位先贤，一个是推动考据学的领军人物，一个是笃守程朱、清中期少见的理学家。朱筠作为一个热衷于考证的学者，推崇江永理所当然，但为何又将其祀于紫阳山，同朱子"合食"呢？在推崇考证学者同时，又将一个理学家一起从祀，似乎有些不伦不类。为此，我们有必要考察一下江永、汪绂的学行，去解释这一现象，以便更好地理解朱筠的用意。

江永（1681—1762年），字慎修，安徽婺源人（今属江西）。精通经学、音韵、天算，尤精"三礼"，著有《周礼疑义举要》《礼记训义择言》《礼经纲目》《律吕阐微》《近思录集注》等，弟子甚众，其中尤以戴震、金榜最为知名。戴震治学实事求是，开创一代学风，受江永影响很大。江永在考证学方面成绩卓著，同时，又不排除宋学，曾为朱熹《近思录》作注，并对朱熹等宋儒异常推服，云：

> 道在天下，亘古长存，自孟子后，一线弗坠，有宋诸大儒起而昌之，所谓"为天地立心，为生民立道，为去圣继绝学，为万世开太平"，其功伟矣！其书广大精微，学者所当博观而约取，玩索而服膺者也。昔朱子与吕东莱先生晤于寒泉精舍，读周子、程子、张子之书，叹其闳博无涯，恐始学不得其门，因共掇其关于大体，切用于日用者，为《近思录》十四卷，凡义理根源，圣学体用，皆在此编，其于学者，心身疵病，应接乖违，言之尤详，箴之极切，盖自孔曾思孟而后，仅见此书。朱子尝谓，四子，《六经》之阶梯；《近思录》，四子之阶梯。又谓《近思录》所言，无不切人身，救人病者。则此书直亚于《论》、《孟》、《学》、《庸》，岂寻常之编录哉！①

姚鼐评江永说："婺源自宋笃生朱子，传至元、明，儒者继起。虽于朱子之学益远矣，然内行则崇根本而不为浮诞，讲论经义，精核贯通，犹有能守大儒之遗教而出乎流俗者焉。近世若江慎修永其尤也。"②《清儒学案》评江永学术云："江先生宗尚考据学，沈潜精密，参互理数，融会沿革，论者推为郑康成后一人，非过誉也……江先生虽专治学，而亦未尝不尊信朱子，观其所著《近思录集注》、《礼书纲目》、《河洛精蕴》可见。"③这些都表明江永在从事考证学的同时，始终遵信宋学。江永的学术与为人，对后世影响很大，戴震早年义理、考据并重，考

①徐世昌等：《清儒学案·慎修学案》，第2069页

②姚鼐：《吴石湖家传》，《惜抱轩文后集》卷5，《续修四库全书》第1453册，第159页。

③徐世昌等：《清儒学案·双池学案》，第2233页。

证宗汉儒，义理宗宋儒，即直接师承于江永。

汪绂（1692—1759年），字灿人，号双池，安徽婺源人（今属江西）。主要著述有《易经诠义》《诗经诠义》《尚书诠义》《春秋集论》《礼记章问》《礼记或问》《读礼志疑》《孝经章句》《乐经或问》《读近思录》《理学逢源》等，涉及内容广泛，其中主要以《理学逢源》最为知名。这部书花费汪绂二十余年的精力而成，全书分内外两篇，内篇明体，外篇达用，笃守程朱理学，最能体现其理学思想。他自述著作宗旨云：

> 理一而已。自四子、《六经》以至周、程、张、朱之所演绎，载籍虽繁，要不过欲人反求之身心，而得其天性之本。然则以是见之行事，以实践而力行之，而于以措之民物，莫不皆准，此千圣所同符，古今无二致也……顾大道之行虽晦，而性命之正自存，学者亦惟是穷理致知，而于以徐探其源，则异学之偏辞有不能惑；反躬实践而于以真知其味，则当世之荣禄有不足摇，而欲穷理致知，反躬实践，则舍四子、《六经》之书，及周、程、张、朱之教，其未由也矣。①

汪绂明确指出其尊程朱的目的，在于“穷理致知，反躬实践”，正是在日常实践中遵循程朱的理学观。

从以上内容也可以看出，汪绂对程朱理学的尊崇，以卫道为己任，期望通过程朱理学来扭转世道人心。但汪绂对元明以来的理学弊端也有很清醒的认识，他指出：

> 元、明以来，以八股时文取士，则于是乎复移朱子之说以役词章，而讲章家治经亦多为八股计，便于八股者收之，不便于八股弃焉，讲讼益繁……迨至于今，群喙争鸣，日新月盛，则又苟利八股，或自相矛盾而不蒙，或俚俗尖谶而不避，经之贼也，不依然在室而不在门与欤？②

汪绂在笃守程朱理学的同时，也利用考据学方法治经，朱筠评汪绂说：“博极两汉六代诸儒疏义，元元本本，而一以宋五子之学为归，六经皆有成书，下逮乐律、天文、地舆、阵法、术数，无所不究畅。”③汪绂的著作如《易经诠义》《诗经

①汪绂：《理学逢源·自序》，《续修四库全书》第947册，第192页。
②徐世昌等：《清儒学案·双池学案》，第2199页。
③朱筠：《婺源县学生汪先生墓表》，《笥河文集》卷11，第209页。

诠义》《尚书诠义》《孝经章句》等，都显示出他在考证学方面的专长，故后人评汪绂说：

> 若夫双池先生，明体达用，刚大直方。其治经也，博极两汉六代诸儒疏义。凡三代之典章制度、名物器数，与夫天文地舆、六书音韵、九章算术，罔弗精详。即使偏尚考据学者不得藉口。而析理断事，精贯日月，思通鬼神，精变微化，一以朱子为折衷。①

这段评论将汪绂的治经与析理断事分为两个方面，一个是治经采用考据学方法，一个是析理断事以朱熹为标准，虽没有明言惠氏楹联，但精神却毫无二致。这一方面说明考据学在日益兴盛，理学家也不得不利用其治学方法，另一方面也说明“六经尊服郑，百行法程朱”不仅是考证学者的信条，也为理学家所遵循。

江永、汪绂两人同处一地，两人生前有书信往来探讨学术问题，在学术上也颇有近似的看法。因此，钱穆先生认为：

> ［汪绂］多尚义解，不主考订，与江氏异，而所治自《六经》下逮乐律、天文、地舆、阵法、术数，无不究畅，则门路与江氏相似。②

朱筠将此两人同时祀于紫阳山，合食于朱子，显然是对两者治学方法上遵循考据学，行为道德上又守护程朱的认同，这一做法正体现了惠氏楹联所述“六经尊服郑，百行法程朱”的原则。

再看一下总阅官朱珪的学术态度。朱珪（1731—1806 年），字石君；顺天大兴人。乾隆十三年（1748 年）进士，改庶吉士，授编修，后官至体仁阁大学士。编纂《四库全书》期间，朱珪曾被任命为总阅官参与校阅书籍。相对其兄朱筠来看，朱珪更偏重于理学，因居高位，事务繁多，学术著述不多，但作为当时一位知名的政治文人，在弘扬学风方面起着很大的作用。同其兄一样，朱珪对当时有才之士多有提携，许多知名考证学者都曾得到他的延誉，如戴震在其幕府中长达三年，其他如汪中、孙星衍、刘台拱等考证学者也都曾寓其幕府，史称：“经生名士一览无遗，海内士心，向往悦服。佳士之文，未荐被落者，读而泣之，才士黄

①徐世昌等：《清儒学案·双池学案》，第 2234 页。

②钱穆：《中国近三百年学术史》上册，商务印书馆 1997 年，第 341 页。

景仁、张腾蛟死，称悼之。通人寒士，必扬其名于朝。”[①]从朱珪所提携人才来看，他对汉儒治学方法毫无异议，这一点与朱筠颇为相似，推动了乾嘉考证学风的发展。

不过，朱珪更看重的是程朱理学的伦理道德在教化人心方面的作用，因此，在日常实践中非常崇尚程朱理学。朱珪于乾隆四十年一度充当太子颙琰的老师。后来，在赴福建学政任时，向颙琰，即未来的嘉庆皇帝上“五箴”曰：“养心、敬身、勤业、虚己、致诚”，颙琰力行之，亲政后，尝置左右。[②] 朱珪完全是以程朱理学来教导未来的皇帝，从中可见其对程朱理学的态度。他称赞朱熹曰：

> 予惟文公之学以穷理为先务。数传以后，家读其书，流为口耳琐细之辨，不克返诸身心，见诸实事。故明儒起而矫之，复古本《大学》，曰知行合。然公之得力，在于慎独躬行，而必先以致知格物者，岂未尝灼见乎内外标本之故，确然相因而不可阙耶？[③]

朱珪既注重考据学的方法，又推崇程朱理学教化人心的作用，这一学术特点也受到后人的好评。阮元评曰：“于经术无所不通，汉儒之传注、气节，宋儒之性道、实践，盖兼而有之。取士务以经策，较《四书》文，诚心锐力，以求朴学。”[④]孙星衍记朱珪学行时说：“先生学兼汉、宋，曾与孙渊如书论学，曰：四科之四则文学，亦不悖乎上三者。又谓考据非词章之上乘；又谓正心诚意，或短在不能致知格物；又谓不讲格致，则虽有仁心廉操，何从著手以察吏、治狱、安民；又谓伪《尚书》无损益于人心风俗；又谓今之耆学，自以为高出前贤。”[⑤]朱珪这种治经重汉儒、实践遵宋儒的治学方法与为人处世，正与惠氏楹联“六经尊服郑，百行法程朱”相吻合。

一向以维护程朱理学著称的姚鼐，也并非专尊程朱，而排斥考据学。受当时考证学风的影响，他对考证学的特长也表示赞同，论学道：

> 余尝论学问之事，有三端焉：曰义理也，考证也，文章也。是三者，苟善用之，则皆足以相济，苟不善用之，则或至于相害。今夫博学强识而善言德

①钱仪吉：《碑传集》，第 1082 页。

②赵尔巽等：《清史稿》卷 340，《朱珪传》，第 11092 页。

③朱珪：《知足斋文集》卷 2，《丛书集成初编》本，中华书局 1985 年，第 25 – 26 页。

④钱仪吉：《碑传集》卷 38，第 1082 页。

⑤徐世昌等：《清儒学案 · 大兴二朱学案》，第 3049 页。

行者，固文之贵也；寡闻而浅识者，固文之陋也。然而世有言义理之过者，其辞芜杂俚近，如语录而不文；为考证之过者，致繁碎缴绕，而语不可了当，以为文之至美，而反以为病者，何哉？其故由于自喜之太过，而智昧于所当择也。夫天之生才，虽美不能无偏，故以能兼长者为贵。而兼之中，又有害焉。岂非能尽其天之所与之量，而不以才自蔽者之难得与？①

早年，姚鼐也曾致力于考据学。在京之时，姚鼐因崇慕戴震的考据学成就，曾欲拜戴震为师。在舆地学方面他也有不少考证之作，如《郡县考》《汉庐江九江二郡沿革考》《项羽王九郡考》等均是这方面的代表作，他曾记述说："曩者，鼐在京师，与休宁戴东原言，世之方志言古城邑，苦不考求四面地形远近堪容置否，是以所举多不实，欲以汉县与今地相较为表，而贯他沿革于其中，纵不能无失，犹差翔实，愈于俗之所为地理书也。东原曰：'善'。"②这说明，在汉学兴盛的学风下，姚鼐受其影响，也曾有走考据之路的意向。

不过，在实践中，姚鼐并没有真正如翁方纲、程晋芳那样热衷于考据。由于戴震晚年逐渐由字句的训诂创立了异于程朱的新义理学，姚鼐对此深为不满，由此而产生对汉学的批评，在其言论中包含了尊宋抑汉的倾向。他对戴震通过考据而另寻义理，与程朱理学立异，深为不满，说：

孔子没而大道微，汉儒承秦灭学之后，始立专门，各抱一经，师弟传受，侪偶怨怒嫉妒，不相通晓，其于圣人之道，犹筑墙垣而塞门巷也。久之，通儒渐出，贯穿群经，左右证明，择其长说。及其敝也，杂之以谶纬，乱之以怪僻猥碎，世又讥之。盖魏晋之间，空虚之谈兴，以清言为高，以章句为尘垢，放诞颓坏，迨亡天下。然世犹或爱其说辞，不忍废也。自是南北乖分，学术异尚，五百余年。唐一天下，兼采南北之长，定为义疏，明示统贯，而所取或是或非，未有折衷。宋之时，真儒乃得圣人之旨，群经略有定说。元明守之，著为功令。当明佚君乱政屡作，士大夫维持纲纪，明守节义，使明久而后亡，其宋儒论学之效哉！

且夫天地之运，久则必变。是故夏尚忠，商尚质，周尚文。学者之变也，有大儒操其本而齐其弊，则所尚也贤于其故，否则不及其故，自汉以来皆然已。明末至今日，学者颇厌功令所载为习闻，又恶陋儒不考古而蔽于近，于是专求古人名物制度训诂书数，以博为量，以窥隙攻难为功。其甚

①姚鼐：《述庵文钞序》，《惜抱轩文集》卷4，第31页。

②姚鼐：《汉庐江九江二郡沿革考》，《惜抱轩文集》卷2，第14页。

者，欲尽舍程朱，而宗汉之士，枝之猎而去其根，细之蒐而遗其巨，夫宁非蔽与？①

在此，姚鼐认为汉代虽去古未远，但并未得圣人真义，只有宋儒才堪称“真儒”，所阐义理，在维纲常、明节义方面发挥着巨大作用，这是汉儒所无法比拟的。这一点同戴震等人通过考证寻求儒家原典本义，产生了根本分歧。

其实，四库馆臣对汉学弊端大都有深刻的认识，但没有人公开贬低汉学，即使是翁方纲、程晋芳等人，也是主张考据同时要以程朱义理为归，以此反对戴震学说，并没有贬低汉学之意。由于姚鼐在考据学方面没有突出的表现，与其他馆臣明显立异，故在馆中郁郁不得志，最后不得不离馆而去，且对当时的遭遇极为气愤，言称自此不再受听他人异论，也不再以自己的学术见解去劝说他人。翁方纲与姚鼐为挚友，在姚鼐离馆前夕，对其负气离开深为惋惜，也有意劝诫其某些不妥之处，翁方纲云：

姬川（姚鼐）郎中与方纲昔同馆，今同修四库书，一旦以养亲去，方纲将受言之，恐后而敢于有言者。姬川之归不难在读书，而难在取友；不难在善述，而难在往复辨证；不难在江海英异之士造门请益，而难在得失毫厘。悉如姬川意中所欲言，姬川自此将日闻甘言，而不复闻药言，更将渐习之久而其于人也，亦自不发药言矣，此势所以必至者也。吾友有钱子者，其仁义人也，其于学行文章，深得人意中所欲言，愿姬川之闻其药言也。②

翁方纲在同情姚鼐在四库馆遭遇的同时，对姚鼐未能实践持平之论提出劝诫，希望姚鼐能听取钱大昕的意见，翁方纲在此专门提出钱大昕的学行文章，也正反映了钱大昕学术在当时的影响。

钱大昕（1728—1804 年），字晓征，一字辛楣，江苏嘉定人。钱大昕当时是较有影响的考据学者，早年也曾在朝廷供职，参与过《续文献通考》《续通志》《一统志》的纂修，在经学、史学等各个领域均有精深的造诣，《十驾斋养新录》

---

①姚鼐：《赠钱献之序》，《惜抱轩文集》卷 7，第 56 页。

②翁方纲：《复初斋文集》卷 12，《送姚姬川郎中归桐城序》，第 462 页。也有一种说法，姚鼐中途离馆是因为于敏中，于敏中曾希望招揽姚鼐，遭姚鼐拒绝，刘统勋去世后，于敏中在朝中势力较大，姚鼐担心对自己不利，因而称病回籍。按于敏中招致朱筠而不能如愿，即在皇帝面前毁谤之，姚鼐离馆也可能包含这一方面的因素。不过，在四库馆中于敏中主要负责《四库全书荟要》的编纂，且馆中总裁并非于敏中一人，因此，馆中个人恩怨不会是导致姚鼐离馆的根本原因，再从翁方纲送姚鼐的话别语来看，主要原因还是学术之争。

《潜研堂文集》多收录其考证学著作。钱大昕虽未参与《四库全书》的纂修，但与四库馆臣多有交往。钱大昕的学行也非常明显地体现出“六经尊服郑，百行法程朱”的特点。钱氏在考证学方面的成绩已无须多论，但在以考据为治学手段的同时，并不反对程朱理学，在《朱文公三世像赞》中写道：

孔孟已远，吾将安归？卓哉紫阳，百世之师。主敬立诚，穷理致知。由博返约，大醇无疵。山高海深，日丽星垂。浩然之气，入人心脾。庆元党禁，守正靡移。立德不朽，斯文在兹。①

可见钱大昕在治学方法重考据学外，在立身制行上仍对程朱尊崇不已。翁方纲劝姚鼐听取钱大昕的意见，其用意正在于他能够遵守“六经尊服郑，百行法程朱”的规则。

四库馆中，戴震也是未能遵守四库馆潜规则的一员。戴震早年致力于考证学，名震一时，同时又在义理方面推崇程朱理学，恰恰是“六经尊服郑，百行法程朱”的反映。余英时先生评论说：“东原在理论上以义理为第一义之学，考证次之，文章居末。在实践上，东原则从事于考证之学，欲以之扶翼程、朱之义理。因此，此时他在义理方面尚无心得，并未深感程、朱义理与六经、孔、孟之言有歧义也。”②在四库馆中，戴震以其渊博的学识，为纂修《四库全书》做出了巨大贡献，在四库馆中他虽然地位最低(是由总裁举荐入馆，而且入馆之时，仅是一个举人)，但由于他在京师，受纪昀、钱大昕、朱筠等人的扬誉，已经成为当时考证学的权威人物，因此，在四库馆中他具有最高话语权的学术地位。戴震晚年的哲学思想成熟于四库修书期间，但这些只是他个人的私下著作，在四库馆中他始终是以考据学者身份出现的。正因如此，四库馆臣并没有因其思想的变化，而将其排斥在外，使其得以继续修书。不过，应该看到，戴震的义理思想并不受四库馆臣的理解。在戴震去世后，他们依然将其视为一考据学者，而反对其哲学思想。朱筠与戴震交往几十年，对戴氏多有提携，对戴震的考据学极为推重，却并不赞成戴的这些性命天道之作。此外，邵晋涵、钱大昕等人也都对戴震的义理学不以为然。章学诚曾记述说：

丙戌春夏之交，因郑诚斋太史之言，往见戴氏休宁馆舍，询其所学，戴为粗言崖略，仆即疑郑太史方不足以尽戴君。时在朱先生门，得见一时通

①钱大昕：《潜研堂文集》卷17，《四部丛刊》本。

②余英时：《论戴震与章学诚》，第135页。

人，虽大扩生平闻见，而求能深识古人大体，进窥天地之纯，惟戴氏可与几比。而当时中朝荐绅，负重望者，大兴朱氏、嘉定钱氏，实为一时巨擘，其推重戴氏，亦但云训诂名物，六书九数，用功深细而已。及举《原善》诸篇，则群惜其有用精神耗于无用之地。仆于当时，力争朱先生前，以谓此说似买椟而还珠，而人微言轻，不足以动诸公之听。足下（指邵晋涵）彼时，周旋嘉定大兴之间，亦未闻有所抉择，折二公言，许为乾隆学者第一人也。①

朱筠、邵晋涵等虽重戴震的考据学，但对其义理思想充耳不闻，这也正是因为戴震破坏了“六经尊服郑，百行法程朱”的规则。

戴震的哲学思想又在《与彭进士尺木书》中有所论述。戴震去世后，洪榜修《东原氏行状》将《与彭进士尺木书》载入，朱筠反对说：“可不必载，戴氏可传者不在此。”据称，朱筠反对将此书信载入理由有三：

其一谓程朱大贤，立身制行卓绝，其所立说，不得复有异同，疑于缘隙奋笔加以酿嘲，夺彼与此。

其一谓经生贵有家法，汉学自汉，宋学自宋，今既详度数，精训故，乃不可复涉及性命之旨，反述所短以掩所长。

其一或谓儒生可勉而为，圣贤不可学而至，以彼硁硁，稽古守残，谓是渊渊闻道知德，曾无溢美，必有过辞。②

朱筠在乾嘉考据学中的地位，以及他对推动考据学的发展所起的作用，我们前面已经论述。这位乾嘉考据学“领袖”在立身制行上却对程朱理学青睐有加，他反对将《与彭进士尺木书》载入《东原氏行状》一个最重要理由，就是“程朱大贤，立身制行卓绝，其所立说，不得复有异同”，简单扼要的一句话，将考据学的界限定得非常明确。朱筠在乾嘉学术界是一位非常有影响的领军人物，他对程朱理学的态度对其他学者影响匪浅。

洪榜虽然对朱筠的观点有不同之见解，但不敢像戴震一样直接向程、朱宣战，正面回应朱筠，而是将矛头指向陆、王、释、老，他答复说：

夫戴氏《与彭进士书》，非难程、朱也，正陆、王之失耳，非正陆、王也，辟老、释之邪说耳，非辟老、释也，辟夫后之学者实为老、释而阳为儒书，援周、

---

①章学诚：《与邵二云书》，《章学诚遗书·佚篇》卷末，第645页。

②江藩：《国朝汉学师承记》，中华书局1983年，第98页。

孔之言入老、释之教，以老、释之似乱周孔之真，而皆附于程、朱之学。[①]

考据学内部对戴震的义理学尚且不能理解，对于偏重程朱理学的人来说，就更不能容忍戴震的做法了。翁方纲专门作《理说驳戴震作》，对其攻击不遗余力。而姚鼐原本在京师时曾欲向戴震拜师，而遭到戴震婉拒，因此一直心怀芥蒂，看到戴震背叛程朱，更是破口大骂。在内外夹攻下，戴震的哲学思想一直湮没不彰，尽管其弟子表示赞成，但并未领会其精神所在。段玉裁作为戴震的得意门生，一向盛推戴震，但缺乏类似戴震一样的义理思想，钱穆先生曾有评论说：

东原（戴震字）举义理、考据、辞章为学问三大纲，而以独能言义理自务。懋堂承其师说而变之，谓学问当首重考核。考核当在身心性命伦理族类之间，而以读书之考核辅之，其意首发于为其师《东原集》作序，而及是又发之，与其师所言，意趣有异，盖其心犹不忘宋儒之理学也。[②]

虽然晚年的段玉裁又尊戴震义理，但当时已将八十高龄[③]，在很长时间中，段玉裁都对程朱理学表现出极大兴趣。戴震的哲学思想一直到民国时期才由梁启超、胡适等人加以宣扬，逐渐得到学术界的认可，这已经是戴震去世后一百多年的事了。

既然清中期考证学者大都遵循“六经尊服郑，百行法程朱”的规则，为何考据学又给人一种反宋学的印象呢？据笔者之见，缘于以下两点：

一是由于考据学从事文字音韵的考证，主张实事求是，往往能破坏程朱理学在学理上的立论基础。考证学者一条共同遵守的法则就是不空谈性命，因此，考据学并不直接从学理上反驳宋学，但考证学者们所考证的成果，却对宋学造成致命的打击，如阎若璩的《古文尚书疏证》证《古书尚书》为伪书，胡渭的《易图明辨》推翻了“河图”“洛书”之说，均为学术界所认同，使程朱理学的立论基础动摇。理学本身是吸收了佛教的某些思维方式，重思辨，尤其是后来发展过程中，随意发挥，而考据学的治学方法正好将其发挥之处暴露无遗，因此，在

①江藩：《国朝汉学师承记》，第98－99页。

②钱穆：《中国学术思想史论丛》（八），三联书店2009年，第264页。

③钱穆云：“皮锡瑞《经学历史》，据‘议配享’及‘跋小学’两文，乃谓江、戴、段之学，未尝薄宋儒。又谓：‘惠、江、戴、段为汉学帜志，皆不敢将宋儒抹杀。’不知慎修在前，恪遵朱子矩矱，与东原自不同。懋堂幼年受程、朱影响，至老依违两者间，及七十六之后至八十之年，乃始一尊东原；细读其集，可以推知。”［钱穆：《中国学术思想史论丛》（八），第305－306页］

学理上遵守程朱理学者,必会起来反抗。

二是考证学者会将程朱理学的行为规范作局部的调整。由于程朱理学从元代以后被官方用来作为统治民众的工具,因此,在长期发展过程中,不断变化,逐渐走向极端,过于压抑人欲,所以造成了许多社会弊端,最明显的例子,就是对妇女的苛刻要求。对此,一些考证学者在日常行事宗程朱理学的同时,也对宋明理学有所修正,纠正其过于刻板的弊病,使之更合乎人性。古代妇女殉节者一般都会受到官方的旌表,宣扬其气节,在社会中起到表率作用,但对一些遭到强暴受污后殉节者,则不予表彰。纪昀对此不满,认为妇女受污实出本身弱小不能抵抗,而后又殉节者,应同抵抗暴徒中死去者一同旌表,终得朝廷许可。[①] 虽然看起来仍是宣传理学家们的纲常伦理,但无疑是对"饿死事小,失节事大"的局部修正,表现了对女性的关怀,对此,纪昀在《阅微草堂笔记》中也有同样的呼声。但这并不妨碍纪昀对程朱理学的遵行,实际上,对节妇的旌表,本身就是宣扬理学家们所定下来的行为规范。同样,被誉为乾嘉学术领袖的朱筠也有相似的行为,如朱筠在颍州将某烈女入祠以表扬其节,"四方来观者数千人。有二妇植耒而叹曰:'甚哉!烈女生无所异于人,今死且数十年,而光荣若是,女即不以烈死,其身终亦必死,死则曷以有今日耶!夫人不幸而遇此者,其将何以自处哉?'先生闻其语因招之使前,为之反复陈说,示以女子外成妇人不二天之义,且曰:'若固知死之为贵乎,即幸而家室无故,则孝于舅姑,而敬承事其夫,其亦可矣。即不幸而夫死子幼,助养孤以须其成焉,其亦可矣。是不必要于死而后为贤也'"[②]。既要效法宋明理学,表彰烈妇,又对理学以理杀人的某些细节加以修正,反对以死示节,显示出对人性的关怀,体现了清代学者对程朱理学的态度。但从总体来看,他们从小受到程朱理学的教育,又多是朝廷官员,往往为朝廷教化考虑,因此,将"百行法程朱"作为行为规范并没有大的逾越。

不仅四库馆臣对惠氏楹联信服无二言,馆外的学者也多对此遵守不逾。如章学诚虽未参加《四库全书》纂修,但与四库馆臣如朱筠、邵晋涵、周永年等交往很深,他也说:

> 夫子教之,必使言行相顾,宋儒凿空,说理解经,不能无失,而其所以不可及者,纲常伦教,不待名物象数而后明者,莫不躬行实践,以期于圣贤也。[③]

①《清国史》卷17,《纪昀传》,第803页。

②钱仪吉:《碑传集》,第1394页。

③章学诚:《答邵二云书》,《章学诚遗书·佚篇》,第645页。

章学诚不满宋儒解经往往空发议论、空洞说教，但对其纲常伦理却推崇备至，认为宋儒的躬行实践要强于汉儒的名物象数。很明显，章学诚也是赞成将宋学的治学方法与行为道德分开对待，一方面宋儒的治学方法凿空，“不能无失”，另一方面，则是宋儒的制行是日常行为不可或缺的道德准则。乾嘉时期，以研治《论语》知名的刘台拱在考证学方面取得巨大成就的同时，也对宋学极为倾服。他从小即崇慕程朱理学，《清史列传》称，刘台拱“九岁，作《颜子颂》，心慕理学。及长，见同里王懋竑、朱泽云书，遂笃志程朱之学……考证名物，精研义理，未尝离而二之，于汉宋诸儒之说，不专一家，惟是之求……然台拱以圣贤自绳，与人游处，未一字及道学也”[①]。朱彬《刘先生台拱行状》云：“先生为学，自六书九数以至天文律吕，莫不穷极幼眇，而于声音文字尤深，其考证名物，研精理义，未尝离而二之。传注有未确，虽自古经师相传之故训，亦不为苟同，于汉、宋诸儒绝无依傍门户之见。”[②]《清儒学案》评其治学曰：“端临遂于经学，考证名物，研精理义，未尝离而二之。”[③]而以校勘著名的卢文弨在从事考订校雠时“博采众说，择善而从，往往折衷于义理”[④]，卢文弨自述其治学经历说：“文弨弱冠执经于桑弢甫先生之门，闻先生说《中庸》大义，支分节解，纲举目张，而中间脉络无不通贯融洽。先生固以为所得于朱子者如是，盖先生少师事姚江劳麟书史先生，劳先生之学一以朱子为归，躬行实践，所言皆见道之言，虽生阳明之里，余焰犹炽，而独卓然不为异说所惑，先生信从既久，固宜其言之与朱子悉相吻合，而文弨亦幸得窃闻绪余。”[⑤]针对有些学者在治学方面对朱熹的批评，卢文弨不以为然，称：“朱子大儒，古今驳难不一，其于朱子无伤也。”[⑥]翁方纲评卢文弨学术说：“予不惟君之精且博是叹，而独叹其弗畔于朱子也。凡校雠家之精且博者，皆在南宋，而论乐律，如西山诂字义，如北溪胥于朱门发之，今之学者稍窥汉人厓际，辄薄宋儒为迂腐，甚者且专以攻击程朱为事，虞道园有言，此特文其猖狂不学以欺人而已矣。抱经题跋诸篇谓，世人于朱子因一二未安而遂并议其全，又于妄生诋諆，如郭宗昌者，则昌言排之，宜其校正古今，虚公矜慎而不蹈流俗之弊也。”[⑦]

①《清史列传》卷68，第5529－5530页。

②钱仪吉：《碑传集》卷135，第4038页。

③徐世昌：《清儒学案·端临学案》，第3487页。

④徐世昌：《清儒学案·抱经学案》，第2486页。

⑤卢文弨：《抱经堂文集》卷1，中华书局1990年，第20页。

⑥卢文弨：《抱经堂文集》卷18，第262页。

⑦翁方纲：《送卢抱经南归序》，《复初斋文集》卷12，第461页。

由此可见,惠氏楹联在乾嘉学者中的影响。以往人们所认为乾嘉时期考据学如日中天,排斥宋学,以致汉宋矛盾尖锐,几不可调和。这种观点实际上忽视了当时学者所受教育过程,乾嘉学者无论是从事考据学者,还是专尊程朱理学者,自幼因习科举业,而熟读程朱理学之书,因而宋明理学深入人心,他们成年后的言行举动、为人处世并不会因从事考证活动而改变。在从事考证工作的同时,考据学者多以理学的要求约束自己。皮锡瑞曾对清代经学作过总结,他认为:

> 雍乾以后,古书渐出,经义大明。惠、戴诸儒,为汉学大宗,已尽弃宋诠,独标汉帜矣。惠周惕子士奇、孙栋,三世传经。栋所造尤邃,著《周易述》、《古文尚书考》、《春秋补注》、《九经古义》等书。论者拟之汉儒,在何邵公、服子慎之间。而惠氏红豆山斋楹帖云:"六经宗孔孟,百行法程朱。"是惠氏之学未尝薄宋儒也。戴震著《毛郑诗考正》、《考工记图》、《孟子字义疏证》、《仪礼正误》、《尔雅文字考》,兼通历算声韵,其学本出江永,称永学自汉师康成后,罕其俦匹。永尝注《朱子近思录》,所著《礼经纲目》亦本朱子《仪礼经传通解》。戴震作《原善》、《孟子字义疏证》,虽与朱子说经抵牾,亦只是争辩一理字。《毛郑诗考正》尝采朱子说。段玉裁受学于震,议以震配享朱子祠。又跋朱子《小学》云"或谓汉人言小学谓六书,非朱所云,此言尤悖。夫言各有当,汉人之小学,一艺也;朱子之《小学》,蒙养之全功也。"段以极精小学之人,而不以汉人小学薄朱子《小学》。是江、戴、段之学未尝薄宋儒民。宋儒之经说虽不合于古义,而宋儒之学行实不愧于古人。且其析理之精,多有独得之处。故惠、江、戴、段为考据学帜志,皆不敢将宋儒抹杀。①

在此,皮锡瑞并没能将治学方法与立身行制明确区分开,但也说明了一点,就是清代考据学者大多是反对宋学弊端而不反程朱,在日常行为规范中,对程朱理学遵行不悖。

从以上分析不难看出,乾嘉时期,大多数学者更热衷于考据学的治学方法,而缺少对程朱理学学理上的关注,甚至对程朱理学的某些过于刻板的环节加以调整,似乎是反程朱理学,但在日常行为规范上,并没有真正违背程朱理学所要求的伦理道德。考据学只是一种治学方法,虽然从顾炎武开始,就提出通过音

①皮锡瑞:《经学历史》,中华书局 2008 年,第 313 页。

韵训诂理解原始经典，进而领会孔孟之道，但终究并没有建立起来一套能与程朱理学抗衡的道来。考据学更注重的是通过音韵训诂求经的本义，不免对理学的任意发挥提出疑问，揭露其破绽，动摇其学理基础，斥责理学发展中的各种弊端，这就是考据学对于宋明理学强大的破坏功能。但考据学在破坏的同时，未能建立新的伦理道德，也不能像今文经学那样，提倡大一统，托古改制，以解决现实问题，考证学者们在孜孜不倦地从事考证的同时，仍然只能通过小时候受到的程朱理学教育，来规范自己的日常行为。也有些学者在某些细节方面对理学的苛求加以修正，但从大的方面来看仍是遵行不悖，这几乎是乾嘉学者共同的特征。

从最高统治者角度来看，考据学所能为统治者欣赏的只是“征实”，而不在于能破理学的学理，因为程朱理学毕竟是经过实践检验有利于其统治的良方妙药，以程朱理学的伦理道德要求世人，是最有利于其统治的方法。因此，作为朝廷身边的官员，四库馆臣不可能不意识到这一点，他们在从事学术研究的同时，也会考虑到以何种方式统治更有利于国家长治久安，在没有新的比程朱理学更适合教化人心的伦理时，他们不由自主地选择了程朱理学作为行事的法则，这是必然的结果。当发现自己学术圈内有了新“异端”时，就马上站到了理学一派，阻止其传播，也是情理之中的事情，因为要建立一个不同与程朱理学的哲学体系，就违背了“六经尊服郑，百行法程朱”的潜规则。考据学虽然在乾嘉之际发展到了顶峰，但没有创造出新的伦理，戴震在创建自己的理论体系时，已经违背了考据学不空谈性命的原则，因此他的成果也无法完全让同仁所接受。

综上所述，“六经尊服郑，百行法程朱”完全可以说是四库馆臣的潜规则，如果以此作为四库馆派的学术特点，可能是较为合适的。

结　语

一、四库馆得失论

中国图书编纂历史源远流长、经久不衰，是中华民族优良传统之一。随着历史向前发展，不但书籍的种类不断增加，书籍部头逐渐增大，图书的编纂也经历了由一人力量撰写到官方设书局集体编纂的过程。若以刘向等集体校书算起，至四库馆开，集体编纂图书在中国已经走过了一千八百多年的历史。官方设局集体编纂可以利用国家力量，为图书编纂提供便利的条件，同时也能充分发挥各自的特长，集思广益，是图书事业发展的必然结果，与私人修书共同构成了中国图书编纂的两大支流。但另一方面，作为一个官僚机构，集体协作也有许多难以克服的弊端。唐代史学家刘知几曾极力反对史馆修史，指出史馆修史有五不可，故而“首白可期，汗青无日”。四库馆汲取了以往史馆修史的经验教训，既发挥了集体优势，同时也吸收了个人整理图书的长处，为成功地编纂《四库全书》奠定了基础。但四库馆是由朝廷设置的机构，官僚性质非常严重，《四库全书》的失误，包括《四库全书总目》的讹谬，《四库全书》内抄写所出现的问题，都与四库馆的性质和馆内的运行机制有不可分割的联系，探讨四库馆的得失不仅对《四库全书》的研究极为有益，而且对我们今后纂修大型书籍也很有借鉴意义。

从四库馆优点来看，有以下几点是编纂《四库全书》的有利因素。

一是乾隆皇帝的支持。在《四库全书》编纂的十余年间，从征书、选择底本到抄书、校书，事无巨细，乾隆皇帝无不过问，这无疑给馆臣增加了很大的压力，大大提高了四库馆的工作效率。再从后勤保障来看，乾隆皇帝也给予了大力支持，以抄南三阁《四库全书》来说，誊录系雇用人员担任，“每一千字给二钱五分”①,以每部书7.3亿字计,三部书将近22亿字,用银就达55万两。再加上抄写所用的笔墨纸砚、编纂人员的饭食等各项开支不计其数,如果没有国库的全力支持,在古代这项活动根本无法展开。在全书编纂过程中,乾隆皇帝还不时发放物品,提升贡献突出者的官职,正如乾隆皇帝所称“自开馆以来,无不曲予加恩,多方鼓舞,所以体恤之者倍至”②,这是对纂修者莫大的鼓舞。由于有乾隆的支持,四库馆无论是征集图书,还是刊刻、抄写,都是动用全国之力,最终编成这部举世闻名的巨作。乾隆的全力支持,无疑对《四库全书》的编纂起了极大的促进作用,这是四库馆能够高效率工作的重要原因。

二是四库馆充分发挥了总裁的作用。刘知几对史馆监修制度深为不满,他认为史馆监修“凡居斯职者,必恩幸贵臣,凡庸贱品,饱食安步,坐啸画诺,若斯而已矣”③,批评这些监修都是帝王亲信,不能确立体裁、断限、采撰、言语等各方面的原则,同时又因多人担任监修,造成“十羊九牧,其令难行;一国三公,适从何在”④的局面。唐代史馆设置监修一职,一方面是统治者控制史学为政治服务的一种手段;另一方面,也表明政府对修史的重视,宰相监修既可以利用职权对史馆内存在的问题进行协调裁正,又可以动用国家的力量支持史书的修撰,有一定的积极作用。四库馆继承了这一做法,设总裁一职负责馆务。虽然上文提到馆内总裁多武职官员、年老无堪他用者,但这不过是四库馆作为一个官僚机构不可避免的通病而已。实际上,四库馆内总裁并非都是无能之辈,其中也不乏一些学识渊博的人才,如正总裁于敏中早在乾隆六年就曾提出过“六经皆史”的论断⑤,即可证明其卓识远见。乾隆四十年,他主持编纂《天禄琳琅书目》,也反映了他在目录学上的见识。“成亲王永瑆尤善书法,名重一时,士大夫得其片纸只字视若珍宝。永瑆和铁保(满族)的书法,与汉人翁方纲、刘墉并称为四大家。”⑥关于总裁所起的作用在上文已有,此不再赘述。再就多人担任总裁而言,四库馆虽有多个总裁,但其中总是有一个起主要作用,开馆之初都是由刘统勋来负责,后“文正(刘统勋)卒,文襄(于敏中)总裁馆事”⑦。从现存档案看,其他总裁并不干涉编纂的具体内容,如英廉、王杰的奏折都是馆内监察事宜,无一字涉及编纂的具体内容;福隆安仅负责后勤、考核之事;蔡新、嵇璜、曹文植、和珅

①《纂修四库全书档案》,第1615页。

②《纂修四库全书档案》,第836页。

③刘知几著,浦起龙释:《史通通释》卷10,《辨职》,上海古籍出版社1978年,第283页。

④《史通通释》卷20,《忤时》,第591页。

⑤于敏中:《通志二十略序》,附载于郑樵《通志二十略》,中华书局1995年,第1259页。

⑥昭梿:《啸亭杂录》卷2,中华书局1980年,第46页。

⑦姚鼐:《朱竹君先生传》,《惜抱轩文集》卷10,第72页。

等只有校书、督催的记载。根据各自的特长，总裁也有不同的分工，这就克服了刘知几所批评监修制度的许多弊端，使四库馆内各项工作能顺利进行。

三是四库馆总纂官拥有很大的裁决权。总纂官在编纂全书过程中，就体例的制定、著录书籍的选择等方面有很大的裁决权，各纂修官可以根据自己的意见撰写提要，但这些提要仅是供总纂官参考之用，总纂官可以决断是否采用，或根据需要加以修改，根本无须与纂修官商量，以免因双方发生争执而影响编纂进度。于敏中在写给陆锡熊的信中说："《提要》稿吾固知其难，非经足下及晓岚学士之手，不得为定稿。诸公即有自高位置者，愚亦未敢深信也。"[①]正因为总纂官拥有这种决断权，对纂修官原提要稿作了大量的删改，后人多将《四库全书总目》归于纪昀一人。总纂官的决断权实际上是代替了总裁的一部分权力，这对图书的编纂是很有利的，一方面，总纂官作为专职人员有足够的时间和精力解决编纂过程中出现的一些问题；另一方面，四库馆内总纂官都是学识渊博的学者，对图书的编纂极具卓识远见，给予他们编纂上的裁决权，就有效地避免了唐代史馆"著述无主，条章靡立"[②]的缺陷。杜维运先生在论述集体修史时说："有一位卓越的史学家，领导全局，整体由一人规划，宛如大匠的造巨室，良将的用三军，则一部水准以上的历史巨著，将幡然问世。"[③]集体修史如此，集体编纂图书也概莫能外，四库馆总纂官在纂修过程中的裁决权保证了《四库全书》编纂的成功。

四是四库馆内有大批优秀人才，分工明确合理。刘知几批评史馆缺乏史才，又互相牵制，他指责史馆"凡所引进，皆非其才，或以势利见升，或以干祈取擢"，史官"或当官卒岁，竟无刊述，而人莫之省也；或辄不自揆，轻弄笔端，而人莫之见也"[④]。史官既无史才，又互相牵制，使史成无望，"每欲记一事，载一言，皆搁笔相视，含毫不断。故首白可期，而汗青无日"[⑤]。四库馆在搜集人才方面虽然也存在着一些缺陷，在馆编纂人员中有些确实是为擢升官职而来，但不可否认，四库馆内聚集了一大批当时知名学者。翰林院毕竟是当时全国最高学术机构，聚集了当时大量的学术精英，总裁从翰林院挑选出来的很多都是知名之士，此外，又征举戴震等人，"造就了一个校书做学问的环境"，故"稍有天才的人都跑到京师来校书，稍有学问的人都利用这个机会来做训诂考证之学"。[⑥] 四库

①于敏忠：《于文襄手札》。

②《史通通释》卷20，《忤时》，第590页。

③杜维运：《集体写史的方法论》，载《史学理论研究》2004年第1期。

④《史通通释》卷10，《辨职》，第283页。

⑤《史通通释》卷20，《忤时》，第590页。

⑥姚名达：《朱筠年谱》，《民国丛书》本，第2页。

馆的开设，在编纂《四库全书》的同时，还进一步推动了清代考据学的发展①，这就与刘知几所批评的缺乏史才的史官们形成了鲜明的对比。此外，四库馆臣有着明确、合理的分工，各纂修官可以充分发挥自己的特长，又避免了互相推诿，保证了四库馆的编纂效率。

五是馆内资料丰富，馆臣重视实际调查。四库馆中不但有极为丰富的图书资料，还可以随时向各衙门咨询有关事项，为《四库全书》编纂提供了优越的条件。刘知几批评史馆修史缺乏史料，指出“史官编录，唯自询采，而左、右二史，阙注起居，衣冠百家，罕通行状。求风俗于州郡，视听不该；讨沿革于台阁，簿籍难见”。② 而清廷为编纂《四库全书》，大规模地在全国搜集图书，前后共征集图书 13501 种（内有 272 种重本），使无数珍典秘籍汇至四库馆中，“有数百年博学通儒所未得见，而今可借钞于馆阁者”③，为馆臣编纂提供了无比优越的条件。同时，馆臣还可以以官方的名义，向各衙门咨询有关书籍的事项。如在编纂《四库全书》过程中，又新纂修《日下旧闻考》一书，馆臣不但利用四库馆大量的典籍对该书进行考证补订，还向各衙门咨查“所有各该衙门坐落方向、地名、房间、规模、层数，及各司厅于何年月日兴建，何年月日重行修造，及有无石刻碑碣古迹之处，并从前衙门名目与今异同，或今有昔无，今无昔有，或增或减，一一详细查明，造具清册”④。为纂修《历代职官表》，馆臣向各衙门查询“自国初以来建置年月及有无分析改并、裁减、添设并兼辖之处，分款详细造册”⑤。这些实际调查的资料大大提高了《四库全书》编纂的质量。

如果说《四库全书》的编纂是对中国古代文化的一次总结，那么四库馆就是对中国古代集体编纂书籍经验的一次继承和发展，是对书籍编纂文化的一次实践性总结。优良的传统、丰富的经验为四库馆的成功奠定了基础。

既有丰富的历史经验，又有乾隆皇帝的支持，使四库馆取得了巨大的成就。十余年间，四库馆臣们不但成功地编纂了我国古代史上最大的一部丛书——《四库全书》，而且还编纂了《四库全书总目》《四库全书简明目录》《四库全书荟要》《四库全书考证》几部在中国文化史上具有重要地位的书籍，取得了举世瞩目的成就，为我们留下了一笔宝贵的文化遗产。

但另一方面，也应看到，《四库全书》在取得巨大成绩的同时也存在不少失

①四库馆对清代考据学发展所起的作用，详可参考黄爱平的《四库全书纂修研究》，第 398 - 400 页。

②《史通通释》卷 20，《忤时》，第 590 页。

③章学诚：《为毕制军与钱辛楣宫詹论续鉴书》，《章学诚遗书》卷 9，第 79 页。

④《纂修四库全书档案》，第 218 - 219 页。

⑤《纂修四库全书档案》，第 1240 页。

误，受到后人指摘，如《四库全书总目》提要的谬误，余嘉锡等人对此有精详的考证，又如抄写之讹错，乾隆皇帝在世期间就不断有发现。这些失误与四库馆本身所固有的弊端有着不可分割的联系，这些沉痛的教训值得我们今后纂修大型书籍进一步反思。

第一，四库馆作为一个官方修书机构，始终都在考虑维护统治者的利益，以维护皇权为中心，不但在撰写提要、编排目录时仰乾隆皇帝之鼻息，处处打击非儒家思想著作，而且对所收录书籍肆意挖改，在整理中华民族文化的同时又从事着摧残文化典籍的不光彩勾当。从禁毁书角度来看，四库馆就是乾隆时期文字狱的“参谋部”，对清代文字狱起了推波助澜的作用。不仅如此，因为馆臣要花很大精力去从事禁毁书工作，因此，无法全力投入书籍纂修中。对于四库馆臣来说，禁毁、挖改书籍始终是一项沉重的负担，纂修书籍反而居于其次，这也是造成《四库全书》失误的一个重要原因。

第二，急于成书。乾隆皇帝下诏编纂《四库全书》已逾花甲，急于求成的心理，溢于言表，而馆臣们又多善于揣摩上意，因此，编纂速度一再加快，而质量却无法保证。馆内日常实际在馆人数本不多，受急于成书的影响，总裁又对馆臣不断催促，以至于馆臣无法细心研磨。总裁们为加快抄写速度，一味增多誊录，纂修官既不能从容修书，校对人员又不足以应付如此多的抄写本，馆内人员设置比例失调，使得纂修、抄写、校对三个环节无法衔接。《四库全书》的编纂相对于《明史》的纂修正可形成鲜明对比。这是造成《四库全书》失误的重要原因，也给后人留下深刻的教训。一部好的大部头图书，最需要的是时间的保证，不要因个人意志而急于求成，请学识渊博又能认真负责的学者，从容编纂，使所编图书达到最好的效果，这是四库馆给我们的启示。

第三，作为一个大型修书机构，要重视制度建设。规章制度对于编纂图书来说至关重要，这是书籍编纂能有序进行的保证，而且所有的制度都要合乎学术的要求，使编纂人员既能在制度约束下工作，而又不影响他们的工作进度和工作热情。四库馆内虽然也有一些规章制度，一旦出现了问题馆臣也能弥补制度上的缺陷，但毕竟在制度建设上存在着滞后性，亡羊补牢，为时已晚。而且，在事发之后，往往以处罚人员为主，而不是从制度上防患于未然，以至于造成馆内底本一再丢失，反而查不出原因何在，而由此造成的誊录以不同的版本抄写，势必会给《四库全书》的校勘带来很多不便。

第四，四库馆臣间矛盾纷争，给《四库全书》的纂修带来不良影响。四库馆内人员复杂，在学术上非一派一系，虽然考据学派占据了大多数，馆臣之间学术上有共同倾向，但馆内学术纷争仍是很激烈的。姚鼐曾在四库馆担任纂修官，因对馆内学术风气不满，仅一年多的时间便谢病回家。无论姚鼐离馆是否还有其他原因在内，但他与戴震的学术纷争是造成其离开的重要原因，是毫无疑问的。再如钱载，他是学宗程朱的理学家，并擅长诗歌，但反对考证学的繁琐，他在四库馆充当总阅官时，与戴震发生了激烈冲突，钱载因自己的职位较高，首先发难，骂戴震学问为破碎大道，戴震虽出身卑微，但在考证学上是当时的学术权威，故毫不惧怕，反唇相讥，从此两人结怨。据后人记载，钱载在朱筠家饮酒，"竹君盛推戴东原经术，侍郎（钱载）独有违言，论至学问得失处，颧发赤，聚讼纷拏，酒罢出门，犹嚣嚣不已，上车复下者数四。月苦霜悽，风沙蓬勃，余客拱手以俟，无不掩口笑者"[①]，两人在学术上的分歧导致争吵不已。李慈铭说："［戴震］在馆四年，校定书十五种，皆钩纂精密，至于目昏足瘘，积劳致疾而殁。高宗深契其学，特畀馆选。而同时钱箨石、翁覃溪尚力诋之，覃溪至欲逐之出馆。"[②]李慈铭为晚清学者，对四库馆臣的矛盾只是凭个人猜测，未必是历史真实，但他的这段话却反映了一个事实，即馆臣间因地位出身、学术兴趣不同存在复杂的矛盾。

四库馆不仅仅是一个学术机构，还是一个官僚机关，除馆内因学术不同发生纷争外，馆臣之间还存在着互相倾轧、以上欺下的现象，如朱筠学问人品在当时学者中无不交口称赞，当时于敏中兼《日下旧闻考》总裁官，朱筠执翰林故事，呼以"于老先生"，又长揖无屈一膝礼。于敏中曾欲朱筠"就见面质"，朱筠"执翰林故事，总裁纂修相见于馆，无往见礼，讫不肯往"，于敏中便上奏，称"朱筠办书颇迟"，只是因为乾隆皇帝素知朱筠的学问与为人，才使朱躲过一劫。[③] 姚鼐也记此事云："先生入京师，居馆中纂修《日下旧闻》。未几，文正卒，文襄总裁馆事，尤重先生，先生顾不造谒，又时以持馆中事，与意迕，文襄大憾，一日见上语及先生，上遽称许朱筠学问文章殊过人，文襄默不得发，先生以是获安。"[④]从以上记述来看，朱筠与于敏中的矛盾并非虚构。于敏中在朝廷不断经营自己的势力，在四库馆也常私下拉拢一些有识之士，朱筠记林澍藩之生平云："君之在馆也，职业之外无所知，院长文华殿大学士金坛于公慕君名，从容谓君乡人曰：'卿乡林老先生不能一枉老夫耶？'数言之，以告君，君曰：'长者爱人以德，胡仆仆私谒为，竟未尝一往。'"[⑤]从后来乾隆指责于敏中结党，以及打击陆费墀来看，于

①陈康祺：《郎潜纪闻二笔》卷7，《续修四库全书》第1182册，第382页。

②戴震：《戴震全书》第7册，黄山书社1994年，第332－333页。

③朱珪：《竹君朱公神道碑》；又见姚鼐《朱竹君先生传》；又见孙星衍《笥河先生行状》，载于《笥河文集》卷首。

④姚鼐：《朱竹君先生传》，《惜抱轩文集》卷10，第72页。

⑤朱筠：《编修林君墓志铭》，《笥河文集》卷11，第221页。

敏中在重视《四库全书》纂修的同时，确实在四库馆中拉党结派，欺上瞒下，四库馆中很多正直之士与其矛盾重重。

第五，馆臣在修书过程中，有大量抄录官书的现象，这也影响到《四库全书》的纂修进程。因四库馆内书籍系乾隆皇帝动用国家力量，从全国各地搜集而来，多世间罕见珍本，馆臣对这些人间未见之书，视若珍宝，在修书之余，多集中力量抄录官书，纪昀记《李芳村刺血诗》云："右见《永乐大典》，题曰《李芳村刺血诗》，不著朝代，亦不详芳村始末……世无传本，余校勘四库偶见之，爱其缠绵悱恻，无一毫怨怒之意，殆可泣鬼神。令官吏录出一纸。"①纪昀不仅遇见稀有之书，注意抄录，还利用在馆中职务之便，令其他馆臣代为抄录。又如程晋芳云："癸巳之春，设四库全书馆，马氏书大半进馆中，余乃得见之矣，亟命钞胥录之，三月而毕。覃溪翁学士亦钞焉。"②又称："今外间所行《归潜志》钞本止八卷，此余从四库馆钞出者，得十四卷。"③四库馆书籍是朝廷动用国家力量，将全国书籍收集而来，因此，多有稀见之本，馆臣因治学上的偏好，故多抄录，这种现象应是普遍存在于馆臣中，这一方面有利于图书的流传，但另一方面，又分散了馆臣修书的精力，是《四库全书》纂修不利的因素。

第六，由于四库馆是官方修书机构，馆臣通过修《四库全书》以获得升迁，因此，四库馆又往往是各种人员走终南捷径的地方，无论是纂修官还是誊录都有不少抱有这种心理的人参与了《四库全书》纂修及抄写，很难保证这些人能全力以赴全好本职工作。乾隆皇帝也无奈地称："[《四库全书》]工程既大，所用人数众多，其在馆效力，亦不过雇觅钞胥，为博取功名之地，未免贤愚混杂。"④凡此等等，都对我们今天大型图书的编纂工作很有借鉴意义。

二、关于四库馆派

近年来，司马朝军先生试图探寻四库馆臣的学术共性，将四库馆臣作为一个学术群体称为皇家学派，而将一些民间学者视为民间学派，指出"民间学派主要指在四库开馆之前的考据学派，代表人物有惠栋和戴震、钱大昕等人。皇家学派得到清高宗的支持，其代表人物为纪昀、陆锡熊等人"，并对四库馆派给予了高度评价，认为"四库馆派形成了一个学术共同体。其纲领性文件就是《四库全书总目》。四库馆派不同于以往的民间学派，它有着深厚的皇家气派。它代表官方发言，《总目》能够反映出乾隆王朝的学术水准、文化政策等。其治学理

①纪昀:《阅微草堂笔记》卷12,《槐西杂志(二)》,第264－265页。

②程晋芳:《书春秋分记后》,《勉行堂文集》卷4,第327页。

③程晋芳:《归潜志跋》,《勉行堂文集》卷5,第345页。

④《纂修四库全书档案》,第1666页。

念、治学方法均与民间学派存在较大的分歧。主张经世致用,反对烦琐考据”。①这段关于四库馆派的构想,对研究四库馆臣的学术很有启发意义,在此之前很少有人提出过四库馆派或皇家学派以及他们在清代学术史上的地位问题,而且四库馆派的提出使政治与学术之间建立起一座桥梁,能够解决很多学术上难以解释的现象。因此,构建四库馆派或皇家学派是一项有意义的工作。但另一方面,所谓四库馆派也存在着不少问题。若以四库馆臣作为一个学术派别,而将其他考据学者称为“民间学派”,将两者割裂开来,视为两个不同的派别,显然难以服众。

首先,纪昀、陆锡熊与戴震和钱大昕是否可以划为不同的派别,就是一个很大的问题。纪昀作为四库馆总纂官,按照四库馆派的划分方法当然是皇家学派的重要代表,那么他与戴震、钱大昕学术有多大区别呢?纪昀与戴震两人为生前好友,在学术上多有共同方面,早年的戴震在汉宋学术问题上,观点与纪昀多有雷同,之间偶也有一些不同见解,这只是在某些考证方法与成果上意见不同,是考据学内部细枝末节的争论。如纪昀论戴震云:

> 东原与昀交二十余年,主昀家前后几十年,凡所撰录,不以昀为弇陋,颇相质证,无不犂然有当于心者,独《声韵考》一编计昀必异论,竟不谋而付刻。刻成,昀乃见之,遂为平生之遗憾。②

纪昀对戴震著作唯有《声韵考》有异议,显然只是反对他考证的一个环节,不能为此而将两者划为两个不同派别。钱大昕虽然没有参加《四库全书》的编纂,但他同纪昀一样通过科举而步入仕途,与馆臣如纪昀、朱筠、邵晋涵等多有交往,学术上并无二致。

其次,《四库全书总目》并不能完全代表馆臣的思想。《四库全书总目》首先是在乾隆皇帝的意旨下纂修的,包含着乾隆皇帝治理国家的文化理念,他的观点通过四库馆臣融入《四库全书总目》当中,对此其他任何人不敢有异议,《四库全书总目》有皇家气象也正缘于此。总裁在《四库全书总目》纂修过程中,裁正作用不可小视,特别是于敏中对《四库全书》编纂甚为关注,编纂过程中诸多问题都经他裁正解决。同时,《四库全书总目》又经纪昀、陆锡熊修改和润色,有些提要与各纂修官的观点差别很大。

再次,馆臣的治学理念、治学方法与四库开馆之前的考据学者以及馆外学

①司马朝军:《〈四库全书总目〉编纂考》,武汉大学出版社 2005 年,第 739 页。

②纪昀:《与余存吾太史书》,《纪晓岚文集》(一),第 274 页。

者并无太大分歧,未参与《四库全书》的编纂者,如丁杰、刘台拱、桂馥等都是当时的知名学者,与四库馆臣在治学理念与治学方法上几乎完全一样,他们在馆外修书,协助馆臣做了不少工作,在学术上,也应视为这个群体中的重要组成部分。

笔者不同意四库馆派与民间学派的划分,但仍主张有四库馆派存在,这就是笔者所探讨的四库馆臣的学术共性。四库馆纂修官最初是由总裁在翰林院和其他衙门中从学问较优者选出来的,只有戴震、周永年、邵晋涵、余集、杨昌霖五人是由总裁推荐入馆的,但他们也是三个进士,两个举人,并非没有科名的布衣,可见,纂修官基本上是在职官员,这是四库馆臣的重要特征。他们与开馆以前的考据学者们多有继承关系,在治学方法与治学理念上并无太大区别,无论是吴派的求古,还是皖派的求是,在四库馆中都有体现。他们唯一不同于民间学者的是,在长期的为官生涯中,在长期揣摩乾隆皇帝圣意的过程中,他们更关心的是如何消除学术发展中汉学、宋学的弊端,当然,"尊汉抑宋"是馆臣的一个明显特点,但这是有限度的尊、抑,也是在乾隆皇帝的授意下尊、抑。为国计民生考虑,从反对标榜门户、反对党争角度考虑,四库馆臣更能以理性的态度看待汉学、宋学的优点和缺陷,并试图以汉学之长补宋学之短。他们在从事考证学的同时,将宋学的学理与制行分开对待,在批判宋学流弊的同时,对性道天命避而不谈,而以汉学的考证补充之,在日常行为道德规范上对宋学又遵行不悖,对其不合情理的一面则予以纠正。在纂修《四库全书总目》时,馆臣在乾隆皇帝的示意下,一方面大力宣扬有利于教化人心的"圣学",另一方面又对实学格外关注,提高有关国计民生的兵、刑、医、天文算学等学科的地位,表现出为国家长治久安大计的深沉思考。正如《四库全书恭进表》所言"经崇世教,贵实征而贱虚谈,史系人心,削诬词而存公论。选诸子百家之粹,博收而不悖圣贤,征十人九集之非,严汰而宁拘门户"①,表现出对世道人心前所未有的关注。

总结起来,四库馆派有以下几个特点:

一是崇儒学,重视以儒家伦理纲常教化人心。

二是持平汉宋,反对门户之争。

三是在治学方法上崇考证,不谈性命天道;在日常行制上,遵守程朱理学。

四是重实学,关心国家的长治久安。

四库馆派并非简单地指四库馆臣这一集体,有些虽非四库馆臣,但仍为四库馆派,如钱大昕、刘台拱、丁杰等人。有些虽为四库馆臣,但并非四库馆派,如

---

①《钦定四库全书告成恭进表》,《四库全书总目》卷首。

戴震，早期的戴震在未阐发新义理以前，可视为四库馆派学者，但《原善》《孟子字义疏证》撰写后，他已不是四库馆派。又如钱载，虽曾参与《四库全书》校阅书籍事务，但他违背了四库馆内“六经尊服郑，百行法程朱”的潜规则，也不是四库馆派学者。有些虽与四库馆臣联系密切，但不是四库馆派，如章学诚，提倡六经皆史、经史并重，与四库馆派重经轻史的学术特点有很大区别。翁方纲有一段话，对馆内外学者加以评论，可从侧面反映四库馆派的划分，翁氏云：“吾见闻最近者，无锡顾氏之于春秋，元和惠氏之于诸经，婺源江氏之于三礼，吾皆未及见其人而粗得其绪矣。吾所目及见者，则休宁戴震、歙县金榜、金坛段玉裁，是皆惠江氏之后出者，然吾虽皆略知其人，而未与之友也。就吾所与辨析往复者，则如馀姚卢文弨、嘉定钱大昕、大昭也，此诸子之书具在，抑又不必从而轩轾之，吾门从游者则若宝应刘台拱、海洲凌廷堪、曲阜孔广森、南城王聘珍。”[①]翁方纲与戴震同馆修书，却不与之为友，朱筠、邵晋涵对戴震义理学不理解，甚至持批评态度，可以看出四库馆派与戴震学术的区别。卢文弨、钱大昕、钱大昭、刘台拱等人虽未参与纂修《四库全书》，但与翁方纲有密切学术交往，从中可看出四库馆派的某些特点。

四库馆派是以多数四库馆臣为代表的一个庞大的知识群体。这一群体更热衷于宣扬有利于教化人心的“圣学”，不拘泥于烦琐的考证，能从维护皇权的角度出发，对有关国计民生的实学表现出很大兴趣，将政治与学术紧密联系在一起，对社会的发展有着深沉的思考。

构建四库馆派的意义在于使政治与学术的关系更加明晰。在乾隆的意旨下，经众多馆臣多年的努力，终于完成一部长达200卷的《四库全书总目》，对中国古代学术史作了一个梳理，对当时的汉学、宋学给予了较为合理的批评，将有利于国计民生的实学纳入《四库全书总目》中，并予以大力宣扬。学术的发展有其自身的演变规律，这不是任何个人所能改变的，但有时政治对学术的发展也起着至关重要的作用，汉武帝“罢黜百家，独尊儒术”，奠定了儒学独尊的局面，元明时期，历代帝王非常重视理学的作用，使理学发达一时，这都是政治对学术的影响。《四库全书总目》本身就具有皇家气象，它既是馆臣们思想的结晶，又是领会乾隆皇帝意旨的产物，因此说，四库馆臣学术的共性，最终凝结到《四库全书总目》中对后世学术的发展产生了重大影响。至嘉道时期持平汉宋、汉宋兼容的呼声日益高涨，阮元的学术较以前学者更具有兼容并包思想，作为汉学的殿军，他较四库馆派更能持平汉宋，并具有明显的经世致用的特点。咸同之

①翁方纲：《考订论中之二》，《复初斋文集》卷7，第415页。

际，曾国藩作为晚清理学复兴的中坚人物，他也能兼采汉宋等。阮元、曾国藩作为封疆大吏，治学多从社会发展需要出发，关心国家的安危与稳定，与四库馆派较有相似之处。两人持平汉宋、重经世致用之学的学术特点，实由四库馆派发其端。

附录：四库全书馆大事年表

1772 年　乾隆三十七年

正月初四日，乾隆皇帝下诏各省督抚、学政购访遗书。

十一月二十五日，安徽学政朱筠奏陈购访遗书及校核《永乐大典》意见折。

1773 年　乾隆三十八年

二月初六日，大学士刘统勋等奏议复朱筠所陈采访遗书意见折。

二月初六日，乾隆皇帝命军机大臣为总裁官校核《永大典》。

二月十一日，任命王际华、裘曰修为总裁，校核《永乐大典》。

二月二十日，大学士刘统勋等奏议定校核《永乐大典》条例并请拨房添员等事。

二月二十三日，乾隆皇帝命两江总督高晋等查访《永乐大典》佚本情况。

二月二十八日，命福隆安经管四库全书处人员饭食。

三月二十三日，准考列二等之陆蓉等十四名，有愿在四库全书处效力者，准其在誊录上行走。

三月二十八日，任命英廉为四库全书处副总裁。

闰三月十一日，任命刘统勋、刘纶、于敏中、福隆安、王际华、裘曰修为四库馆正总裁，英廉、庆桂、张若溎、曹秀先、李友棠为副总裁。

闰三月十一日，四库馆总裁上奏办理《四库全书》章程。

五月初一日，乾隆皇帝命编纂《四库全书荟要》，由于敏中、王际华专司其事。

五月三日，总裁裘曰修卒。

五月十八日，大学士刘统勋等奏给还遗书办法。

六月十六日，命于敏中主持编纂《日下旧闻考》。

六月二十五日，总裁刘纶卒。

七月十一日，准邵晋涵、戴震、余集、周永年、杨昌霖一体散馆殿试，酌量录用。

八月十八日，纪昀、陆锡熊编书勤勉，受乾隆皇帝嘉奖。

九月十七日，任命舒赫德为四库馆总裁。

九月二十一日，任命朱筠为编修，充四库馆纂修官。

九月二十四日，任命皇六子永瑢、蔡新为四库馆总裁。

九月二十五日，任命原任中书、前经缘事革职的徐步云为四库馆纂修官。

九月二十九日，命窦光鼐随同编纂《日下旧闻考》。

十月初九日，乾隆皇帝命总裁制定校录《四库全书》章程。

十月十八日．永瑢等奏添派复校官，并上呈《功过处分条例》。

十月二十八日，金简奏用活字刊刻书籍。

十一月，总裁刘统勋卒。

十二月初六日，军机大臣奏查办戎英向四库馆献书案。

十二月初十日，命金简为四库馆副总裁。

1774 年　乾隆三十九年

二月二十一日，因《圣祖诗集》内有错字未校出，总裁受到处罚。

二月二十三日，任命郭长发为分校。派原任翰林院编修祥庆承办武英殿摆版之事。

四月二十五日，乾隆皇帝将《四库全书》之活字版命名为武英殿聚珍版。

五月十四日，因献书较多，赏鲍士恭等《古今图书集成》，周厚堉等《佩文韵府》各一部。

六月二十五日，总裁永瑢等奏纂修官黄寿龄遗失《永乐大典》六册。

七月十四日，发现誊录姚岐谟旷课数月。

七月十八日，禁止纂修官将四库馆书籍带到馆外。

七月二十五日，乾隆皇帝命将藏书人姓名附载于各书提要末，并另编《四库全书简明目录》。

八月初五日，乾隆谕令各督抚查办违碍书籍，并命四库馆检查违碍书籍。

八月十九日，命曹秀先在乡试落卷内挑取誊录。

十月十八日，因四库馆进呈书籍错误较多，总裁蔡新等受到处罚。

十月十九日，程景伊、嵇璜充四库馆总裁，命张羲年充当纂修官。

十一月十三日，因陆费墀在四库馆勤勉，以侍读升用。

十二月初三日，乾隆皇帝命将“王士正”之名改为“王士祯”。

1775 年　乾隆四十年

五月十六日，大学士于敏中奏请添派《四库全书荟要》校对。

五月二十四日，杨昌霖在四库馆编校认真，授为翰林院庶吉士。

七月初三日，永瑢等奏请郭祚炽在额外校对上行走。

九月初十日，命励守谦自备资斧在四库全书馆纂修上行走。

闰十月十二日，纪昀在四库馆尽心出力，命嗣后遇缺一体开列。

闰十月二十五日，谕内阁：《明纪辑略》，不必禁毁，并编著唐桂二王及死事诸臣本末事迹刊附《通鉴辑览》之末。

十一月十六日，谕内阁：《学易集》等有青词一体，迹涉异端，抄本姑存，刊刻从删。

十一月二十一日，命刘纯炜为四库馆总校。

十二月初八日，大学士舒赫德奏请仍请刘锡嘏留翰林院校书。

十二月初九日，大学士于敏中奏请将《四库全书荟要》复校改为分校，并添设总校。

1776 年　**乾隆四十一年**

二月二十九日，大学士舒赫德奏进呈李贽《焚书》一部。

三月二十日，四库馆总裁王际华去世，命董诰充四库馆副总裁，接办《四库全书荟要》事务。

五月二十六日，谕内阁：此次考试二等各生愿效力者准其在四库全书誊录上行走。

六月初三日，命大学士会同吏部翰林院制定文渊阁官制及赴阁观览章程。

六月二十六日，大学士舒赫德等上呈文渊阁赴阁阅抄章程。

七月初六日，命大学士舒赫德、于敏中等以原衔充文渊阁直阁事等。

七月二十六日，乾隆皇帝命《三国志》内关帝谥号改为忠义。

九月二十一日，谕内阁：赏韦谦恒编修在四库全书处行走。

九月二十四日，张若溎以年老离任。乾隆命遇有算法书仍令蔡新阅看，并任命沈初、钱汝诚、刘墉充四库馆总裁。

九月三十日，乾隆皇帝命总裁等编刊《四库全书考证》。

十月初五日，《文溪集》出错，将提调、校对分别交部议处。

十一月十六日，谕内阁：明人刘宗周等书集只须删改，毋庸销毁。

十二月初一日，谕：杨魁将《国朝诗别裁集》原版及未删定之原本查明解缴。

十二月初三日，命国史立《贰臣传》。

十二月二十二日，金简奏请排印聚珍版刻法。

十二月二十八日，军机大臣奏请门应兆在四库馆校勘图样。

十二月二十八日，军机大臣奏请将《武英殿聚珍版程式》印行并录入《四库全书》及《四库全书荟要》。

1777 年　乾隆四十二年

二月初八日，任命梁国治为四库馆副总裁。

三月十二日，任命王太岳为四库馆总纂官。

三月二十六日，大学士舒赫德等奏《十老序》序文系格式错误，请将总裁等议处。

三月二十九日，大学士舒赫德等奏请将未竣十种书籍特派总裁专办。

四月初六日，命嗣后每次总校错误不必积算。

四月，总裁舒赫德卒。

五月初八日，命于敏中兼办《元史》《辽史》等书。

五月十三日，命英廉将《明史·本纪》原本逐一考核添修。

五月二十日，任命英廉为四库馆总裁。

五月二十一日，英廉等奏请派王太岳等编校《明史·本纪》。

五月二十七日，命皇八子、皇十一子及书房行走之侍郎周煌、内阁学士汪廷玙、卿吴绶诏、侍讲学士朱珪、侍讲姚颐、编修倪承宽一起校阅书籍。

六月二十八日，仍令于敏中办理《日下旧闻考》事务。又派于敏中同英廉、钱汝成阅办《西域图志》。

七月十一日，大学士于敏中奏请添设额缺供事。又请再添总校。

七月十七日，任命大学士阿桂充国史及四库馆总裁。

七月十九日，任命阿桂为文渊阁直阁事。

七月二十三日，命嗣后交部应议者仍罚俸半年，总校等只须罚俸三个月。

七月二十五日，命再次从乡试落第者挑取誊录。

八月十八日，命曹锡宝在四库全书馆行走。

八月十九日，命在京大臣等呈进书籍也发还各家，等全书告竣，另缮一份，贮之翰林院。（按：后来，并没有缮写）

八月二十一日，命梁国治等从京闱乡试落第者挑取誊录。

十月初七日，命《四库全书》内将《北史》等书内“汉彻”改为“汉武”。

十月二十三日，任命王杰充四库馆及三通馆副总裁。

十一月十四日，命《宗泽集》等书内“夷”“狄”二字毋庸改易。

十一月二十五日，程景伊奏请总裁于进呈书内十本抽阅两本，获准。

1778 年　乾隆四十三年

正月十四日，命编纂《热河全志》，并在承德避暑山庄建文津阁庋贮《四库全书》。

二月二十九日，赏四库馆出力之梦吉、陆费墀。

二月二十九日，赏王太岳为翰林院检讨。

三月二十七日，命嗣后阿哥校书出错一并处分。

四月初五日，命书内遇本朝人名以《实录》(应为《清实录》，但档案中称《实录》)为准。

四月初十日，因吴省兰在馆校书得力，准其与本科举人一体殿试。

五月二十六日，任命礼部尚书钟音为四库馆副总裁。

五月二十六日，谕内阁严饬总裁等嗣后务宜悉心校勘毋再因循干咎。

五月二十六日，命军机大臣会同顺天府清查四库馆冒籍人员。

闰六月十五日，命添派金简办理《四库全书荟要》。

九月，副总裁钟音卒。

十月初四日，命阿桂办理《开国方略》。

1779 年　乾隆四十四年

二月初一日，任命皇八子永璇，皇十一子永瑆充四库馆总裁，谢墉、周煌、达椿、庄存与、钱载、胡高望、窦光鼐、曹文植、金士松、李汪度、朱珪、倪承宽、吉梦熊为总阅，书成时与总裁一体列名。

二月初六日，命四库馆誊录年满议叙者，要严加考核。

三月初六日，命总裁福隆安、英廉、金简专司考核督促。

五月二十五日，赏总校王燕绪、仓圣脉等。

五月二十五日，命充四库馆誊录之各省生员归入皿字号顺天乡试。

六月十五日，查出誊录蒋翰将在四库馆名字卖于殷志周一案。

七月二十六日，谕记过一两次分校各员著存记于下次汇奏时一并积算。

十二月初九日，命王杰充武英殿总裁。

十二月初十日，命梁国治办《日下旧闻考》，命德保办理《音韵述微》。

十二月十一日，命添派和珅办理《辽史》《元史》，添派王杰办理《明史》。并命程景伊、曹文埴分别充三通馆正副总裁。

本年，总裁于敏中卒。

1780 年　乾隆四十五年

三月初九日，总裁王杰参奏总校陆墀遗失底本，请增添提调以专责成。请令纪昀等复核底本及已写正本。

三月十六日，陆费墀因底本遗失被解任。

四月十三日，命大学士英廉将仅存名目之书查清后，发还各家。

五月十九日，任命孙士毅为总纂官。

五月二十七日，英廉查明四库馆遗失底本共三十八种，誊录捐书系因底本不足发缮。

五月二十八日，谕陆费墀从宽开复，仍交部议处，并购觅赔补所失各书。

六月初八日，曹文埴充四库馆总裁。

七月初一日，命孙士毅与纪昀等一起列名。

七月，总裁程景伊卒。

九月十一日，命嵇璜兼文渊阁领阁事并充国史馆总裁。

九月十七日，派纪昀等编纂《历代职官表》。

十月十五日，任命和珅为四库馆正总裁。

十一月初九日，命添派尚书梁国治、大学士阿桂同办《开国方略》。

十一月十五日，命韦谦恒等以原衔充文渊阁校理。

十二月二十三日，军机大臣奏请，将明末奏疏片交纪昀等详阅。

1781 年　乾隆四十六年

二月十五日，命所有《四库全书》各部按撰述人先后次序依次编纂。

二月十六日，《四库全书总目》编纂完竣，命大学士等阅看《四库全书总目》体例。

二月十八日，命嵇璜、沈初充当三通馆副总裁。

二月十九日，命将《四库全书总目》与《四库全书考证》列于《四库全书》之首。

五月初七日，命添派德保办理《日下旧闻考》。

五月二十六日，命添派和珅办理《日下旧闻考》。

十月十六日，《契丹国志》体例讹谬，命纪昀等依例改纂。

十月二十六日，辽金元三史办竣。

十月二十七日，命编纂《明名臣奏议》。

十一月初六日，命从《四库全书》内撤出《美人八咏》诗。

十二月初六日，第一份《四库全书》成书。

十二月十七日，辑佚《永乐大典》内散篇全数完竣。

1782 年　乾隆四十七年

二月初二日，乾隆皇帝御文渊阁赏赐总裁等。

二月二十一日，大学士英廉奏请将各省明以后书籍再加详查。

二月二十八日，《关中胜迹图志》录入《四库全书》史部地理类。

三月二十四日，吴省兰未能全避庙讳，受到处罚。

三月二十五日，大学士英廉奏复核各省应行禁毁各书情形并开单行知各省遵办。

四月初九日,命八阿哥同金简、曹文埴催办《四库全书》事务。

四月十七日,命将《国朝宫史》抄入《四库全书》。

四月二十五日,命将《明臣奏议》抄入《四库全书》,并交武英殿聚珍版排印。

七月初八日,命雇觅抄手,再缮写三份《四库全书》安置于扬州大观堂文汇阁、镇江金山寺文宗阁、杭州圣因寺行宫文澜阁。

七月十四日,命编纂《河源纪略》抄入《四库全书》。

七月十九日,《四库全书简明目录》完成。

七月十九日,查明《四库全书表》由陆锡熊、吴省兰撰写,由纪昀修改成。

八月初四日,王杰充四库馆副总裁。

八月二十日,永瑢等奏雇觅书手续缮南三阁《四库全书》章程。

十月二十九日,毛奇龄《词话》内有谬妄字句,列名总纂等受处罚。

十月三十日,《明臣奏议》体例乖舛,命另行编纂。

十一月初七日,将《御批通鉴纲目续编》议论诋毁处交皇子等删润粘签。

十一月二十五日,第一拨《四库全书》运到盛京(今沈阳)。

十一月二十八日,第二份《四库全书》完成。

十二月初十日,军机大臣福隆安等奏请将阅过全毁抽毁各书摘开书目刊行。

1783 年　乾隆四十八年

正月二十三日,命和珅、阿桂、梁国治同办《开国方略》。

二月初五日,《日下旧闻考》办竣。

八月初三日,《开国方略》书成。

十月十九日,命编辑《古今储贰金鉴》。

十一月初八日,任命彭元瑞为四库馆副总裁。

本年,总裁英廉卒。

1784 年　乾隆四十九年

二月初一日,续缮南三阁《四库全书》校对人员不敷,质郡王永瑢奏请从生监中挑取生员,充当分校。

二月十九日,任命陆费墀为四库馆副总裁。

二月二十一日,谕内阁将来江浙文汇阁等三阁《四库全书》准许读者领出传写。

七月二十四日,《河源纪略》告成。

十月初七日，《开国方略》告成。

十一月二十六日，前四份《四库全书》告成。

本年，总裁福隆安卒，副总裁曹秀先卒。

1785年　乾隆五十年

二月十七日，军机大臣遵查《四库全书》内添改抽挖各书办理情形。

二月二十九日，命纪昀、陆费墀充文渊阁直阁事，阿肃、胡高望充文渊阁直阁事。陈崇本、褚廷璋、彭冠充文渊阁校理。

七月十四日，《历代职官表》全部告成。

九月二十九日，命将《河防述略》抄入《四库全书》。

本年，王太岳卒。

1786年　乾隆五十一年

二月十六日，刘墉清查《四库全书》字数等完竣。

四月十九日，因《八旗通志》办理疏漏，交军机大臣同四库馆总裁重加辑订。

七月二十一日，谕内阁：《明史纪事本末》言李自成败因不足传信，著重行改正。

九月二十九日，命九阿哥不必办理《四库全书》事务。

十月二十六日，永瑢等奏请将《四库全书》底本汇交翰林院收贮。

十二月十七日，命永瑢等将《乐律全书》疏漏处订正载于提要后。

1787年　乾隆五十二年

三月十七日，军机大臣奏查《诸史同异录》悖妄之处。

三月二十七日，命将李清所辑《合订南唐书》销毁。

五月十九日，命复校文渊阁《四库全书》。

五月二十三日，永瑢等奏校勘文渊阁《四库全书》章程。

六月十二日，命文渊、文源、文津三阁应换写篇页及工价由纪昀、陆锡熊分赔。

六月十三日，陆费墀赔办南三阁《四库全书》。

七月初八日，命在武英殿复校南三阁《四库全书》。

七月二十七日，永瑢等奏详校南三阁《四库全书》章程。

七月三十日，永瑢等奏清查出遗失底本。武英殿处遗失有印书八十九种，续缮三份书处遗失三十三种。

八月十一日，谕内阁签出《读书录》等书违碍字句之详校官交部议处。

十月初十日，命皇六子、皇八子督同校勘文渊阁、文源阁《四库全书》。

十月二十八日，派刘跃云、胡高望帮同办理复看三份书。

参考文献

古籍类：

汉书. 北京：中华书局，1962.

后汉书. 北京：中华书局，1965.

隋书. 北京：中华书局，1973.

刘知几. 史通通释. 浦起龙，释. 上海：上海古籍出版社，1978.

郑樵. 通志二十略. 北京：中华书局，1995.

马端临. 文献通考・经籍考. 上海：华东师范大学出版社，1986.

明史. 北京：中华书局，1974.

明太宗实录. 中央研究院历史语言研究所，1962.

许阶. 世经堂集//四库全书存目丛书・集部：第 79 册.

清高宗实录. 中华书局影印本，1986.

四库全书总目：整理本. 北京：中华书局，1997.

清史稿. 北京：中华书局，1977.

清国史馆. 清国史：嘉业堂钞本. 北京：中华书局，1993.

乾隆.（乾隆）上谕条例. 嘉庆元年（1796）重修. 江苏布政司衙门刊本.

乾隆. 乾隆御制文集//《文渊阁四库全书》影印本：第 1301 册.

纪昀. 纪文达公遗集//《续修四库全书》本：第 1435 册.

纪昀. 纪晓岚文集. 石家庄：河北教育出版社，1991.

纪昀. 阅微草堂笔记. 上海：上海古籍出版社，1980.

陆锡熊. 宝奎堂集//《续修四库全书》本，第 1451 册.

戴震. 戴震集. 上海：上海古籍出版社，1980.

段玉裁. 戴东原先生年谱//戴震集. 上海：上海古籍出版社，1980.

永瑆. 诒晋斋集//《续修四库全书》本：第 1478 册.

邵晋涵.南江文钞//《续修四库全书》本:第1463册.

程晋芳.勉行堂文集//《续修四库全书》本:第1433册.

朱筠.笥河文集//《丛书集成初编》本.北京:中华书局,1985.

姚鼐.惜抱轩文集//《续修四库全书》本:第1453册.

翁方纲.复初斋文集//《续修四库全书》本:第1455册.

钱大昕.潜研堂文集//《四部丛刊》本.

王昶.春融堂集//《续修四库全书》本:第1437册.

余集.秋室学古录//《续修四库全书》本:第1460册.

邹炳泰.午风堂丛谈//《续修四库全书》本:第1461册.

章学诚.章学诚遗书.北京:文物出版社,1985.

于敏中.于文襄手札.北平:国立北平图书馆,1933.

于敏中等.日下旧闻考.北京:北京古籍出版社,1981.

姚鼐.惜抱轩诗文集.上海:上海古籍出版社,1992.

卢文弨.抱经堂文集.北京:中华书局,2006.

桂馥.晚学集//《丛书集成初编》本.北京:中华书局,1985.

江藩.国朝汉学师承记(国朝宋学渊源记).北京:中华书局,1983.

阮元.揅经室集.北京:中华书局,2006.

孙承泽.春明梦余录//《笔记小说大观》影印本.台北:新兴书局有限公司,1983.

李慈铭.越缦堂读书记.沈阳:辽宁教育出版社,2001.

昭梿.啸亭杂录.北京:中华书局,1980.

钱仪吉.碑传集.北京:中华书局,1993.

皮锡瑞.经学历史.北京:中华书局,1959.

清会典事例.北京:中华书局,1991.

清史列传.北京:中华书局,1987.

范希曾.书目答问补正.上海:上海古籍出版社,1983.

李元度.国朝先正事略//《续修四库全书》本:第538、539册.

蔡冠洛.清代七百名人传.北京:中国书店,1984.

徐世昌等.清儒学案.北京:中华书局,2008.

中国第一历史档案馆.纂修四库全书档案.上海:上海古籍出版社,1997.

著述类:

梁启超.清代学术概论.北京:中华书局,1954.

梁启超.中国近三百年学术史//梁启超全集.北京:北京出版社,1999.

胡适. 戴东原的哲学//胡适文集. 北京:北京大学出版社,1998.

钱穆. 中国近三百年学术史. 北京:商务印书馆,1997.

杨家骆. 四库全书学典. 上海:上海世界书局,1946.

任松如. 四库全书答问//《民国丛书》本. 上海:上海书店,1989.

郭伯恭. 四库全书纂修考//《民国丛书》本. 上海:上海书店,1989.

郭伯恭. 永乐大典考. 上海:商务印书馆,1938.

张忱石. 永乐大典史话. 北京:中华书局,1986.

黄云眉. 史学杂稿订存. 济南:山东人民出版社,1960.

余嘉锡. 目录学发微. 北京:中华书局,1963.

余嘉锡. 四库提要辨证. 北京:中华书局,1980.

余嘉锡. 余嘉锡文史论集. 长沙:岳麓书社,1997.

姚名达. 朱筠年谱//《民国丛书》本. 上海:上海书店,1989.

中国人民政治协商会议河北省沧州市委员会文史资料研究委员会. 纪晓岚年谱. 北京:书目文献出版社,1993.

陈垣. 陈垣学术论文集(二). 北京:中华书局,1982.

陈垣. 中国佛教史籍概论. 上海:上海书店,1999.

刘汉屏. 四库全书史话. 北京:中华书局,1980.

萧一山. 清代通史. 北京:中华书局,1986.

王钟翰. 清史余考. 沈阳:辽宁大学出版社,2001.

王钟翰. 王钟翰清史论集. 北京:中华书局,2004.

张舜徽. 清代扬州学记. 扬州:广陵书社,2004.

王重民. 中国目录学史论丛. 北京:中华书局,1984.

瞿林东. 中国史学史纲. 北京:北京出版社,1999.

余英时. 论戴震与章学诚. 北京:三联书店,2000.

戴逸. 乾隆帝及其时代. 北京:中国人民大学出版社,1992.

陈祖武. 清初学术思辨录. 北京:中国社会科学出版社,1992.

陈祖武. 乾嘉学派研究. 石家庄:河北人民出版社,2005.

来新夏. 中国图书事业史. 上海:上海人民出版社,1990.

曹之. 中国古籍编撰史. 武汉:武汉大学出版社,1999.

仓修良. 章学诚和《文史通义》. 北京:中华书局,1984.

王俊义. 清代学术探研录. 北京:中国社会科学出版社,2002.

王俊义,黄爱平. 清代学术与文化. 北京:中国社会科学出版社,2007.

李致忠,周少川,张木早. 中国典籍史. 上海:上海人民出版社,2004.

杨燕起,高国抗.中国历史文献学.北京:北京图书馆出版社,2003.

冯尔康.清代人物传记史料研究.北京:商务印书馆,2000.

黄爱平.四库全书纂修研究.北京:中国人民大学出版社,1989.

黄爱平.朴学与清代社会.石家庄:河北人民出版社,2003.

黄爱平.18 的中国与世界:思想文化卷.沈阳:辽海出版社,1999.

尚晓明.学人游幕与清代学术.北京:社会科学文献出版社,1999.

周积明.文化视野下的《四库全书总目》.南宁:广西人民出版社,1991.

周积明.纪昀评传.南京:南京大学出版社,1994.

葛兆光.中国思想史:第二卷.上海:复旦大学出版社,2002.

杜泽逊.文献学概要.北京:中华书局,2001.

司马朝军.《四库全书总目》研究.北京:社会科学文献出版社,2004.

司马朝军.《四库全书总目》编纂考.武汉:武汉大学出版社,2005.

罗炳良.清代乾嘉史学的理论与方法论.兰州:兰州大学出版社,2005.

漆永祥.乾嘉考据学研究.北京:中国社会科学出版社,1998.

郭康松.清代考据学研究.武汉:湖北辞书出版社,2001.

曾凡英.史家龟鉴——《史通》与中国文化.开封:河南大学出版社,2000.

王记录.清代史馆与清代政治.北京:人民出版社,2009.

郑伟章.文献家通考.北京:中华书局,1999.

王达敏.姚鼐与乾嘉学派.北京:学苑出版社,2007.

邸永君.清代翰林院制度.北京:社会科学文献出版社,2002.

赵梅春.二十世纪中国通史编纂研究.北京:中国社会科学出版社,2007.

张传峰.《四库全书总目》学术思想研究.上海:学林出版社,2007.

李常庆.《四库全书》出版研究.郑州:中州古籍出版社,2008.

陈晓华."四库总目"学史研究.北京:商务印书馆,2008.

两岸四库学——第一届中国文献学学术研讨会论文集.台北:学生书局,1998.

《永乐大典》编纂 600 周年国际研讨会论文集.北京:北京图书馆出版社,2003.

甘肃省图书馆.四库全书研究文集.兰州:敦煌文艺出版社,2005.

艾尔曼.从理学到朴学:中华帝国晚期思想与社会变化面面观.赵刚,译.南京:江苏人民出版社,1995.

陈晓华.朱筠与四库修书//历史文献研究.上海:华东师范大学出版社,2008.

R Kent Guy (盖博坚). The Emperor's Four Treasuries: Scholars and the State in the Late Ch'ien-lung Era. Cambridge: Harvard University Press, Council on East Asian Studies, 1987.

论文类:

黄云眉. 从学者作用上估计《四库全书》之价值. 国立北平图书馆馆刊, 1933, 7(5).

王重民. 论四库全书总目. 北京大学学报, 1964(2).

刘汉屏. 略论《四库提要》与四库分纂稿的异同和清代汉宋学之争. 历史教学, 1979(7).

王渭清. 乾隆皇帝与《四库全书》. 上海师范大学学报, 1980(3).

沈津. 校理《四库全书总目提要》残稿的一点新发现. 中华文史论丛, 1982(1).

仓修良. 邵晋涵史学概述. 史学史研究, 1982(3).

潘继安. 翁方纲《四库提要稿》述略. 中华文史论丛, 1983(1).

周少川.《四库全书总目提要》论史书编纂. 史学史研究, 1985(1).

刘乃和.《四库全书荟要》的编修. 史学史研究, 1985(3).

汪受宽. 隋代的古籍整理. 文献, 1987(2).

李春光.《四库全书》校勘刍议. 辽宁大学学报, 1989(5).

黄爱平.《四库全书总目》与阁本提要异同初探. 图书馆学刊, 1991(1).

杜维远. 邵晋涵之史学. 清史研究, 1994(2).

周积明. 戴东原与纪晓岚. 安徽史学, 1994(3).

张升. 论清代辑佚的总体认识. 文献, 1994(1).

王欲祥. 纪昀《阅微草堂笔记》断论. 南京师范大学学报, 1995(1).

曹之. 宋代书局考略. 河南图书馆学刊, 1995(3).

徐有富. 办理《四库全书》组织管理工作述要. 南京大学学报, 1995(2).

张瑞强. 文溯阁《四库全书》的两次复校. 社会科学辑刊, 1996(3).

罗炳良. 邵晋涵在历史编纂学理论上的贡献. 史学史研究, 1997(2).

黄爱平. 论清代乾嘉时期的经世思潮. 中国哲学史, 1997(4).

黄爱平. 乾嘉时期的社会变化与经世主张. 清史研究, 1997(2).

杜泽逊.《四库存目》书探讨. 北京大学学报, 1997(5).

杜泽逊. 读新见郑际唐一篇四库提要分撰稿. 中国典籍与文化, 1998(3).

杜泽逊. 读新见程晋芳一篇四库提要分撰稿. 图书馆建设, 1999(5).

黄爱平.《四库全书总目》的经学观与清中叶的学术思想走向. 中国文化研

究,1999(1).

曹之.唐代修书机构考略.四川图书馆学报,1999(4).

曹之.《永乐大典》编纂考略.图书馆,2000(5).

周积明."四库学":历史与思考.清史研究,2000(3).

李祚唐.余集《四库全书》提要稿疏证.天府新论,2001(2).

黄爱平.清代康雍乾三帝的统治思想与文化选择.中国社会科学院研究生院学报,2001(4).

黄爱平.清代汉学的发展阶段与流派演变.中国文化研究,2001(1).

张学军.谈《四库全书》的编撰体例及历史价值.聊城师范学院学报,2001(3).

赵达雄.《四库全书》体系的构建及其价值评说.图书情报工作,2001(4).

李杰.90 年代《四库全书总目》研究论文综述.图书馆工作与研究,2001(3).

黄爱平.戴震的学术主张与学术实践.南通师范学院学报,2002(3).

黄爱平.乾嘉汉学治学宗旨及其学术实践探析:以戴震、阮元为中心.清史研究,2002(3).

周积明.《四库全书总目》与乾嘉"新义理学".中国史研究,2002(1).

罗炳良.关于清代史学家理性意识的考察.求是学刊,2002(6).

王清源.文溯阁与《四库全书》.文献,2002(3).

康尔琴.建国以来《四库全书》研究论文概述.图书馆学刊,2002(6).

薛新力.清代汉学思潮对《四库全书总目》之影响.图书馆论坛,2002(4).

姚继荣.清代档案与官修方略.青海师范大学学报,2002(1).

岳纯之.论唐代史馆人员设置与史料来源.烟台师范学院学报,2003(3).

黄爱平.纪晓岚其人其事.人民论坛,2003(2).

陈晓华."四库总目学"的构想:《四库全书总目》研究新论.图书情报工作,2003(9).

周积明.乾嘉时期的汉宋之"不争"与"相争".清史研究,2004(4).

李杰.乾嘉学派与《四库全书》.图书情报工作,2004(4).

杜维运.集体写史的方法论.史学理论研究,2004(1).

易雪梅,吴明亮.《四库全书》的种数问题.文献,2004(1).

张升.四库馆签《永乐大典》辑佚书考.文献,2004(1).

曹之.试论隋代图书编撰的特点.山东图书馆季刊,2004(3).

曹之.试论唐代图书编撰的特点.新世纪图书馆,2004(4).

汪受宽,刘凤强.四库全书研究的回顾与思考.史学史研究,2005(1).
刘凤强.朱筠对《四库全书》的贡献.邢台学院学报,2005(3).
王记录.清代史馆的人员设置与管理机制.史学史研究,2005(4).
黄爱平.纪昀与《四库全书》.安徽史学,2005(4).
司马朝军.陆锡熊与《四库全书》.图书·情报·知识,2005(12).
司马朝军.戴震与《四库全书总目》.图书馆杂志,2006(8).
陈清慧,董馥荣.编修《四库全书》奖惩办法管窥.文献,2006(4).
蔡锦芳.钱载与戴震交恶之缘起.上海大学学报,2006(1).
刘凤强,李军.四库全书馆人员的遴选及其特点.图书与情报,2006(5).
张学军.周永年对《四库全书》的贡献.聊城大学学报,2006(1).
唐文基.和珅与《四库全书》.三明学院学报,2007(1).
张升.四库全书馆的机构与运作.北京师范大学学报,2007(3).
高远,汪受宽.近三十年来《四库全书》研究现状与思考.图书与情报,2008(3).
刘凤强.论四库馆臣的理性意识与经世思想.西藏民族学院学报,2010(3).
刘凤强,米婷.论四库馆总裁的作用.兰台世界,2010(7).
张升.四库全书馆研究.北京师范大学博士论文,2010.
宁侠.四库禁书研究.中国人民大学博士论文,2010.